U0827365

职业教育“十三五”规划教材
高等职业教育新形态一体化教材
高职高专跨境电子商务专业（方向）规划教材

跨境电子商务网络信息编辑

朱杨琼　主　编
金秀金　张　禹　副主编

電子工業出版社
Publishing House of Electronics Industry
北京 · BEIJING

内容简介

本书以培养高素质技术技能人才为目标，以适应实战型跨境电子商务人才培养模式及教学做一体化的要求，系统地阐述了跨境电子商务网络信息编辑的基本知识和职业岗位能力要求，以项目为导向，任务为驱动的编写体例完成编写。

本书共有7个项目，项目1为跨境电子商务网络信息编辑概述。项目2为跨境电子商务产品信息编辑，分为产品标题的选取与编辑，产品详情页的编辑。项目3为跨境电子商务网络稿件编辑，分为新闻稿件的编辑，推广信的撰写，软文写作的技巧。项目4为营销推广方案编辑，分为营销推广内容编辑，推广语的编辑及促销方案设计。项目5为图像信息编辑，介绍了美工图像基本概念，照片效果编辑，如何选择照片中所需要的内容以及视频的编辑。项目6为跨境电子商务网站规划与设计，分为跨境电子商务网站规划和跨境电子商务网站设计。项目7为社交网站信息编辑，分为主流社交媒体如Facebook，LinkedIn，Instagram的内容编辑。每个项目均有项目导入，知识链接，任务操练，能力拓展，项目评价等栏目组成，引入典型案例，有说有练，教材内容情景化、形象化，从理论到实践指导读者实现跨境电商信息的编辑，体现了职业教育的理念。

本书既可作为高等职业院校电子商务专业、跨境电子商务专业、国际贸易专业、商务英语专业及相关专业的教学用书，也可作为相关专业人员自学的参考用书。

未经许可，不得以任何方式复制或抄袭本书之部分或全部内容。
版权所有，侵权必究。

图书在版编目（CIP）数据

跨境电子商务网络信息编辑 / 朱杨琼主编 .—北京：电子工业出版社，2017.8
ISBN 978-7-121-32172-6

Ⅰ.①跨…　Ⅱ.①朱…　Ⅲ.①电子商务—信息处理—高等学校—教材
Ⅳ.① G202 ② F713.36

中国版本图书馆 CIP 数据核字（2017）第 165524 号

责任编辑：贺志洪
特约编辑：杨　丽　徐　堃
印　　刷：三河市鑫金马印装有限公司
装　　订：三河市鑫金马印装有限公司
出版发行：电子工业出版社
　　　　　北京市海淀区万寿路 173 信箱　邮编 100036
开　　本：787×1092　1/16　印张：15　彩插：18　字数：442 千字
版　　次：2017 年 8 月第 1 版
印　　次：2021 年 1 月第 2 次印刷
定　　价：44.00 元

凡所购买电子工业出版社图书有缺损问题，请向购买书店调换。若书店售缺，请与本社发行部联系，联系及邮购电话：（010）88254888。
质量投诉请发邮件至 zlts@phei.com.cn，盗版侵权举报请发邮件至 dbqq@phei.com.cn。
本书咨询联系方式：（010）88254609 或 hzh@phei.com.cn。

前 言

跨境电子商务是一种新型贸易方式和新型业态，具有广阔的市场空间和良好的发展前景。发展跨境电子商务不仅可以带动我国对外贸易和国民经济增长，还可以促进我国经济转型升级，提升“中国制造”和“中国服务”的国际竞争力，培育我国开放型经济新优势。

《跨境电子商务网络信息编辑》教材以培养高素质技术技能人才为目标，以适应实战型跨境电子商务人才培养模式及教学做一体化的要求，系统地阐述了跨境电子商务信息编辑的基本知识和职业岗位能力要求，以项目为导向，任务为驱动的编写体例完成编写。

本教材共分 7 个项目，项目 1 为跨境电子商务网络信息编辑概述。项目 2 为跨境电子商务产品信息编辑，分为产品标题的选取与编辑，产品详情页的编辑。项目 3 为跨境电子商务网络稿件编辑，分为新闻稿件的编辑，推广信的撰写，软文写作的技巧。项目 4 为营销推广方案的编辑，分为营销推广内容编辑，推广语的编辑及促销方案设计。项目 5 为图像信息编辑，绍了美工图像基本概念，照片效果编辑，如何选择照片中所需要的内容以及视频的编辑。项目 6 为跨境电子商务网站规划与设计，分为跨境电子商务网站规划和跨境电子商务网站设计。项目 7 为社交网站信息编辑，分为社交电子商务时代产生的条件以及特点和主流社交平台的信息编辑 Facebook, LinkedIn, Instagram。每个项目均有项目导入、知识链接、任务操练、能力拓展、项目评价等栏目组成，引入典型案例，有说有练，教材内容情景化、形象化，从理论到实践指导读者实现跨境电子商务信息的编辑，体现了职业教育的理念。本教材既可作为高等职业院校电子商务专业、跨境电子商务专业、国际贸易专业、商务英语专业及相关专业的教学用书，也可作为相关专业人员自学的参考用书。

本书由浙江工贸职业技术学院朱杨琼任主编，负责全书的框架设计，拟定编写大纲，并总纂定稿。项目 1 由浙江工贸职业技术学院朱雪桢编写，项目 2、项目 4、附录由浙江工贸职业技术学院朱杨琼编写，项目 3 由浙江工贸职业技术学院金秀金编写，项目 5 由浙江工贸职业技术学院潘芒芒、吴洋编写，项目 6 由浙江工贸职业技术学院张禹编写，项目 7 由浙江工贸职业技术学院王觅、温州科技职业技术学院李炎炎共同编写。

本书在编写过程中参阅了国内外大量的文献资料及网络信息，参考文献难以一一列出，我在此对原作者表示最真挚的谢意。同时，书中难免出现一些疏漏和错误，真诚欢迎各界人士批评指正，以便再版时予以修正。

编　者

2017 年 6 月

目 录

项目1

跨境电子商务网络信息编辑概述

学习目标

知识目标

- 了解跨境电子商务网络信息编辑工作。
- 了解跨境电子商务网络信息编辑的概念。
- 了解和掌握跨境电子商务网络信息编辑工作的内容。
- 了解跨境电子商务网络信息编辑职业素养。

技能目标

- 掌握跨境电子商务网络编辑的工作内容。
- 掌握跨境电子商务网络编辑的工作职责。
- 掌握跨境电子商务网络编辑需要哪些素质和技能。

项目导入

温州奥雄鞋业有限公司成立于2006年，专业生产各类女单鞋，男单鞋，童鞋，女棉，男棉，女靴，男靴，全为外贸产品，远销日本、加拿大、俄罗斯、西班牙、美国、澳洲等世界各国。作为一个传统的出口企业，温州奥雄鞋业有限公司打算向外贸电子商务转型，但是如何在 B2B/B2C 平台进行推广，公司的产品信息该如何呈现和报价？毋庸置疑，首先要做的是组建一个跨境电子商务的工作团队，招募相应的跨境电子商务网络编辑人员。基于公司的现状，招募的跨境电子商务网络编辑的工作职责是什么？应具备怎样的素质和技能？招聘广告中该提出哪些要求呢？在本项目，我们一起探寻跨境电子商务网络信息编辑。

知识链接

一、跨境电子商务的崛起

跨境电子商务是指分属于不同国家的交易主体，通过电子商务手段将传统进出口贸易中的展示、洽谈和成交环节电子化，并通过跨境物流及异地仓储送达商品、完成交易的一种国际商业活动。

跨境电子商务交易的主体是关境之间。可能是国内企业对境外企业 B2B（Business-to-Business）、国内企业对境外个人 B2C（Business-to-Customer）或者国内个人对境外个人 C2C（Customer-to-Customer）。此关境的企业或个人直接面向另外关境的企业或个人开展在线销售产品或服务，通过电子商务平台达成交易、进行支付结算，并通过跨境物流送达商品、完成交易。B2B 跨境电子商务代表企业有敦煌网、中国制造、阿里巴巴国际站、环球资源网、大龙网等。B2C 跨境电子商务代表企业有速卖通、亚马逊（Amazon）、兰亭集势、米兰网等。

众多的跨境电子商务平台有相通之处又有各自的规则，所以跨境电子商务从业者要熟悉所运营平台的基本操作和各项规则。在此基础上，进行选品，确定品类、商标和供应商。

二、跨境电子商务网络信息编辑工作

初步确定产品只是第一步，也是跨境电子商务的核心竞争力。而网络信息编辑正是网页的设计师和建设者。从这个角度讲，以创建、完善产品标题、属性、图片、宝贝详情页为己任的产品编辑者已经成为各个店铺核心竞争力的坚实打造者。

1. 跨境电子商务网络信息编辑的概念

所谓跨境电子商务网络编辑是指利用外贸相关专业知识及计算机和网络等现代信息技术，从事跨境电子商务互联网平台店铺内容建设的人员。通过互联网向世界范围的网民进行发布，任何人只要具备了一定的技术手段，在任何时候、任何地方都可以让信息进入网络，相互联系进行交易。在移动互联网普及之后，网络编辑不仅指各互联网站点的编辑人员，还包括各手机站点以及为智能手机终端提供手机应用程序（APP）内容服务的编辑人员。

2. 跨境电子商务网络信息编辑工作的内容

随着跨境电子商务政策的不断完善，以及跨境电子商务运营的不断创新，跨境电子商务出现了越来越多的商业模式。目前，跨境电子商务主要有以下 4 种运营模式：①平台模式，即传统跨境大宗交易平台模式，主要业务是大宗 B2B，这类电商模式服务于达到一定经营规模的企业，基础活动包括发布产品信息、开展营销活动。②综合服务商模式，是一种新型的、符合跨境电子商务发展趋势的创新型模式。主营业务模式是小宗 B2C 和 C2C。除了为企业提供平台推广、服务器的运作维修等基础活动外，这类平台还会提供物流、支付、质量控制以及数据挖掘技术等一系列的配套服务，更加注重平台服务的深入性。③自建跨境电子商务平台模式。一些规模和实力比较强大的外贸企业，自建 B2C 平台，并拥有配套的物流、支付服务体系，直接与国外消费群体实现在线交易的新型模式。④跨境电子商务代运营服务商。这类平台的运营模式是以独立第三方服务商的身份全程代理，区别于跨境电子商务平台模式，企业没有参与跨境交易的过程，同时也没有供交易双方使用的实体跨境平台。这些企业以电子商务服务商身份，为出口外贸企业量身定做，帮助出口企业建设电子商务网站平台，提供完善的电子商务解决方案，帮助外贸企业把商品销售给国外零售商或者消费者。

一般而言，跨境电子商务网络信息编辑工作涉及后台维护与建站，主要包括以下几个。

- 后台功能：熟悉上传产品、使用数据管家。
- 关键词：熟悉客户习惯搜索词、提炼关键词、在后台验证关键词的热搜度。
- 图片：橱窗图片、产品效果。
- 描述：描述产品特征、功能、技术、价格、竞争优势等。
- 网站框架：搭建主页面和自定义、滚动页面和增加的栏目。

3. 跨境电子商务网络信息编辑的工作职能

跨境电子商务网络信息编辑与新兴职业网络编辑有一些相似之处。具体而言，跨境电子商务网络信息编辑的工作职能主要包括以下几点。

（1）产品信息筛选

如今，互联网上的产品种类繁多、鱼龙混杂，跨境电子商务的交易主体遍及全球，有不同的消费习惯、文化心理、生活习俗，这要求跨境电子商务对各国流量引入、各国推广营销、国外消费者行为、国际品牌建设等有更深入的了解。针对销售国网购者的消费喜好和习惯，严格把关和筛选产品，真正筛选出目标区域的网购者所需的产品。产品筛选是根据目标区域网购者的需要、按照一定的标准对产品进行搜集、判断和供应商的选择。产品信息筛选是店铺成功运营的第一步。在产品信息筛选过程中，既要考虑海外市场的类型和定位，又要不违反跨境电子商务平台规则与安全和国家、地区、国际组织的相关法律法规。编辑要在大量的产品类目和海量产品中首先筛选出适合自身情况的产品，选出自己店铺的爆款商品、主流商品和利润商品，如何进行加工，进行全新类目产品的打造。

懂得海外市场游戏规则，对电子商务平台的规则、海外市场的特点做到更加全面和深入的把握，寻求合适的供应商，有朝一日，才能使中国制造以良好的国际形象立足全球。

（2）视觉设计

既精通设计美学又精通视觉营销，能找到合适的美工人员拍出合适的产品图片和设计美观的页面。关于图片，要在参照和对比竞争对手的基础上进行拍图和图片的处理。选取当前同类产品卖得比较好的几条产品（Listing），研究图片，力求达到甚至突破竞争对手的图片水平和视觉效果。

（3）产品描述

为了提升消费者的阅读体验，让有购买意向的顾客在网站页面里愉快地购物。这要求店铺的网络信息编辑者做到产品内容描述精准恰当、语言通俗易懂。产品描述不等同于产品说明书，所以，不能拿着产品说明书复制粘贴了事。产品描述的核心是产品图片、标题和五行特性的进一步拓展，要解答用户在这三项中未能了解到的更细致的产品内容。在网络购物中，在线购物者需要快速感知产品适用性以及快速决定购买与否。因此，产品描述不仅仅是干瘪瘪的技术参数，网络信息编辑者要尽可能地让语言生动活泼。

同时，在表现形式上，要做到整齐划一、分段有序。网络信息编辑者还应懂得网页制作知识和网页美工知识。能够熟练自如地编排产品描述字体、大小、字体颜色等。为了让产品描述显得整齐大气，在产品描述中插入相应的加粗体、换行、空行 HTML 标签符，使得产品发布之后在前台页面的展示与前期编辑的页面完美一致。此外，还要比照、综合多个卖家多条 Listings 产品描述，借鉴竞争对手的模板，从众多中甄选和做出修正。然后优化和创新，总结提炼出符合自己产品特点的描述。

（4）信息推介

在经过选品和图片、产品描述的编辑环节之后，产品的详情页内容基本固定，但产品之所以能够展示在客户面前，编辑需要运用编辑手段做推介工作。在跨境电子商务产品信息编辑中，网络编辑在文字方面的推介工作主要是产品的主图、精心制作标题、关键词、价格，吸引网购者点击，进入详情页，做进一步的了解。

标题是占有相当大的决定作用的。标题直接具有了关键词的作用，同时，标题又不仅仅是关键词的堆砌，一定得在包含核心关键词的同时，能够突出特色，既要和竞争对手相同，又要比竞争对手的标题更有吸引力。同样，要研究竞争对手的标题，抓取其中的核心关键词，根据自家店铺产品的特性，提炼出结构恰当的标题。在今后的营销过程中，还要不断地进行适当的优化。

关键词（Search Terms）是除了标题之外相当重要的部分。就关键词的设置原则来说，第一，不要重复，包括不要和标题中的关键词重复以及不要在关键词之间彼此重复，第二，尽可能包含多一些词语，精准关键词，宽泛关键词，长尾关键词，以及一些趋势性的词语。

4. 跨境电子商务网络信息编辑的工作岗位

跨境电子商务行业现状与发展趋势、网站规划、网络编辑、市场运营等，构成了跨境电子商务网络的主要内容团队。跨境电子商务网络信息编辑团队的规模差别较大，少则几人，多则几十。它们有的是独立运作，有的是分工，与网络推广部、市场运营管理部等其他部门和人员相互交叉、协同工作。跨境电子商务网络信息编辑部门按照职责区分通常分为产品图片摄影与处理部、产品编辑部、网络推广部、市场运营管理部、文案设计与推广部。网络信息编辑部的构成如图 1-1 所示。

跨境电子商务网络信息编辑的工作岗位及信息岗位所需的能力包括产品信息编辑、稿件编辑、营销方案制定、图像信息编辑、网站规划与设计、社交网站编辑等。跨境电子商务产品信息编辑分为产品标题的选取与编辑、产品详情页的编辑；跨境电商网络稿件编辑分为新闻稿件的编辑、推广信的撰写、软文写作的技巧；营销推广方案的编辑分为营销推广内容编辑、推广语的编辑和促销方案设计；图像信息编辑分为美工图像、照片效果编辑和如何选择照片中所需要的内容；跨境电子商务网站规划与设计分为跨境电子商务网站规划和跨境电商网站设计；社交网站信息编辑呈现了社交电商时代产生的条件以及特点和主流社交平台的信息编辑 Facebook，LinkedIn，Instagram。

在职位设计上，跨境电子商务网站编辑一般分为：编辑、资深编辑、总编辑等。网络编辑不同阶段的能力要求和工作内容有所不同。

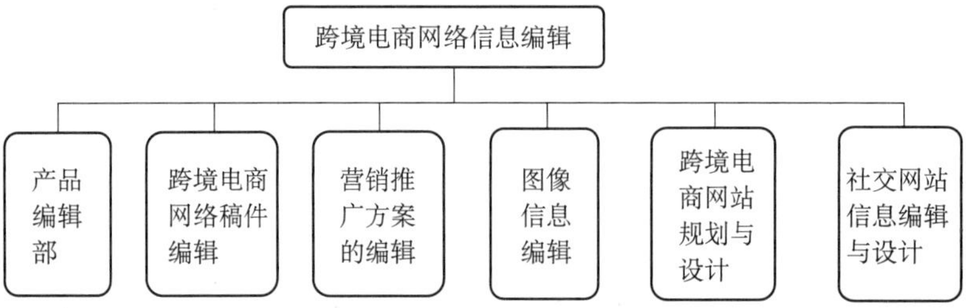

图 1-1　网络信息编辑部的构成

• 总编辑：懂得海外市场游戏规则，对电子商务平台的规则、海外市场的特点做到全面、大体的把握。了解行业动态和趋势，总体筹划，根据公司发展的总体方向规划管理产品编辑、培养团队，领导团队有效编辑，期待产品制造以良好的形象立足全球。根据行业动态和趋势、跨境电子商务平台的规则和制度，策划、建设店铺内容和产品详情。如果是自建平台、自建网站的话，还需参与规划管理网站发展方向。

• 资深编辑：配合总编辑，策划、建设店铺内容和产品详情。了解采购与供应链管理。了解甚至参与产品方案制订，掌握库存变化、物流配送等一系列环节。了解互联网和营销推广，根据当地消费者的思维方式、生活方式和商业进行大数据分析、用户体验分析等，参与活动策划、商品编辑。

• 编辑：跨境电子商务网络编辑要进行标题、价格、库存数量、产品描述（Description）、关键词（Search Terms）的设定，五行特性（Bullet Point）的设置。产品标题、关键词十分重要，它可以提高曝光率，让买家输入关键词可以搜索到店铺。收集数据的途径有：①数据纵横；②关注卖家频道，卖家论坛；③ eBay 等外国电子商务网站；④ Google 搜索工具；⑤海外论坛。通过这些途径可以得到大量关键词的数据，分析数据（得出词表），优化自己的产品标题。同时，五行特性、产品描述等设置也非常重要。这就要求编辑具备一定的英语能力，能借助于Google 等翻译软件进行标题、关键词和宝贝详情描述，用词准确。此外，要做好图片、影像、视频、多媒体的制作，对产品进行美工拍照和图片的处理，通过互联网进行上传、发布产品。

网络信息编辑各职位工作内容及职业能力要求如表 1-1 所列。

表1-1 网络信息编辑各职位工作内容及职业能力要求

职位	工作内容
总编辑	规划管理产品编辑，培养团队，策划、建设店铺内容和产品详情
资深编辑	策划、建设店铺内容和产品详情，参与活动策划、商品编辑
编辑	进行标题、价格、库存数量、产品描述、关键词的设定，五行特性的设置。图片、影像、视频、多媒体的制作

5. 网络编辑职业素养

互联网的飞速发展给跨境电子商务网络编辑的职业素养和要求提出了极大的挑战，作为新媒体时代的编辑者，跨境电子商务网络编辑人员素质的高低直接影响着网站的形象和销售业绩。跨境电子商务网络编辑的工作内容反映到网络编辑的职业素质上，要求较高的文字驾驭能力、市场敏感度、图片制作的美观度和相当的信息技术能力。

（1）网络编辑的知识结构

跨境电子商务网络编辑需要有开阔的市场视野、敏锐的市场敏感度和快速学习能力，能够对市场、产品做出基础的判断，对如何在跨境电子商务网站呈现产品有一定的构思和呈现能力。

（2）跨境电子商务网络编辑基本知识

文字能力是最重要的基本要求之一。产品信息的筛选和判断、宝贝详情页的编辑等一系列环节都需要跨境电子商务网络编辑具备扎实的文字功底；具备并了解相关领域的专业知识，熟悉本行业的全局和发展动态；具有产品敏感度和宝贝详情页的布局等方面的知识；还需要熟悉网络、了解和关注网站与产品的设置和编辑。

（3）计算机及网络基础知识

对于跨境电子商务网络编辑而言，计算机是最基本的工具。编辑对于计算机技术掌握的熟练程度，决定了其编辑工作的熟练程度和整个编辑团队的工作效率。跨境电子商务网络编辑应对有关的计算机操作非常熟悉，包括互联网各种操作（如搜索引擎）的使用、产品详情页的设计与制作知识和技能、常用软件和工具的使用、对图片和视频的拍摄与处理技能、网站运营技能等。总之，跨境电子商务网络编辑应当是多媒体人才，应该乐于接受新技术和高科技产品，而不能心存畏惧。

（4）相关政策和法规

跨境电子商务网络编辑应充分了解国家有关跨境电子商务平台产品发布、互联网管理、知识产权等方面的政策和法规。在借鉴他人的详情页编辑时，要有合适的尺度，既要学习又要呈现自己的特色，不能完全照抄，这就需要了解国家互联网及该跨境电子商务平台有关的政策。此外，还应遵守产品内容发布的一些相关法律，如知识产品方面的法规等。

（5）一定的外语能力

跨境电子商务网络的国际化对编辑的外语能力提出了较高要求。宝贝详情页很多都需要借鉴、参考他人或优秀的详情页的制作和表述，均要求编辑直接浏览平台和同行网站最新编辑，及时在线编辑并发布上网。

另外，由于跨境电子商务网络媒体对互动性的要求，跨境电子商务网络编辑要求能够适应高强度的工作压力，具备不断的学习精神和对突发事件的处理能力，具备较强的敏感度和适应能力，善于交流与沟通，能够与客户进行互动，了解客户的需求。

不同层次的跨境电子商务网络编辑的工作内容和需要的素质有一定差异，如高级跨境电子商务网络编辑的职责是对整个内容产品的策划和对外部资源的整合，他需要有非常敏锐的判断力，了解客户到底需要什么产品，更能接受什么样的浏览方式，同时能对编辑进行业务上的指导，承担管理工作。

任务实操

[任务描述]

选取若干个不同类型的网站，查看其对跨境电子商务网络编辑的招聘需求，归纳出跨境电子商务网络编辑需要的素质和技能、跨境电子商务网络编辑工作内容，结合自身，写一份跨境电子商务网络编辑员的职业规划报告。

［任务实施步骤］

1. 利用百度搜索“跨境电子商务网络编辑招聘”。

2. 选取 2 个以上公司，对各个公司的招聘需求进行解读，提炼出跨境电子商务网络编辑工作内容，归纳出跨境电子商务网络编辑需要的素质和技能。

3. 结合自身，写一份跨境电子商务网络编辑员的职业规划报告。

能力拓展

1. 简述跨境电子商务网络编辑的工作内容。
2. 简述跨境电子商务网络编辑的工作职责。
3. 你认为跨境电子商务网络编辑是搬运工还是设计者？
4. 跨境电子商务网络编辑需要哪些素质和技能？

拓展阅读

最近，一项针对英国消费者的调查显示，55% 的消费者表示有一半的购物网站都无法查看一些基本信息（如交货时间）。调查发现，英国消费者最不能忍受的就是糟糕的服务。如果无法查看基本信息，42% 的消费者会选择别的购物网站。41% 的消费者表示会给该公司发邮件投诉。17% 的消费者表示会直接给该公司打电话。调查还显示，对于消费者来说，速度也非常重要：39% 的消费者表示如果 5 分钟内还找不到基本信息，就会选择放弃；60% 的消费者表示打电话不会超过 5 分钟，56% 的消费者希望发出的邮件能在 4 小时内得到回复，44% 的消费者希望发出的推文 1 小时内就有回应。

一年一度的黑色星期五旨在让消费者提前购物，也确实收到了立竿见影的效果。到 12 月 5 日，53% 的消费者已经完成了一半以上的购物计划。研究发现，在全球的电子交易中，30% 来自移动设备，而在美国，这一比例为 27%。Criteo CPO Jonathan Wolf 表示：“因为缺乏对移动端交易的研究，导致商家错过了很多机会。我们的研究发现，移动端购物可以显著推动电子商务的发展，尤其是零售业和旅游业。随着移动设备的普及和客户端 APP 的不断优化，预计电子交易的 50%

将会来自移动端。”Criteo的报告基于全球3000多家电商、零售商的交易数据，其研究还发现：在所有交易方式中，移动端的交易转化率最高；在移动设备中，来自智能手机的交易多于平板电脑。53%的交易和66%的旅游订单都来自智能手机。三分之一的时尚类购物都来自移动端，其订单总额已与台式机持平。美国排名前25%的零售商40%的交易都来自移动设备，排名后25%的零售商仅有5%～10%的交易来自移动设备，而在美国零售业中，这一比例为27%。在美国，来自移动设备的订单额已经赶上了台式机，特别是时尚类用品、奢侈品、体育用品以及美容保健品等。在智能手机中，来自安卓手机的交易占到了三分之一。在美国的智能手机交易和旅游订单中，来自安卓手机的交易分别占到了39%和44%。此外，在德国、意大利、西班牙、巴西和韩国等国家，安卓手机比苹果手机产生的订单更多。Wolf表示：“相比起台式机，用移动设备更加方便快捷，正在成为越来越多消费者的首选，因此电子商务也应该重视移动客户端程序的优化，以吸引更多的消费者。”（摘自雨果网　唐小玉译　吴以辉审）

项目评价

评价表

（在□中打√，A. 理解，B. 基本理解，C. 未理解）

评价指标		自测结果		
跨境电子商务网络编辑	1. 网络信息编辑的概念	□A	□B	□C
	2. 网络信息编辑工作	□A	□B	□C
跨境电子商务网络编辑工作	1. 网络编辑的工作内容	□A	□B	□C
	2. 网络编辑的工作职责	□A	□B	□C
跨境电子商务网络编辑需要的素质和技能	1. 网络编辑的素质	□A	□B	□C
	2. 网络编辑的技能	□A	□B	□C

项目2

跨境电子商务产品信息编辑

学习目标

知识目标

- 掌握跨境电子商务平台产品英文标题的选取与编辑技巧。
- 掌握跨境电子商务平台产品详情页的基本构成与英文编辑方法。

技能目标

- 能够熟练地对产品标题进行编辑。
- 能够熟练地对产品基本信息进行编辑。
- 能够熟练地对产品详情页进行编辑。

项目导入

因为产品标题用“Fat Lady”，Wish又被外媒点名了

雨果网从外媒近日的报道中了解到，移动购物应用Wish因为许多大码女士服装描述使用的是“Fat Lady”，引起众多买家不满。根据买家截图显示，Wish上很

多服装标题用的是“Fat Lady”，而不是“Plus-Size”，如图 2-1 所示，比如这位叫 Jaunna 的 Twitter 用户截图并称：“用‘fat lady’？真是太可恶了。”

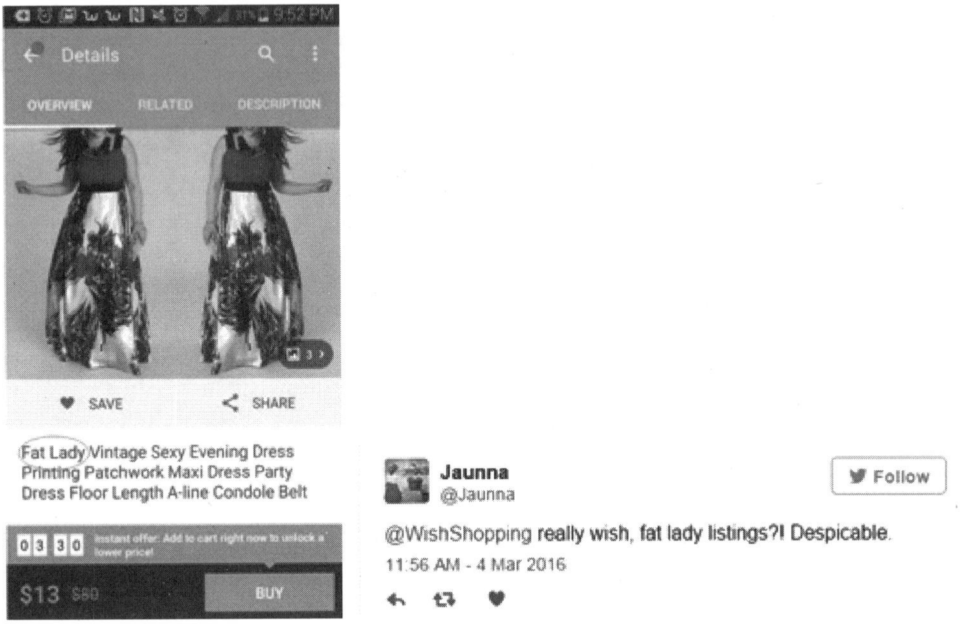

图 2-1　Wish 因产品标题用“Fat Lady”而被点名

Mic 网站在报道这事件时称，上 Wish 搜索“Fat Lady”可以搜索出很多产品，从 T 恤到短裤。另外 Wish 一则大码服装的广告也惹了众怒，它的广告截图显示模特能穿下大码裤子的一半，如图 2-2 所示。这位用户于是说道：“一个网站放了个模特穿一半大码裤子的图，有没有脑子？”

而《每日邮报》则评价道：“如果你想卖东西给那些穿大码衣服的女士，那就不应该管她们叫胖。”

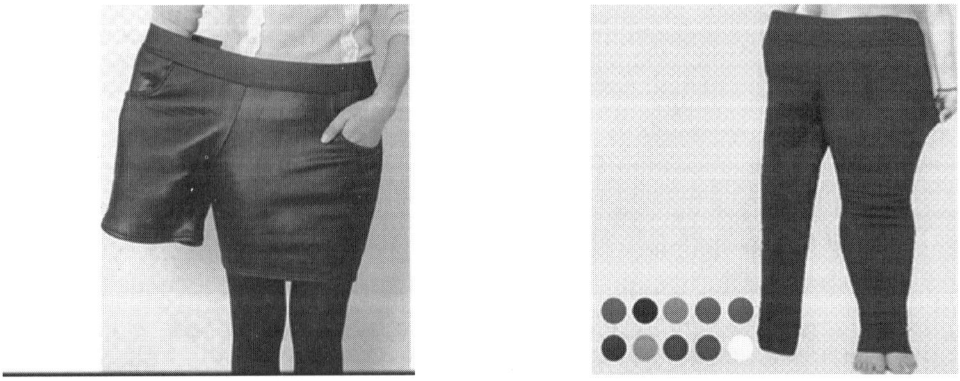

图 2-2　Wish 一则大码服装广告

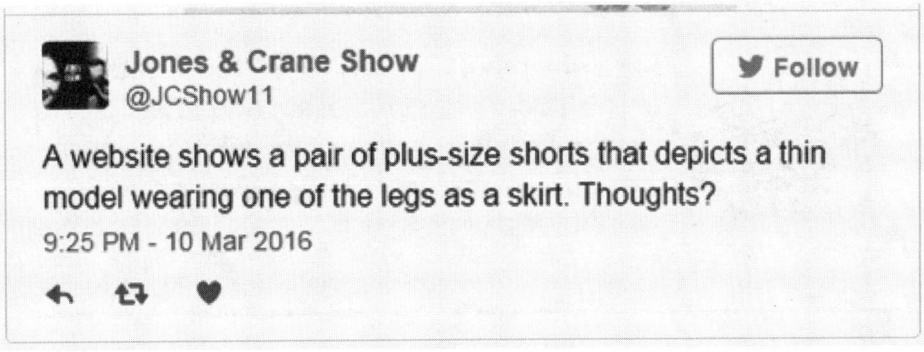

图 2-2 Wish 一则大码服装广告（续）

摘自雨果网

可见，在将产品的标题、详情页等进行编辑之前必须要了解目标客户的阅读习惯，掌握英文用词的准确性与可接受性。跨境电子商务产品的编辑不是单纯地将中文词组一一对应翻译成英文，翻译时也要注重翻译技巧的使用。作为跨境电子商务平台的操作者，在产品进行上传之前，必须要经过对产品的标题、类目、属性、详情页等进行编辑。

任务2.1 产品标题的选取与编辑

知识链接

标题是客户到你的店铺产品详情页面看到的第一个信息，你的标题有没有给客户传达正确的信息？当客户看到你的产品标题后还想不想继续详细地了解你的产品详请页面？好的标题需要包含产品相关信息的同时能让客户不用再看其他任何产品信息就可以产生正确的购买行为，与此同时，产品标题是吸引顾客上门的第一要素，更是后续营销、推广、引流的基础。一个简洁、与产品相关性强的标题可以最大化地为产品吸引流量和曝光，所以标题格式的一致性和准确性显得尤为重要。标题作为吸引买家眼球的重点，在店铺经营过程中不容小觑。不少卖家就因为标题设置不好导致流量、销量下降。产品标题如图 2-3 所示。

图 2-3　产品标题

一、产品标题特点

打开产品页面，第一个看到的就是标题。产品标题是影响消费者购买的一个因素。标题需要提供充足的信息，所有细节都需要包括在内，比如品牌、款式、尺寸、颜色、类型等。跨境电子商务店铺产品标题都具有怎么样的共同的特点呢？一个好的标题通常包含以下几个元素：产品关键词（产品名称）、产品属性。

1. 产品关键词

关键词源于英文“keywords”，特指单个媒体在制作使用索引时，所用到的词汇。关键词搜索是网络搜索索引主要方法之一，就是希望访问者了解的产品、服务和公司等的具体名称用语。按照相关性强弱，关键词可以分为精准关键词、宽泛关键词和长尾关键词。精准关键词和产品匹配度最高，也往往是大部分消费者直接用来搜索的词语，宽泛关键词和产品有一定的相关性，但宽泛关键词又不仅指这一类产品，它在涵盖你的产品的同时，也会涵盖到其他类似或同类产品。举例来说，“衣服”属于宽泛关键词，“男式夹克”、“男士衬衫”则属于精准关键词，这里面就会发现一个问题，有些词语虽然是宽泛关键词，但几乎没有人搜索，所以作为卖家可以不必使用此类关键词，比如刚刚提到的“衣服”，虽然代表着产品的属性，但试想，当你在打算购买一件衣服时，你真的会用“衣服”这个词来搜索吗？几乎不会。因为这词语太宽泛了，成千上万的不同类型的男女老少款的衣服，都在搜索结果中展示出来，但和消费者的真实需求相差太远，所以，这类词语对卖家来说未必适合使用。

但也有一些词语，既是宽泛关键词，同时也已经是精准关键词的一部分，所以往往会被作为核心关键词来使用的，比如“移动电源”，本身虽然宽泛，但由于其产品属性就是此，大部分人会使用该词语来进行搜索，所以非常有必要作为重点关键词来使用，当然，在使用过程中，还需要根据自己产品的实际添加其他的搭配词语，从而组成更多的精准关键词，比如“适用于苹果（For Apple）”、“适用于 6S（For 6S）”、“苹果认证工厂”，等等。精准关键词既是这个产品的核心词、行业热门词，准确的产品关键词能让买家更精准地搜索到产品。首先要选定一个核心关键词，对这个词的要求是能体现出产品所要表达的主题，一般是 1 ～ 3 个单词（word）构成的一个词或词组，产品的描述将围绕这个关键词展开，名词居多。在跨境电子商务的运营中，卖家一定要了解买家，买家往往是根据产品的关键词搜索和排名来找到你的店铺的，也就是你的产品标题关键词越容易被搜索到那么你的店铺就越排名靠前，从而提高产品的询盘和销量。精准关键词尽量靠前出现，尽量在标题前 5 个单词（word）中出现。关键词的选择要切中买家搜索习惯，切忌罗列堆砌，在设置的时候，要结合时下的热门关键词进行设置。尽可能使用同义的关键词，比如一款产品的多种不同的英文名称，wedding dresses 和 wedding gown 同义，都可以包含在产品标题里。长久以来由于不同的文化，不同的地域，使许多产品的名称都不尽相同，而产品信息的排名哪怕差一个字，排名的类别和顺序就都不一样了。为了使产品信息能够更准确、更完整地展示给客户，在产品信息发布前，先按产品名称的使用率排出顺序。比如：自行车这个产品，大家都知道，但又有很多别名，那么就尽可能多地列出来，单车、脚踏车、两轮车，等等。在填写产品标题时只要设置允许，就可以都填写上，以满足不同国家人们的用语习惯。

并不是每一个卖家都能够对关键词做一个很好的把握和运用，关键词抓偏了，没有抓住核心关键词，这种情况往往是由于用词习惯造成的，或者关键词的选择太单一，比如用于 iPhone 手机的外壳，可能设置了 Case for iPhone，但却忽视了 Cover、Skin 也同样被很多人使用和搜索。在标题的设置中，关键词的选择一定要精准，至于如何选择，会使用数据分析的卖家不妨借助数据分析来多一个维度进行参考。以速卖通平台后台为例，巧用工具，分析后台数据纵横飙升词等，用数据挖掘背后买家的需求，根据自己产品的属性，选择最精准的关键词添加投放，例如，想要知道美国市场上卫浴产品纸巾架的飙升词，可以先通过选择类目“家装”→“卫浴设施”→“卫浴五金件”→“纸巾架”来寻找，如图 2-4 所示。

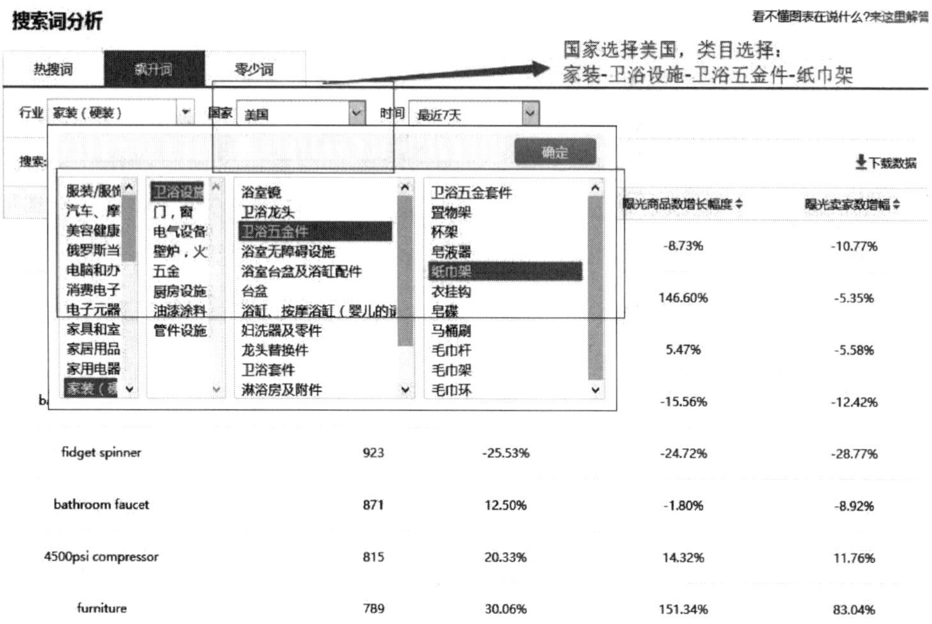

图 2-4　选择飙升词

单击“确定”按钮后，得到如图 2-5 所示的结果。从搜索的结果来看，纸巾架的飙升词分别为 bathroom accessories, toilet paper holder, toilet paper, towel paper 等，就可以将这些词加到标题里面去。

搜索词	是否品牌原词	搜索指数	搜索指数飙升幅度	曝光商品数增长幅度	曝光卖家数增幅
bathroom accessories		331	30.88%	10.64%	2.56%
toilet paper holder		291	-32.76%	-39.17%	-20.67%
wall paper		176	147.37%	66.67%	66.67%
toilet paper		143	322.22%	368.66%	373.91%
Рулон Туалетной Бумаги, Держатель		80	100.00%	100.00%	100.00%
home decoration accessories		73	-13.64%	0.00%	0.00%
towel paper		62	100.00%	100.00%	100.00%
toilet paper holder plastic		43	100.00%	100.00%	100.00%
for paper higienico		40	100.00%	100.00%	100.00%

图 2-5　搜索结果

如果不懂数据分析，那么不妨借助于多个竞争对手的标题来作为参考，逐层过滤筛选。

2. 产品属性

标题里表示产品特点的词语也叫属性词，例如款式、材质、形状、颜色、尺寸、风格等。多用形容词去描述产品属性，可以引入长尾词流量。为了涵盖更多的搜索，标题中不妨加入长尾关键词。长尾关键词（Long Tail Keyword）是指网站上非目标关键词但也可以带来搜索流量的关键词。长尾关键词的特征是比较长，往往是由 4 ～ 6 个词组成的，甚至是短语。例如，目标关键词是服装，其长尾关键词可以是男士服装、冬装、户外运动装等。长尾关键词基本属性是：可延伸性，针对性强，范围广。长尾关键词是长尾理论在关键词研究上的延伸。“长尾”具有两个特点：细和长。细，说明长尾是份额很少的市场，在以前这是不被重视的市场；长，说明这些市场虽小，但数量众多。众多的微小市场累积起来就会占据市场中可观的份额——这就是长尾的思想。例如，“跑男同款男士西装 Men’s suit the same as running men”、“邓超同款夹克 the same jacket as Dengchao’s ”则属于长尾关键词。

二、设置产品标题的策略

在跨境电子商务运营中，一个好的产品标题堪称画龙点睛之笔，这深刻地说明了标题对于海外客户的第一印象，十分的重要，那么跨境电子商务运营者要如何写好各个行业的产品标题呢？

1. 优质产品标题的编辑

标题并非越长越好，一般建议是要控制在 200 个字符之内。一个优化标题基本包括以下内容：品牌名（也就是商标，防止被别人跟卖）+ 核心关键词（最直接搜索流量来源）+ 适用范围（准确地引导目标客户的正确购买行为）+ 产品特性（材质、尺码、颜色、特点等）。在编辑标题时，要将这些要素写清楚，尽量让标题中的每一个词汇都可以独立被搜寻，以提高出现在搜索结果内的概率。优质标题必须符合产品所面对的消费群体以及受众的搜索习惯和语法习惯，因为投其所好方能“收获芳心”。好标题的主题部分，一定要简洁清晰地表达“我要销售什么”，让消费者一眼看过去就有很清晰的认知，知道这是什么产品。这样的标题，消费者进入店铺的转化率也就会更高。标题结合客户搜索词，特别是当产品针对某个国家或者自己店铺的产品主要的目标市场是某个国家的时候，产品标题所选用的词就非常重要，每个国家人的说法都会有一点不一样，如果能够契合目标国家的说法进行设置，一方面可以提高自己产品在被搜索时的排名，另一方面，目标买家会觉得这个产品特别符合自己的需求，加快下单速度。优质标题举例如下。

● Pitpat® Rugged Dual Layer Case for iPhone6 with Kick stand（Snow White，Pack of 3），该标题一开头就写上了该产品的品牌，当然如果品牌没正式生效也可以虚拟一个，给客户一种信任的感觉。标题的主题部分简洁清晰地表达了“我要销售什么？”iPhone 6 的 XX 保护壳，这个保护壳还有一个支架“with Kick stand”，这样这个产品小特点也传递给了客户，最后部分是颜色的说明，这个手机壳的颜色是 Snow White。这种标题符合一个好标题应该具有的属性。优质的标题需要包含产品相关的信息，同时能让客户不用再看其他任何产品信息就可以产生正确的购买行为，客户看到以后可以很清楚得知道要购买的产品：Pitpat® 品牌的，带有支架功能的，适用于 iPhone 6 的，这是个耐用的双层的手机壳，雪白色的手机壳。

● Free shipping（12 pieces）New 100% Cotton Men’s Underwear Wholesale and Retail，该标题一开始就用了运输方式以吸引客户，同时指出产品的销售方式（打包或者单卖）。如果你的产品在材质上有特点，在标题中可以突出产品新旧状况及材质。Men’s Underwear 是产品的关键词，Wholesale/Retail 是买家常用关键词。

● Guaranteed 100% Genuine Leather Handbag Free Custom Logo Free Shipping，该标题包括信用保证。产品材质及特点，产品关键词，提供的服务和运输方式。

● Julius Hot Famous Brand watch Women leather wristwatches women's dress watches casual quartz watch Luxury wristwatch 5 colors（Julius 热卖名牌手表，女性皮革手表，女装手表，休闲石英，奢侈手表，5 种颜色）根据手表的品牌、材质、款式、功能等来进行编辑，包括了该款产品的主要特点及关键词，如图 2-6 所示。

● RAXFLY Wired Handheld Universal Selfie Stick Monopod Extendable Self-timer Portable With Mirror For iPhone Samsung Xiaomi Huawei（RAXFLY 有线手持万能自拍杆，脚架伸缩自拍带镜子便携式，适用 iPhone、三星、小米、华为）。该标题包含了产品名称，以及可伸缩、有脚架、可手持等产品特点，适用的手机品牌型号等信息，如图 2-7 所示。

图 2-6 Women's watches

图 2-7 自拍杆

图 2-8 笔记本电脑背包

- KALIDI Anti-theft 15.6 inch Laptop Backpack Men Women External USB Charge Notebook Backpack Schoolbag Mochila Masculine feminine（KALIDI 防盗 15.6 英寸笔记本电脑背包外部 USB 充电男女通用），在标题中出现了相类似的产品单词，如 backpack，schoolbag，mochila，通过编辑类似的产品名称来增加客户的搜索概率，如图 2-8 所示。

2. 关键词优化技巧

在对关键词进行组合后，标题的编辑还要符合书写规范。一个简洁、与产品相关性强的标题可以为你的产品吸引流量和曝光率，所以标题的格式一致性和准确性显得尤为重要。为了确保你的标题能够给客户留下良好的初印象，标题中每个单词的首字母要大写（除了 a，an，and，or，for，on，the 之类的词），特殊情况除外，例如，Girls Frozen Elsa Anna Trousers Children 2014 summer Cartoon Clothes Blue Denim Printing。

不能使用有任何特殊字符或者标点符号（！，￥，&，…），标题中如有阿拉伯数字，不要使用文字，例如，要写 4 而不是 four。把一些测量值拼写出来而不是用符号代替，比如表达英寸时请使用 inches 而不是符号。只需包含于本身产品相关的信息、促销信息，而产品库存量这些和产品本身无关的信息尽量排除。不要放不实的产品标题来提升搜索率，因为就算客户搜到了，这些点击也不会转化成销售。即便运气好转化成了购买行为，消费者在收到货后发现和标题描述不符，也会发生退货情况，甚至可能会被投诉，这样对你的账号百害而无一利，得不偿失。关于品牌名称，万不可想着“借势”而去拿别人的来用。因为这种行为已经构成了侵权，随时可能会被投诉而导致账号被封。

关键词是产品的最直接体现，所以，一定要把产品最核心、最精准的关键词体现在标题中。标题不能是完完全全的关键词堆砌，此外，除了关键词，还要考虑产品的特性词，这样能够让你的产品和别人的产品做明显的区隔，吸引客户的注意。例如：FREE SHIPPING & NEW ARRIVAL !!! BLACKFLIP CASE COVER FOR IPHONE6 FROM MY COMPANY--BUY NOW WITH CONFIDENCE!!! 首先该标题中的字母全部用的是大写这是第一个错误，然后标题一开头就是促销信息“FREESHIPPING & NEW ARRIVAL !!!”连续的三个感叹号强调此产品是新品上架，在标题中不要用任何标点符号。在该标题中的一些介词连词都是大写的（FOR WITH），介词和冠词用小写（for with）会比较好。紧接着“FROM MY COMPANY”和“BUY NOW WITH CONFIDENCE!!!”放入标题也是非常业余的做法，这是和产品本身无关的信息，本质上客户只会在意产品本身好不好，至于这个产品是由你自己公司生产的还是由其他公司生产的并不是那么在意。

任务实操

[任务描述]

Jason 刚刚接触跨境电子商务运营，打算先在 Aliexpress 平台将公司的产品卖往世界各地。公司主营女士服饰，包括 T-Shirt、连衣裙、裤子、半身裙等。请你帮他将要上传的一件商品编辑合适的标题。

产品图片如图 2-9 所示。

图 2-9　Jason 公司产品

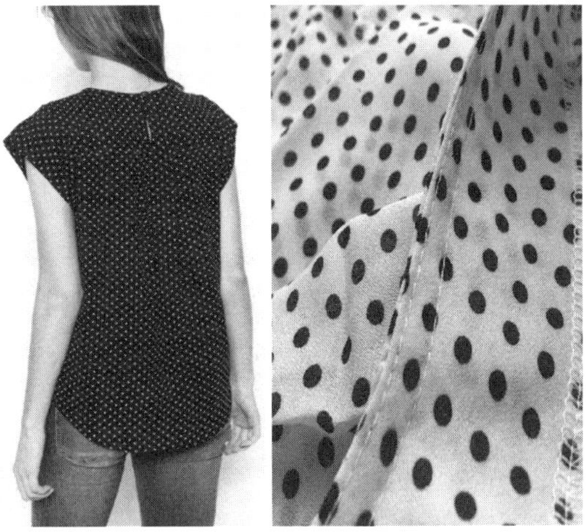

图 2-9　Jason 公司产品（续）

［任务实施步骤］

1. 找出该产品的核心关键词，可以通过 Aliexpress 后台“数据纵横”栏找出热搜词和热销词进行关键词的组合，或者通过产品所刊登的目录名称组合关键词，如图 2-10 所示。

图 2-10　数据纵横→搜索词分析

2. 针对产品属性组合拓展关键词组，如公司的商业模式、使用领域和风格、商品质地、特点、功能、商品的品牌，等等。

能力拓展

（一）选择题

1. 一个优秀的产品的标题通常包括几项要素，以下哪项不包括？（　　）

A. 产品关键词　　B. 产品特点　　C. 产品属性　　D. 促销方式

2. “鞋子”属于什么类型的关键词？（　　）

A. 精准关键词　　B. 宽泛关键词

C. 长尾关键词　　D. 普通关键词

3. 以下哪些词语属于长尾关键词？（　　）

A. running shoes　　B. cell phone case

C. Frozen Elsa Anna Trousers　　D. handbag

4. 以下哪种说法是正确的？（　　）

A. 优质的标题需要包含品牌名、核心关键词、适用范围和产品特性等

B. 标题里的每个单词都需要首字母大写，包括每个介词

C. 标题越长越好

D. 优质的标题需要包含产品相关的信息，也可以在标题里添加一些特殊符号以引起消费者注意

（二）思考题

试着比较以下产品的两个标题，哪个标题比较符合标题编辑规则？请说明理由。

标题 1: Wholesale-FREE SHIPPING Nice Beautiful 4 pcs black Synthetic Kabuki Brush single makeup Cosmetic brush Travel Makeup Set ZH113A

标题 2: 4 pcs Travel Makeup Brush Set black Synthetic Kabuki Cosmetic Brush ZH113A

任务2.2　产品详情页的编辑

知识链接

随着越来越多的零售商涌入电子商务市场，竞争变得更加激烈，写好产品描

述就成为了重中之重。消费者在购买商品时通常会想知道，这个商品包邮吗？商品的尺码是什么？商品的售后问题？这个商品是否有其他颜色可供选择？商品买回来如何进行组装？想看看其他客户的评价或者真实晒单？……

一、详情页编辑的黄金法则

无论是新手卖家还是久经沙场的跨境电子商务老卖家都懂得宝贝详情页的重要性，相信没有一个消费者在看到宝贝时不会去看它的详情页就直接提交购买请求。一个好的宝贝详情页能激起顾客的消费欲望，促使顾客下单购买。宝贝详情页是提高转化率的首要入口。一个好的宝贝详情页就像商店的推销员，面对各式各样的客户，推销员用语言打动消费者，而宝贝详情页用视觉来传达产品的特性。宝贝详情描述页是直接决定交易能够达成的关键因素。那么宝贝详情页该怎样设置才能具有吸引力呢？以下介绍详情页编辑的黄金法则。

1. 强调产品的积极作用

跨境电子商务消费者仍然会规避风险，购买产品看不到实体形象，此时就要看产品描述能不能让消费者感到信任。宝贝详情页编辑时要特别强调产品拥有哪些用户所不了解的优势。一般情况下消费者不会读完整个产品描述，因此可以在标题中突出产品的重点。

2. 少即是多

产品描述应尽量简洁，没有人希望看产品描述跟看一篇文章似的——除非你卖的是该文章。具体产品描述的字数应控制在 100 ～ 300 个单词。产品的描述如果过于冗长则不能和消费者产生共鸣。

3. 尽量真实

产品描述不要太荒谬。你也许觉得你的商品是全球最好的，但是除非真的有证据，否则应尽量避免使用这种描述，否则它只会让你的产品看起来更糟糕。如果你的产品获过奖，不妨说明下，或者用消费者反馈来证明你的产品确实不错。消费者评价不仅有利于 SEO（产品优化），而且还能提高销售额。

4. 了解用户

不论你卖什么，回答用户潜在的问题有利于交流。要引起与消费者之间的共鸣。卖家和买家对产品描述的感受不同，所以旁观者的观点能帮助你从消费者的角度了解事情。消费者是在寻找商品的价值，他们希望知道商品的优势，他们为什么会需要这个商品，他们要怎么使用，产品能为他们解决什么问题。

5. 拒绝复制与粘贴

当你进店买东西时，你不会希望看到销售员指着旁边的人说“产品就跟他说的一样”。产品描述也一样，从别的网站复制和粘贴不会让你赢得客户，所以描述最好是原创的，用你的文字吸引客户，不要让他们觉得无趣。

二、产品基本信息编辑要素

产品详情页主要是解决顾客在购买产品之前对产品的顾虑。详情页主要包括编辑产品的详细用途和功能，商品规格、型号信息，商品的特点、特性、卖点，商品各角度清晰照片，店铺的实力展示等。

通过图片和文字的描述，对商品的属性、功能、特点等进行描述，使顾客对产品有个全面、感性的认识。顾客在买商品前可能会问一些问题，如 Is the item durable? Is this item easy to use? What are the dimensions of this item?，等等。

案例 1：服装类产品的基本信息描述

适用人群（Gender），主要描述产品的目标客户，其中包括 Female，Male，Adult 或者 Child。有时也可以用 Women 和 Men 来表示性别。

以男士服饰为例，其中包括衬衫 Men's Shirt，T 恤衫 T-shirt，运动上衣 Blazer，内衣 Underwear，卫衣 Hoodies & Sweater，外套和夹克 Coats & Jackets 等。在编辑时要明确其材料 Fabric Type，如 涤纶 Polyester，棉 Cotton，毛线衫 Jersey，斜纹布 Twill，牛仔 Denim，尼龙 Nylon，纤维 Spandex，腈纶 Acrylic，人造纤维 Artificial fiber，莫代尔 Modal，莱卡 Lycra，竹纤维 Bamboo fiber，丝绸 Silk，羊毛 Fleece，灯芯绒 Corduroy。

衣服长度（Clothes Length）包括: Regular（常规长度），或者用长 Long，中 Medium，短 Short 来编辑长度。

图案类型（Pattern Type）：各种各样比较难确认，就根据本身产品的特点进行编辑，如刺绣 Embroidery，印刷 Print 等。编辑的过程中还会涉及袖长

（Sleeve Length）、上市时间（ Listing Year）、产品分类（Product Category）、装饰（Decoration）、袖型（Sleeve Style）等。

案例 2：儿童玩具产品基本信息的描述

儿童玩具产品示例如图 2-11 所示。

Model Number（型号）：TM0830-2。

Material（材制）：Plastic（塑料）。

Plastic type（塑料类型）：ABS Acrylonitrile Butadiene Styrene（丙烯腈 - 丁二烯 - 苯乙烯共聚物）。

图 2-11　儿童玩具产品

Gender（性别）：Unisex（男女通用）。

Warning（警告）：Do not eat（勿食）。

Feature（特点）：Assembly（组装），Educational toys（益智玩具）。

Age range（适用年龄）：> 3 years old（大于 3 岁）。

Scale（规格）：1∶64。

Is customized（定制）：No（不接受定制）。

案例 3：男士钱包基本信息编辑

男士钱包如图 2-12 所示。

图 2-12　男士钱包示例

Wallet（钱包）：Standard Wallets（标准钱包）。

Gender（性别）：Male（男性）。

Main material（材料）：Genuine leather。

Interior（内部）：Interior Compartment（内部间隔），Photo Holder（照片夹）。

Wallet Length（长度）：Short（短款）。

Item Height（高）：10 CM。

Item Length（长）: 12 CM。

Closure Type（闭合类型）: No Zipper（无拉链）。

Pattern Type（图案类型）: Solid（立体图形）。

Genuine Leather Type（真皮类型）: Cow Leather（牛皮）。

Lining Material（衬料）: Polyester（涤纶）。

三、产品详情描述

无论是专门到你的网店里来买东西的顾客，还是无意间凑巧登录进来的潜在顾客，抑或是点了推广链接访问你的页面的网民，第一眼看到让他们感兴趣的信息，愿意停留或者以后再来——必然因为你有一个好的产品页。产品页描述是对产品基本信息的补充以及具体描述。一般采用数据、图片、文字更深入地描述产品以及注意事项，让客户对产品有进一步的了解。

宝贝详情描述页是直接决定交易能够达成的关键因素。宝贝详情页需要怎样设置才能具有吸引力？顾客在购买一个商品经常会有一些问题：商品包邮吗？商品的尺码？商品的一些参数问题？商品的售后问题？商品买回来，如何组装？买了这个商品，是否还需要购买其他产品呢？运费怎么样？想看看其他客户的评价或者真实晒单。因此产品描述应当遵循 FAB 法：F — 属性，A— 作用，B—利益。产品详情描述主要包括以下内容：

（1）产品的规格、型号、参数、专业性描述（多用表格）。

（2）有产品细节图片。

（3）产品特性（与同行比较，产品的优势在哪里）。

（4）包装、颜色、交易方式。

（5）第三方认证（或者成功的案例）。

（6）售后服务。

（7）延伸阅读（公司介绍，联系方式，案例）。

（8）视频链接（Youtube 等）。

产品详情在编辑时要分段，每一段加上标题，多用表格和数据，多使用“你”第二人称。产品描述只是销售成功的一部分因素，除此之外，每一个环节都需要卖家认真对待。

1. 产品介绍的内容编辑

在编辑整理产品描述时，要明确的一点是，产品描述不等同于产品说明书，所以，不能拿着产品说明书复制粘贴了事。产品描述的作用在于解答用户在产品图片、标题和基本信息中未能了解到的更细致的产品内容。每一个产品介绍的内容应该包含于产品的主要特性，比如：大小、样式以及适用范围。卖家还需提供准确的尺寸信息、保养说明和保修信息，并使用正确的语法、标点符号以及完整的句子阐述相关信息。不同产品的介绍要站在购买者（购买者而不是网站管理员）的角度去思考，用户购买时会碰到什么问题，用户在购买不同的商品时需要的信息是不一样的。下面以 Kindle Oasis 的产品描述为例来介绍用户关心的因素。那些要买电子阅读器的人，最关心的是重量和电池寿命，接着会考虑其他因素，如设计和展示等。

About the product:

- Our thinnest and lightest Kindle ever-read even more comfortable for hours
- All new ergonomic design with dedicated buttons to effortlessly turn the page
- Longest Kindle battery life-the included leather charging cover boosts battery to last months.Choose from a black，merlot，or walnut removable cover
- High-resolution 300 ppi display with crisp，laser quality text.Reads like real paper without glare，even in direct sunlight
- Enhanced built-in adjustable light evenly illuminates the screen for perfect reading anywhere，anytime

在这个产品描述中，包含了潜在买家所关心的关键信息，如“thinnest and lightest Kindle”、“ergonomic design”“Longest Kindle battery life”、“High-resolution 300 ppi display”、“built-in adjustable light”。

对于电子和硬件产品，可能更需要考虑编辑以下信息。技术实力方面的信息，产品测试证明，客户反馈，质量保证细节，用户支持方面的信息，如图 2-13 所示。

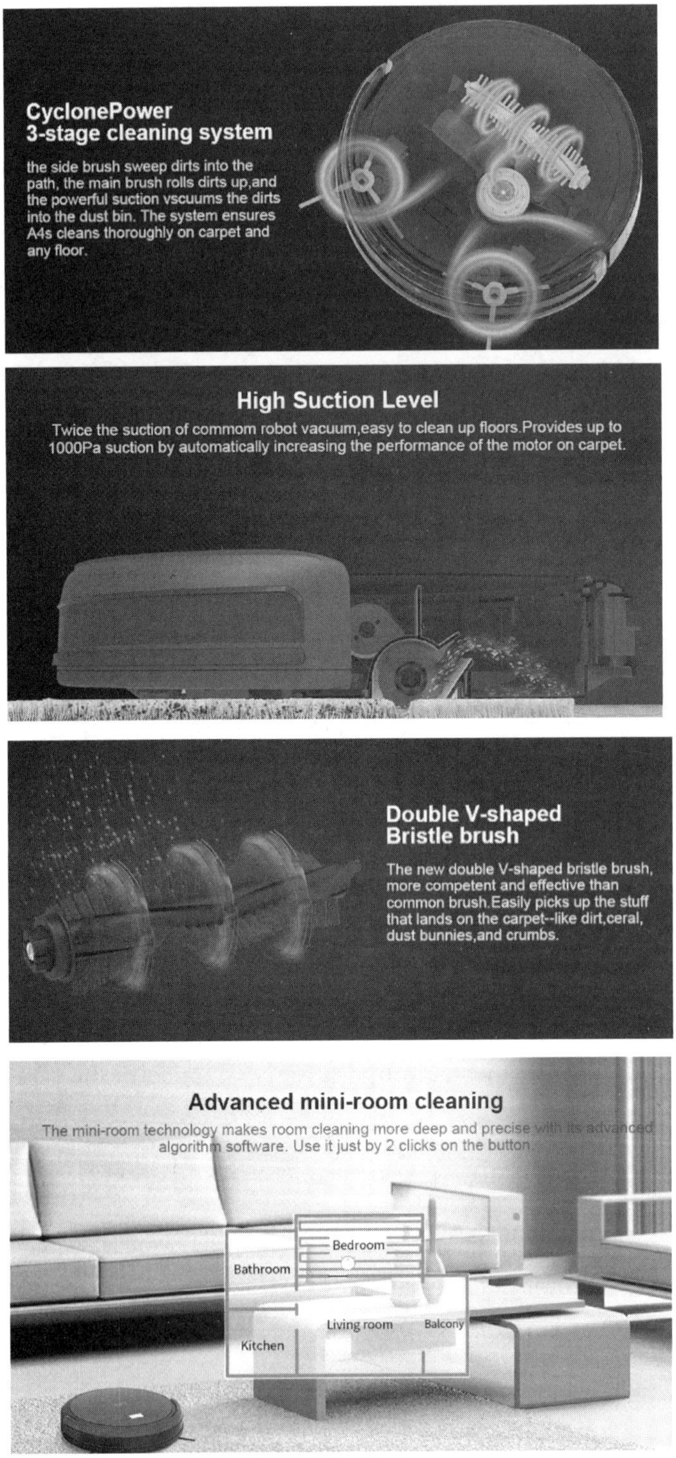

图 2-13　电子和硬件产品详情信息编辑示例

对于美容与医疗保健产品，则需主要考虑以下信息：使用后获得的好处和利益、使用方法、剂量以及应用范围、成分原料、包装运输（某些产品需要详细描述），如图 2-14 所示。

Benefits

BENEFITS
- Jojoba oil molecules and human sebum similar arrangement, easily absorbed by the skin.
- Wild skin-friendly oil, with a variety of unilateral essential oils with, apply to all skin types.
- Can be used as facial, body and hair care oil. In addition to the purpose of its dilution, but also enhance the skin's absorption of essential oils, a very good base oil.

Usage

APPLICATION
- After cleansing,take appropriate amount of jojoba oil evenly applying to the face or body, gently massage to absorb.

Ingredients

Natural active ingredients
- Jojoba oil
- Soybean oil
- Grape seed oil
- Vitamin E

Packaging

PACKAGING INFORMATION
- Sales unit 1L
- Recommended amount used per treatment 5ML

图 2-14 美容与医疗保健产品详情信息编辑示例

对于奢侈品的话，就需要考虑写清楚以下信息：受众人群、目标客户、使用方法和提示、价格信息 、产品信息的具体选择（大小，颜色等），如图 2-15 所示。

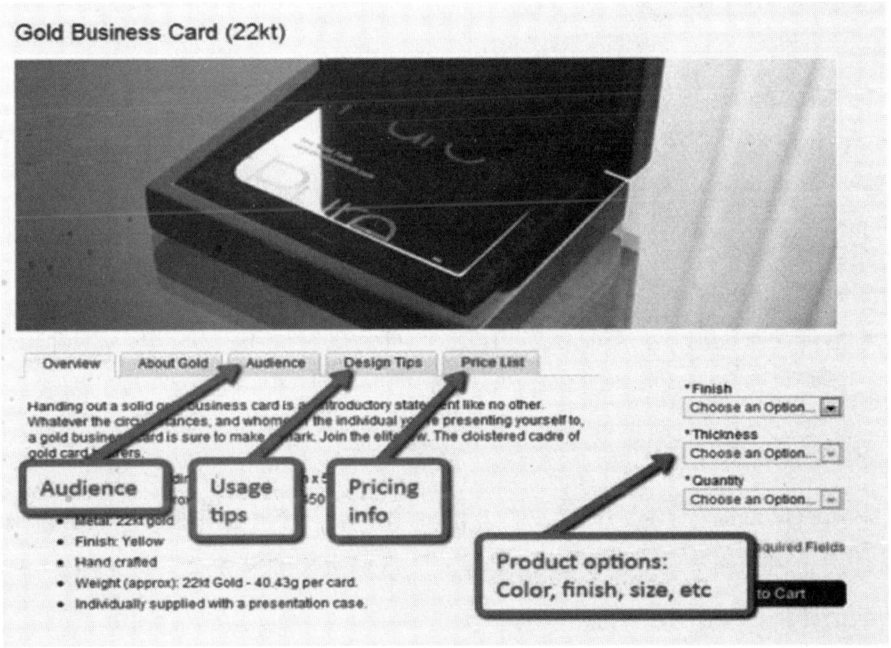

图 2-15 奢侈品详情信息编辑示例

同时，在网站功能的设计方面，也要关注一下产品的推荐、用户评论以及加入社会媒体分享标签。这些或多或少可以提升产品的销量，带来不可小觑的作用。总之，从长远的角度来看，认真做好跨境电子商务产品的产品内容描述是非常重要的，会带来长期的回报。可能刚开始在准备资料、上传产品的过程中非常痛苦，但结果却有想象不到的效果，比如：提升转化率和销售订单、提升更好的搜索排名的可能性。

随着贸易行业竞争的加剧，如果营销还停留在原始状态，必将会被市场所淘汰。无论从设计、用户习惯、内容、产品介绍，都应该有自己的特色。在电子商务的世界里，客户认识你的最初途径往往是通过你的产品描述。产品描述过于简单或者有的产品描述直接复制竞争对手的产品描述，不认真对待产品描述，产生的后果就是：

- 在众多的卖家中，消费者并不会对店铺产生印象，不能突出产品的特点。
- 产品信息不够全面，得不到消费者信任，他们没有理由买你的产品。
- 搜索引擎会判定你的产品描述是抄袭过来的，不收录你的产品信息，甚至会惩罚网站。

一个质量低劣、内容粗糙、连自己产品都无法介绍清楚的卖家，就不能指望客户能够下单。虽然很多卖家能够写一些很简单初级的产品介绍，但仅此还不能打动潜在的消费者。一个销售火爆的产品，它的产品描述是应该在了解客户的消费心理前提下，让客户认识到这些产品是可以满足他们的要求，这样一个好的产品描述将给你带来源源不断的销售机会。

一个好的产品描述应该具备以下特点：

- 抓紧消费者心理，将产品的特点展示出来。
- 对每个产品进行单独的关键词围绕和描述，提高搜索引擎的优化效果。
- 文笔流畅，语法、结构、措辞要有专业性。
- 提高产品介绍条理性，增强产品介绍有用信息，增加可读性。
- 增加图片的展示，尽量从多角度、高清晰度来展示产品。因为国外用户无法看见产品实物，所以图片成为他们了解产品的一个更为重要的因素。

2. 卖点打造技巧

分析目标市场至关重要，找准产品的准确定位，找出具有竞争力的关键因素，并将该因素作为产品的卖点，以此来打动该目标市场的潜在买家。下面针对不同类型的消费群体介绍卖点打造技巧。

（1）针对价格导向型的消费群体。针对价格导向型的消费群体，在描述中应突出该商品的价格优势，以吸引这部分人群的注意力。

例如：Unbelievable!! Only $ 12.99，the whole sets of cups will go your home，$5 instant saving now.

一个人在心理上感受损失 100 元的痛苦会远远大于得到 100 元的快乐，这是人性的弱点，失去的比得到的更让人记忆深刻。我们把这种心理用在跨境电子商务上，就是要体现产品的稀缺性，让用户知道现在不拿，过几天可就没有了。比如商场打折，告诉顾客商品折扣时间只有三天，三天后就恢复原价，这样会让顾客感到一种便宜不占会飞掉的紧迫感，没办法拒绝。在跨境电子商务网站我们可以使用以下标语进行“逼单”：这个价格只有一周时间有效——for 1 week only；今晚截止——discount ends tonight；此产品将在 2 小时 20 分钟之后结束优惠——the offer ends in 2 hours 20 min。

如图 2-16 所示，有没有瞬间觉得能以比原价少 5 美元的价格买到产品很值，而且煎蛋是道简单的菜，也是人们常做的，但是当看到产品描述时，有没有觉得应该拥有一个这样的产品，因为它能让做早餐变得更加方便（况且现在还在打折）。

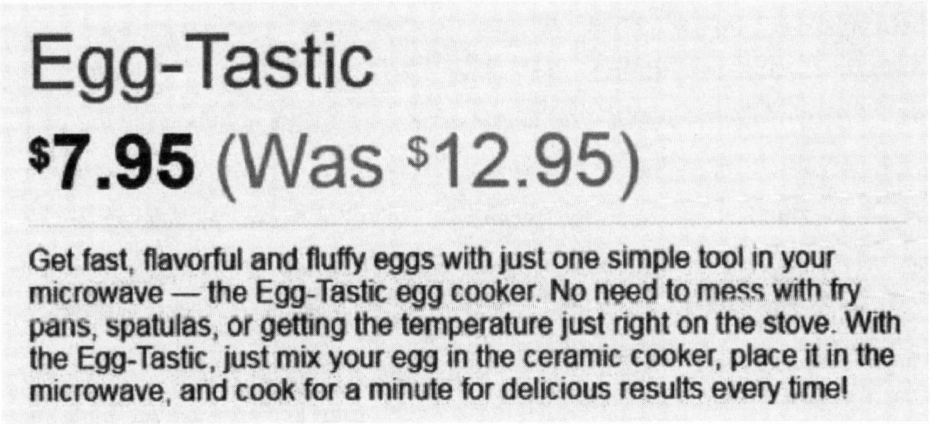

图 2-16 “逼单”标语示例 1

如图 2-17 所示，让消费者觉得如果错了此次促销，就不会再有如此优惠价格。原本高级营销项目售价是 4000 美元，但限时特惠是 997 美元，即使还是有点贵，但消费者可能会觉得有必要购买，因为限时特惠价格几乎是原价的 1/4。

2）针对质量导向型的消费群体。针对质量导向型的消费群体，在产品描述中应突出该产品的性能优势，让该群体买家有深入了解的欲望。

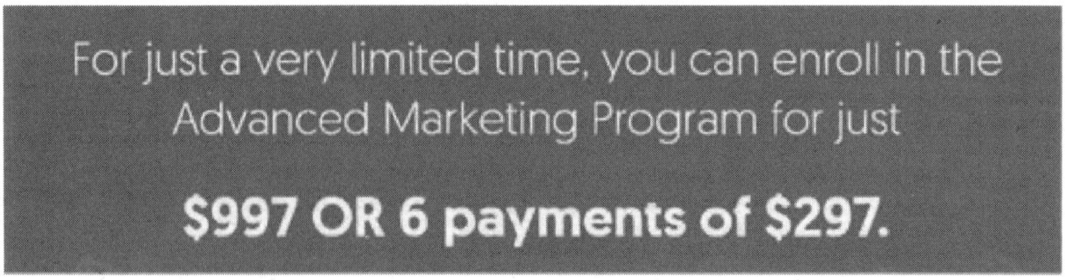

图 2-17 “逼单”标语示例 2

例如：To provide 1080P high-quality video output，6 times definition more than ordinary DVD，Smoothly play 1080P video files。那么，如何来打造吸引客户的高质量产品描述呢？

首先，描述应专注于一点展开来谈。专注于一点进行撰写，比如性能，或如何使用等。例如，现在想象一下需要给汤匙写产品描述，可以这样描述汤匙很大很深：“This soup spoon has a large bowl”。但是，仅仅这一点还不足以给客户留下很深刻印象。

其次，阐明产品的一个优点。写产品描述时要专注于一点，再从这一点延伸到产品的优点。之前描述汤匙很大很深，那好处也要联系到这一点上，也就是与小汤匙相比，大汤匙在喝汤时不需要舀很多次，如：“This soup spoon has a large bowl，so you get more soup with each bite”。

最后，清晰并具体化描述。添加单词、短语或是标志让产品描述更加清晰。例如，以上的汤匙描述其实有点模糊，不清楚为什么说汤匙的 bowl 很大？怎么个大法？因此需要添加一些语句让产品描述相对清晰了，例如，“This soup spoon has a large bowl. In fact，this soup spoon can hold about three times as much soup as your standard table spoon. So you get more soup with each bite”。汤匙盛汤的那部分称为 bowl，但好多消费者并不知道 bowl 是什么意思，所以就要在描述中解释一下：“This soup spoon has a large bowl meant to hold and carry soup to your mouth. In fact，this soup spoon can hold about three times as much soup as your standard table spoon. So you get more soup with each bite”。

编辑完成后要反复阅读写好的产品描述。首先检查一下有没有可以替代的单词或是重复次数太多的词。在以上汤匙描述中仅有 42 个词，但“soup”这个词就出现了 5 次，因此，如果改变下单词的话，重复词就没那么多了。一种替代“soup”的方法就是具体到什么汤，比如用“bisques and broths”代替。因此可以这样描述：“This soup spoon has a large bowl meant to hold and carry bisques and broths to your mouth. In fact，this soup spoon can hold about three times as much soup as your standard table spoon. So you get more soup with each bite"。

另外，用单词变体也可以减少单词重复，比如用“soupy”替代“soup”，则汤匙的描述变为：“This soup spoon has a large bowl meant to hold and carry bisques and broths to your mouth. In fact，this soup spoon can hold about three times as much soupy goodness as your standard table spoon. So you get more soup with each bite。”接着可能需要加上动词。汤匙描述已经很好了，但是还需要将“hold and carry”换成“haul”，其实这也是为了减少重复词。于是汤匙描述就成了：“This soup spoon has a large bowl meant to haul bisques and broths to your mouth. In fact，this soup spoon can hold about three times as much soupy goodness as your standard table spoon. So you get more soup with each bite”。最后，检查拼写及语法。像 Google Docs 或 Hemingway 这样的应用程序能帮忙检查拼写和语法。如果产品描述通过了拼写和语法检查，还需要再读一两遍，然后将之发布出来。最后结果就是：“This soup spoon has a large bowl meant to haul bisques and broths to your mouth. In fact，this soup spoon can hold about three times as much soupy goodness as your standard table spoon. So you get more soup with each bite”。

（3）针对情感导向型的消费群体。针对情感导向型的消费群体，在描述中应突出该商品传承的情感元素，告诉买家，此产品能够代替他 / 她表达什么的情感，多以分享爱、幸运、永恒、炫为主题，例如：Four-leaf clover stone symbolizes luck，don't be hesitated to bring your family luck. Share your love with the people you love。还可以把物品本身蕴含的特别的故事、使用的特殊材料、不寻常的产地，或者怪异的设计等作为卖点适当地加入到描述当中，用物品的独特魅力吸引买家驻足。

同样以汤匙描述为例，可以尝试添加句子，定基调，添加能引起消费者联想的句子，比如将汤匙的描述可以改成这样：“Hungry for some hearty chicken noodle or creamy clam chowder? This soup spoon has a large bowl meant to haul bisques and broths to your mouth. In fact，this soup spoon can hold about three times as much soupy goodness as your standard table spoon. So you get more soup with each bite”。卖家可以试着在产品描述中添加呼吁消费者购买的语句，以汤匙为例，可以将“you get more soup with each bite”这句改称呼吁消费者购买的句子，如：“Hungry for some hearty chicken noodle or creamy clam chowder? This soup spoon has a large bowl meant to haul bisques and broths to your mouth. In fact，this soup spoon can hold about three times as much soupy goodness as your standard table spoon. You could take three times as many bites，or you could buy this soup spoon and slurp large”。但是描述物品时要合理控制买家的预期，不要过分夸大卖点，更不能虚假炒作，以免让买家产生不信任感而留下不满评价，甚至引发“货物与描述不符”的纠纷。

3. 利用用户的情绪，构建完美情景促使消费者购买产品

为了让消费者有购买的冲动，就要让产品看起来有吸引力，在产品描述中构建情景或许有效。例如，当要出售夏季服装时，卖家可以构建一个场景，让消费者想象自己穿上夏季服装坐在沙滩上的场景，这有助于鼓励消费者购买。“This sheer tunic is the perfect cover up for a day at the beach this summer. Ideal for wearing over swimwear it also transforms from day to night，as it becomes a great evening top. Flattering and weighing next to nothing you’ll want to pack this for your summer holidays this year. ”（这件外套是你这个夏天沙滩度假必备外衣，穿在泳衣外面的最佳搭配，还可以从白天一直穿到晚上。差不多没有重量，你可以整个假期带着它。）

另一种利用用户情绪的方法是让消费者购买产品时不会觉得愧疚，这适用于所有非日常必需品。例如，“Neutrogena Ultra Sheer Body Mist SPF 30 contains helioplex technology that provides superior protection from harmful UVA/UVB rays; delivers unbeatable UVA protection; dry-touch technology provides an ultra-light，non-shiny finish; micronized silica powder absorbs extra sunscreen oils. ”虽然还有其他价格合理的防晒霜，但上面描述中让消费者的购买理由太有说服力，消费者可能因此选择了贵的那款防晒霜。

4. 产品描述中的好词与坏词

产品描述中最好不要包含某些词，客户不是傻瓜，当声称自己的产品是“the world’s best”时，他们可能就不会信任你了。如果想让自己的产品描述看起来真实，可能要避免使用以下词或短语:“One of a kind”、“ The best”、“The only”、“Premier”、“No competition”。撰写产品描述最佳的做法就是坚持事实，并强调优点。列出产品优点，自然而然就能抓住顾客的眼球。产品描述要有吸引力，使用感官词（Sensory words）能让产品活起来。比如对于卖爆米花的卖家，可以使用的感官词如图 2-18 所示，可以包含味道、颜色、声音和感觉等。

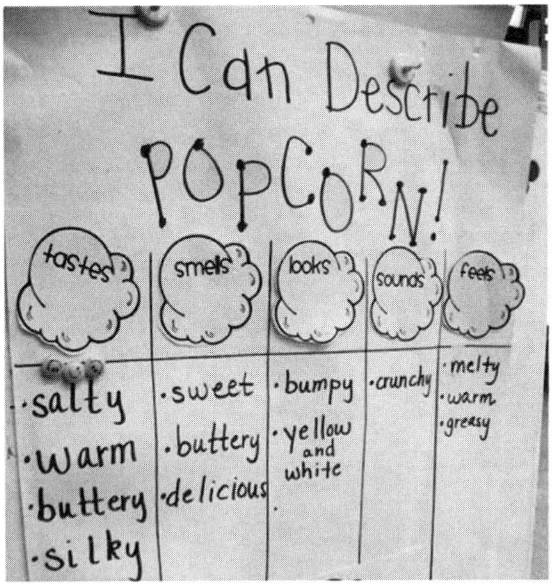

图 2-18 爆米花的感官词

5. 尺寸描述

对产品进行精确的尺寸描述是必要的，这是所有消费者在购买衣服或配饰时都会查看的内容。另外，还可以通过一些细节强调产品尺寸的精确性，这能帮助建立消费者信任，同时也能帮他们找到合适的产品，如图 2-19 所示。

除了单纯的尺寸对照图，必须还要向买家说明尺寸可能会存在偏差，以免引起不必要的纠纷。再如图 2-20 所示衣服的尺寸对照图，买家对于尺寸的测量方式不一定正确，卖家应站在买家的立场上，提供正确的尺寸测量方法。

6. 他人使用体验分享编辑

顾客在做购物决定的时候喜欢参考别人的意见，别人肯定顾客想要购买的产品或者人人都在买这个产品，那么顾客就会觉得这个产品很不错，这个现象就叫做社会认同效应（Social Proof）。在日常生活中，我们在淘宝商城买东西都会有这样的体验，首先会按销售量对产品卖家进行排序，然后查看最受欢迎的产品，再根据买家评价决定是否购买。我们在做 B2C 跨境电子商务网站时要做以下列表：①最受欢迎的产品；②购买此产品的人同时也购买了哪些产品；③最热销的产品；④其他客户的评价，等等。我们可以在网站的左侧展示最近销售出的产品来提高自己网站的销售量和展示产品款式，同时也能帮助一些不知道如何选择的顾客做参考，毕竟大家都会这样思考问题：别人都买了，应该不会差到哪里去吧。

iNOE　Fashion Shoes SIZE TABLE (US size)

The default size is US SIZE

US/Size 美码	EU/Size 欧码	CN/Size 中国码	Foot Circle (mm) 脚围(mm)	Foot Length (mm) 脚长(mm)
4	34	22	205-210	220
5	35	22.5	210-215	225
6	35.5	23	215-220	230
7	36	23.5	220-225	235
8	37	24	225-230	240
9	38	24.5	230-235	245
10	39	25	240-245	250
11	39.5	25.5	245-250	255
12	40	26	250-255	260
13	41	26.5	255-260	265
14	42	27	265-270	270

US=United States, EU=Europe, CN=China;

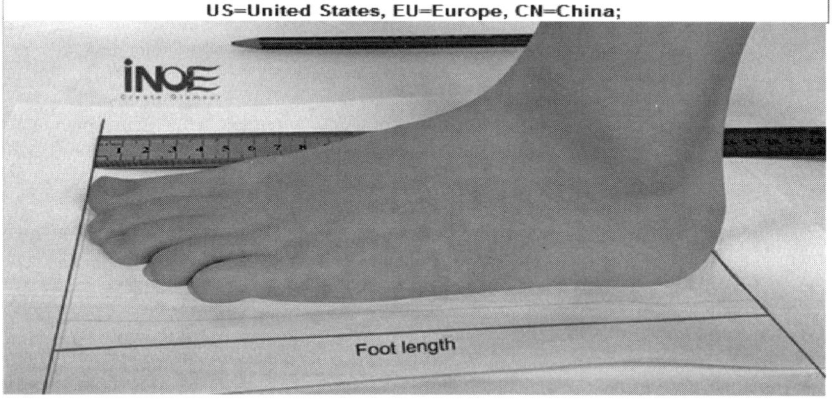

Note: Please allow 1–3 cm differs due to manual measurement.

图 2-19　尺寸描述示例

SIZE TABLE

SIZE	LENGTH inch/cm	BUST inch/cm	WAIST inch/cm	SLEEVE LENGTH inch/cm
S	35.0/89	35.4/90	15.0/86	26.2/66.5
M	35.4/90	37.0/94	15.4/90	26.8/68.0
L	35.8/91	38.6/98	15.7/94	27.4/69.5
XL	36.2/92	40.2/102	16.1/98	28.0/71.0
XXL	36.6/93	41.7/106	16.5/102	28.5/72.5

图 2-20　衣服的尺寸对照图

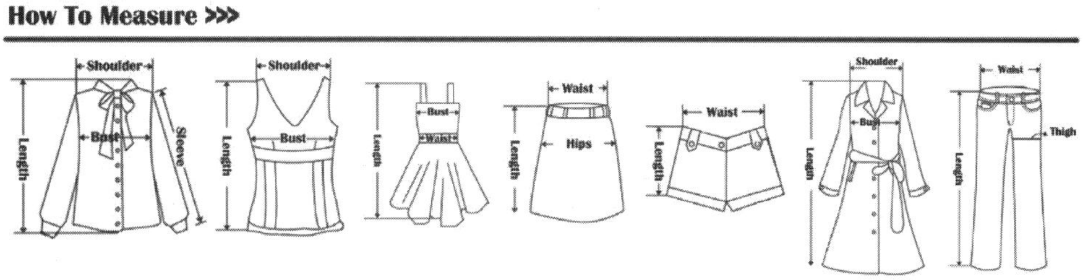

图 2-20　衣服的尺寸对照图（续）

外国人对网上商城的评价非常看重，其实国内消费者也很看重。我们在网上买东西时都会先看评价，觉得评价好的才会买，外国人对这个评价就更加注意了，比如国内做得比较好的兰亭集势就很好得利用了用户评价来降低客户的陌生感。美国最大的购物商城亚马逊也是利用客户评价系统让客户更直观地了解产品情况。在店铺的产品描述中卖家也可以通过顾客的评价给消费者更加真实的购买体验。顾客，可以通过他人的使用体验分享，进一步了解产品的属性。如图 2-21 所示，当买家在你的店铺看到这些客人评价，这些好评的展示比其他任何花哨的言语都有用。

Pain Free at Last, Update
By hundotnet on August 6, 2013
Verified Purchase

OMG, just received this product about 6 hours ago and I am feeling 100% better. Yesterday I saw my doctor and he recommended that I have surgery to remove my thrombosed hemorrhoids. If you dont know, thrombosed hemmorrhoids are external and very painful. I havent been able to sit down in over a week. When I urinate, my rear end would hurt.
The reviews were so good I ordered it along with pills for 1 day shipment. Well, I took the pills first, wiped my rear with a hot wash cloth, then with tucks and finally applied Mayinglong ointment directly to the hemorrhoids.
My God, the tingling sensation was great, you can feel something happening. Now 6 hours later, I am sitting in my recliner writing this review. I will update in 2 weeks to see if this miracle continues. I should be able to finally sleep next to my wife tonight. If your still pondering if you should purchase it, go ahead and do it its soooo worth it. Thank you Amazon, thank you China and thanks to all who have posted a review to this product.

------Ok, its been about 2 weeks and I wanted to leave an update. Well, the product still works great. I only use it when I have a flare up. As soon as I feel any discomfort, I grab a qtip and rub it on. It works within 15-30 minutes. I do have one negative comment, I absolutely hate the smell. I have changed my diet: more water and fiber, along with garlic oil capsules. So far, things are working out. If they could change the smell, it would be an ideal product. However. It works. it works. it works!!!

翻译：
1、哦天，拿到这个药膏6个小时我就觉得自己100%有好转！昨天我去看医生时他还认为我需要动手术！
2、谢谢亚马逊！谢谢中国！谢谢所有写评论的人！
3、有用！有用！太有用了！！！

图 2-21　他人使用体验示例

图 2-21　他人使用体验示例（续）

在心理学上，人是有社会认同感的。当评论都说好或者产品获得好评，用户往往会潜意识地接受商品。仅仅商品评论提高只能算是一个开头，商家最好要有晒单。说到这里，大家切不可以为用户都闲着没事做就会写评论、晒单，即使拥有一定流量，在正常情况下都没有多少评论。因此商家要引导用户评论和晒单，同时给予一些好处，比如晒单送积分，晒单送优惠券等。

7. 组合产品推荐

组合产品推荐也是商家的组合营销手段之一，通过相关产品的推荐可以进一步提升转化率。组合套装能增加一定的客单价，其重点是可以挖掘用户的购买潜力。例如，我们购买了裤子，但不知道搭配什么上衣，买了外套不知道搭配裤子或里面搭配什么；买 iPhone，却不知道该买何种外壳等配件。而组合套装，可以解决这个问题，特别针对服饰类产品，就可以让客户觉得这家店铺就是他的时尚顾问。组合产品推荐编辑特别适用时尚、3C 和母婴等一次性可能购买很多且有关联的产品。另外做社区推广时，我们就可以在一张广告图内设计一个组合套装，如图 2-22 所示。用户可直接选择购买，避免点击购买时需要回到原来的地方去查找其他商品。

8. 商家其他信息

商家的其他信息包括物流、售后、品牌介绍以及商家实力展示等，这些信息的展示可以增加顾客对商家的信赖度。

图 2-22 广告图中设计组合套装

在跨境电子商务中，物流是非常关键的一个环节，而且其不可控因素非常多，因此，卖家应对在售物品的物流方式及相关注意事项做出具体的描述，在方便买家获得更多物流信息的同时，也可以避免不必要的物流纠纷，如图 2-23 所示下面列举物流信息相关的词条等。

Estimated Delivery Time (days)(Just for Reference) to Below main Countries

To Country	Working Days+Sat+Sun	5 to 9 Days	10 to 15 Days	16 to 20 Days	20 to 25 Days	26 to 30 Days	>31
To USA	Percentage delievery Rate	5.20%	50.10%	29.60%	14.70%	4.70%	<0.9%
To UK	Percentage delievery Rate	4.90%	63.20%	23.10%	3.40%	4.40%	<1%
To Australia	Percentage delievery Rate	6.40%	49.20%	26.30%	10.20%	7.10%	<0.8%
To France	Percentage delievery Rate	3.60%	28.60%	41.80%	17.10%	7.00%	<2%
To Canada	Percentage delievery Rate	3.30%	44.20%	30.90%	16.80%	3.90%	<1%
To Spain	Percentage delievery Rate	3.50%	25.00%	47.90%	14.90%	8.20%	<1%
To Others	Percentage delievery Rate	1.50%	10.60%	16.90%	47.50%	18.20%	<5%

图 2-23 物流信息编辑

- Due to we deal with a lot of orders every day，usually we will arrange shipment within 3-7 days. 鉴于我们每天要处理大量订货，我们将会在 3 ～ 7 天内安排您的货物。
- Please wait patiently and sorry for any inconvenience we caused. 请耐心等待，给您造成不便深表歉意。
- All will be shipped by international standard airmail，sometimes it may delay one more week，as for your Country Customhouse. 所有货物运输都采用国际标准运输，有时候由于目的国海关问题会延误一个多星期。

● United Kingdom, United States, Australia, Canada, Germany（About 15 ～ 35 Days）英语、美国、澳大利亚、加拿大、德国（15 ～ 35 天）。

● Russia 15 ～ 25 Days 俄罗斯 15 ～ 25 天。

● France, Italy（About 15 ～ 20 Days）法国、意大利（15 ～ 20 天）。

● Brazil（ about 15 Days）巴西（大约 15 天）。

● Other（About 30 ～ 90 Days）其他国家（30 ～ 90 天）。

● If you choose the following shipping methods，the shipping fee will paid by yourself. 如果您选择以下物流方式，运费将由您自己承担。

● EMS，shipping date: 5 to 13 days EMS 运输时间 : 5 ～ 13 天。

● DHL，shipping date: 3 to 8 days DHL 运输时间：3 ～ 8 天。

● FEDEX，shipping date: 3 to 8 days FEDEX 运输时间 3 ～ 8 天。

● TNT，shipping date: 3 to 8 days TNT 运输时间 3 ～ 8 天。

9. 支付方式描述

在产品描述中添加支付方式说明可以更有效地帮助买家选择支付方式，也可以避免支付纠纷，如图 2-24 所示。

图 2-24　支付方式描述

We accept payment via PayPal only.（我们只接受 PayPal 支付）

Payment must be made within 14 days. Non-payment may result in an UPI（unpaid item)，and eBay will automatically close your account if you reach 4 UPI record.（必须在 14 天内付款。不付款的话将导致未付产品出现，如果达到 4 个未付品，你的账户会被自动关闭。）

A. Import duties，taxes and charges are not included in the item price or shipping and handling fee. These charges should be paid by the buyer.（进口关税、税及其他收费不包括在产品的价格或运费中。买家需要支付这些费用。）

B. Please check with your country's customs office to find whether you should pay extra fee prior to bidding/buying.（在拍 / 买之前请核实你们国家的海关是否要求支付这些费用。）

C. We are not sure if Customs will ask you to pay taxes and we will not responsible for Customs fee, please understand.（我们不确定海关是否会让你们付税，我们不负责支付这些税，请你谅解。）

D. Please list your special requests（color，size，package，etc.）in the PayPal notes section when you make payment.（在付款时要将你的特殊要求（颜色、尺寸、包装等）写在付款备注栏中。）

E. We accept to return or exchange item within 30 days from the day customer receives the item.（在收到货物后的 30 天内接受退换货）

在描述支付方式时，可以写明公司的退款规定以及指导买家在遇到支付困难时使用的解决办法。如：

A full refund will be issued to you with No Excuse. 我们保证无理由退还全款。

If you can't checkout immediately after auction close，please wait for a few minutes and retry. Payments must be completed within 3 days. 如果不能在拍下后立即结账，请等待几分钟，然后重试。付款必须在 3 天内完成。

10. 售后服务描述

为了确保卖家有一个愉快的购物经历，卖家把产品销售买家之后，为消费者提供一系列售后服务，包括退换货规定、产品使用说明、质量保证等，并对这几项作出具体的描述与解释。例如

For any reason，you are not satisfied with orders，please do not hurry to give feedback or dispute，just contact us immediately，so that we have a chance to solve the problem for you. Thank you.（不管是什么原因对我们的产品不满意，请不要急于给评价或急于开纠纷。第一时间联系我们，这样我们才有机会为你解决这个问题。谢谢。）

（1）If products are not same as description or broken in the transit. Please contact us and take clear photos to us by mail or trademanager. We will arrange refund or replacement after getting your photo.（如果产品在运输途中破碎或产品和描述得不一样，请联系我们并拍下照片用电子邮件或阿里旺旺发给我们。一旦收到照片我们就会安排退款或退货。）

（2）If you are not satisfied with items，we accept returns and exchanges within 7 days after you received your item and you need to pay for the return shipping cost.（如果你不满意我们的产品，7 日内可以接受退货或换货，运费由买方支付。）

（3）You can contact us by trademanager or leaving us a message on aliexpress or email us. We will respond to you within 24 hours and within 36 hours on weekends.（你可以用阿里旺旺、站内信或电子邮件联系我们，我们将在 24 小时内回复你，周末 36 小时内回复。）

同时，为了能够让买家更加直观地了解卖家的退换货政策，卖家可以将买家可能退货的可能性的几项因素举例出来并指出相应的换货政策，如图 2-25 所示。

	Buyer Pay The Shipping Cost	Seller Pay The Shipping Cost	Photo Doc. Provided	Exchange Available	Communication
Dislike/ unsuitable	✓				Contact with us in 7 days
Change style or color	✓			✓	Contact with us in 7 days
Shipped wrong items or colors		✓	✓	✓	Contact with us in 7 days
Quality Problems		✓	✓	✓	Contact with us in 7 days

图 2-25　售后服务描述

任务实操

[任务描述]

请查阅相关网站资料，根据图 2-26 所示信息，为该产品做一份详细产品说明，制作一个女 T-shirt 的产品详情页面。

BFE 2017 New Fashion Short Sleeve Street Style Graphic Funny Print Tees Casual Loose Women T-shirt

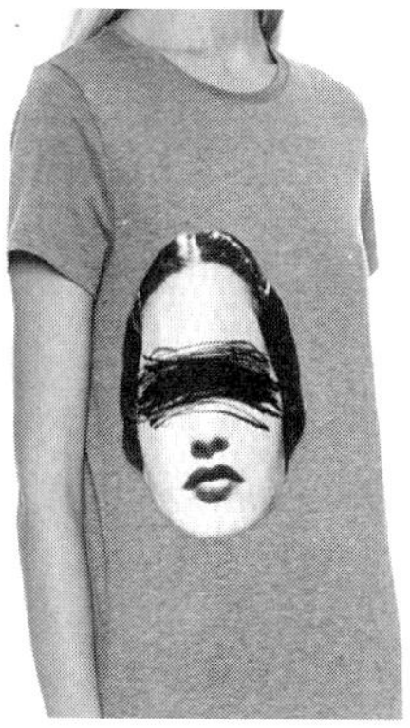

图 2-26　产品图片信息

[任务实施步骤]

1. 编辑该产品的基本信息及属性，如适用范围、类型、图案类型、颜色、材料，等等。

2. 编辑该产品的详情，如尺寸对照图、产品优势介绍、物流介绍，等等。

能力拓展

(一) 选择题

1. 产品描述应当遵循 FAB 法，其中 F 、A、B 分别代表什么？(　　)

A. 属性、作用、利益　　B. 功能、作用、利益

C. 功能、售后、关联产品　　C. 属性、作用、功能

2. 在编辑电子产品和硬件之类的产品详情时，以下哪些信息可以考虑编辑(可多选)？(　　)

A. 技术实力方面的信息　　B. 客户反馈

C. 质量保证　　D. 操作说明

3. 一个好的产品描述应该具备什么特点？(　　)

A. 抓紧消费者心理，将产品的特点展示出来。

B. 图片比文字重要，可以省略文字，突出图片。

C. 可以从别的网站复制和粘贴别人好的详情页来赢得客户。

D. 对商品的属性、功能、特点等进行描述

4. 在商品描述中增加此类标语“discount ends tonight”主要为吸引哪类顾客？(　　)

A. 针对价格导向型的消费群体

B. 针对质量导向型的消费群体

C. 针对情感导向型的消费群体

D. 针对讨价还价偏好的消费群体

5. Please allow 1-3 cm ________ due to manual measurement.

A. differences B. different C. smaller D. bigger

6. Due to we deal with a lot of orders every day, usually we will arrange ________ within 3-7 days.

A. package B. shipment C. documents D. commodity

7. A full ________ will be issued to you with No Excuse.

A. payment B. after-sales C. refund D. guarantee

（二）思考题

1. 在编辑产品信息时，该如何打造产品卖点？

2. 在编辑产品描述时，哪些词汇应该避免？

3. 如果你是卖儿童玩偶的，给你的店铺产品做一个详细的尺寸描述。

拓展阅读

转化率之产品详情页应该怎么写

做好产品详情页是提高产品转化率的关键之一，特别是在亚马逊这种强调自助购物的平台，做好产品详情页对卖家来说就更加重要了。简单地说，产品详情页要能够回答消费者对于你们产品的疑问，比如物流选择、颜色尺码等产品参数以及优惠方式，等等。那产品详情页要怎样才能够激发消费者的兴趣，促使其下单购买呢？

1. 焦点图

当消费者点击商品进到店铺后，要快速地切换到焦点图。通过让消费者看焦点图迅速地吸引和抓住他的眼球。引发兴趣的焦点图可以是反映热销盛况、产品升级、解决痛点等信息。图片要尽可能高清，提升质感。

2. 其他商品推荐

设置其他商品推荐的好处是可以挖掘用户的购买潜力，尤其是鞋服类产品，上衣产品页面可以推荐搭配的裤子或者鞋子，这让你看起来像时尚顾问而不仅仅是卖家，电子产品类可以关联推荐电子配件手机壳等。

3. 产品的详细介绍

介绍产品的详细细节，如原产地、尺寸和制作工艺等。

4. 品牌介绍

做好品牌介绍，可以充实产品详情页，提高客单价，同时也能让消费者产生信任感，是走出价格战困境的途径之一。

5. 问答专区

运营到一定程度后，就可以增加问答专区这一功能，特别是针对一些需要大量售前咨询的产品，例如 3C 类产品和一些单价较高的产品。这样能够提高效率，支持买家自助购物。

6. 商品评论

在心理学上，人是有社会认同感的。当评论都说好，用户往往会潜意识地接受商品。当然仅仅商品评论提高算是一个开头，商家最好要做晒单。说到这里，大家切不可以为用户都闲着没事做就会写评论、晒单，即使拥有一定流量，正常情况下都没多少评论。

转自《九九外贸论坛》

项目评价

评价表

（在□中打√，A. 理解，B. 基本理解，C. 未理解）

评价指标		自测结果		
产品标题的英文编辑	1. 优质标题的编辑	□ A	□ B	□ C
	2. 产品关键词的选取	□ A	□ B	□ C
产品基本信息的编辑	1. 产品属性词	□ A	□ B	□ C
	2. 产品基本信息的构成要素	□ A	□ B	□ C
产品详情页的英文编辑	1. 详情页包含的内容	□ A	□ B	□ C
	2. 产品描述的卖点打造	□ A	□ B	□ C
	3. 产品介绍的英文使用	□ A	□ B	□ C

项目3

跨境电子商务网络稿件编辑

学习目标

知识目标

- 了解网络新闻标题的特点、功能和制作要求。
- 掌握网络新闻提要的编辑技巧。
- 了解推广信标题的特点和撰写英文推广信的注意事项。
- 掌握响应式邮件推广的编辑技巧。
- 掌握软文标题及内容的写作策略。

技能目标

- 能够熟练地撰写网络新闻标题及提要。
- 能够熟练地编辑推广信。
- 能够熟练地进行邮件营销推广。
- 能够熟练地编辑软文标题及内容。

项目导入

年轻人引领消费时代，新闻稿写作须以人为目的

不可否认的是，每一篇商业新闻发布的终极目的是要促成消费。不论是通过企业的社会活动塑造良好的企业形象，增进来自消费者的好感，还是发布行业分析，凸显企业在整个行业内的标杆地位和话语权。而产品升级和新产品的广而告之更是无须多言，无非也是想引起受众的兴趣，进而将其转化成潜在的消费力量。坦诚地说，想写好一篇新闻稿，太需要了解读者的消费心理了。

如今，许多成功的新兴媒体无一不把读者视为内容消费者，将受众的行为、偏好和需求的研究置于首位，遵循其规律生产内容，使受众的参与度达到前所未有的高度。试问，又有谁不喜欢这种“投其所好”的内容呢？在这一情形下，传统媒体的内容生产模式在受到威胁后，自然也会尝试去顺应这种潮流。对于企业新闻稿来说，如果企业作为一个内容生产者，其生产的内容能够迎合读者的胃口，无论是新媒体还是传统媒体，都会优先考虑。

在美通社某一周最受媒体关注新闻排行榜中，《99% 的国人都不知道中国驾照比护照更好用》以 140 家媒体转载数量上榜。这篇新闻稿没有将企业名称在标题中露出，而是直接将其设置为一个直切消费者热点，类似的旅行达人经验分享。随着中国经济的发展和国人出行理念的改变，海外租车自驾游已经成为许多年轻人和年轻家庭的出行首选。但中国驾照海外租车难一直是自驾旅行者的痛点。在文章中，惠租车先是分析了海外租车的种种难点，给正在做旅行计划的消费者打了一剂预防针，也引起了有过相关经历消费者的共鸣。在此基础之上，惠租车提出的自身产品解决方案也就更易被人接受。即使暂时没有旅行计划的人也会对该“经验分享贴”留下印象，为将来的后续消费行为做铺垫。惠租车新闻稿如图 3-1 所示。

波士顿咨询公司（BCG）在 2015 年底发布的《中国消费趋势报告》指出，到 2020 年，中国的消费市场将扩大一半，达到 6.5 万亿美元的规模。未来 5 年消费市场将带来 2.3 万亿美元的增量。而这个增量中的 65% 都将是由 80 后、90 后以及 00 后带来的。这也就意味着，研究这些年轻人的消费心理是大势所趋。

中国驾照 VS 海外租车

既然中国公民不能获取国际驾照，如何才能在海外进行租车，并开展自驾旅行？惠租车旅行专家细心解答道："国民想要海外自驾，需要翻译件或公证件才能顺利提车，并告知翻译件和公证件的差异。其中翻译件是指将驾照按照模板翻译成英文后打印，在海外租车自驾需要随时携带这张纸，一方面，纸非常不好保存、容易丢，另一方面，网上琳琅满目的翻译件让用户无从选择，而公证件是根据出行的国家到指定公证处进行办理，虽然可信度高，但操作的不便利及流程繁琐成为阻拦游客一道门槛。"

正是考虑到中国游客境外出游租车自驾的使用体验，惠租车首推国内第一本"驾照全球通"驾照认证翻译件，配合中国驾照可在180多个国家国家使用，受国际权威租车行认证，使用户易随身携带、租车有保障、办理很简单，可多次使用的特质广受好评，并成功吸引来自国内数百名 CEO 为"驾照通"进行站台代言。

驾照全球通图2

图 3-1　惠租车新闻稿

在美通社 4 月份茶话活动上，界面新闻联合创始人金晶谈及了界面的经验。以往，新闻标题大多是对一个事件的概括或主旨的提炼，需要短小精悍。但是美国《商业内幕》网站（Business Insider）的成功告诉同行，原来年轻人对描述性或提问式的长标题其实接受度很高，类似："我们帮你测试了某产品，结果________；""当我们提起________，背后的心理动机是什么？"的标题能拉进和年轻人之间的距离，增强他们的互动参与积极性。另外，标题如果能直接提炼出矛盾的关键，则更能引发人的阅读欲望。

在《99% 的国人都不知道中国驾照比护照更好用》新闻稿中其标题就非常吸引人。虽然使用了"99% 的国人"这种描述，多少有些标题党的嫌疑，但是正文干货十足，足够满足受众被标题吸引点开后的阅读期待，甚至还会有惊喜。

另一个时下大热的新兴媒体《好奇心日报》创办人伊险峰，在谈及企业和消费者的互动时曾引用康德说过的一句话"将人视作手段，而不以人本身为目的，这永远都是错误的"。这也意味着，企业需要更多聆听消费者的心声，企业的新闻稿的创作如果能从服务读者的角度出发，以服务“人”作为目的，不论是在现在还是在将来，都能持续获得来自消费者的好感。

资料来源 http://www.prnasia.com/blog/archives/18939

任务3.1 制作新闻稿件

知识链接

一、新闻标题的特点

标题，是新闻的眼睛。制作标题是新闻编辑工作的重要环节。制作一条好的标题需要有一定的创意，但也要遵循一定的原则和规律，网络新闻标题的制作要符合网络传播的特点和规律。

1. 题文分家

网络新闻的标题，更像一本杂志的目录，读者不能像看报纸那样，将标题和正文尽收眼底，网络新闻需要通过受众点击标题打开正文，从而实现传播过程的继续，如果标题对受众缺乏吸引力，无法实现受众对标题的点击，那此次传播过程即告终止。这就需要网络编辑准确地提炼出新闻要点，制作出富含新闻要素的生动标题。

2. 题长受限

传统的纸质媒体可以灵活地利用版面，甚至刻意留白以使版面整洁美观。而网页版面的整体布局是相对固定的，标题字数受到行宽的限制，既不宜拆行，也不宜空半行。在标题板块中，各题长短接近一致为宜，过长或过短都不合适。

3. 大多单行

在网络传播的环境下一般不适合多行标题。报纸的标题有引题、主题和副题几种，引题经常是虚题，起到概括、提示或渲染作用，主题一般是实题，起到介绍和概括新闻中主要内容的作用，副题以实题居多，通常起说明、补充和解释的作用。

这种多层题的标题方法，用在报刊上是很有成效的编辑手段，但是在网络环境下，新闻标题受网页显示面积的限制，新闻标题的位置空间以行长为限，新闻标题板块通常由若干条新闻排列集成一个矩阵，所以网络新闻一般不使用多行标题。

4. 宁实勿虚

由于在网络新闻传播过程中，新闻一般是以题文分离的形式出现的，标题采用虚题往往使读者难以理解，甚至产生荒诞的感觉，从而放弃点击，即便读者点击阅读后，也容易产生被误导的感觉，如果以此制造悬念来吸引读者的话，也常常得不偿失，而且，读者仅凭字面上的理解，很有可能低估其价值，丧失传播机会。

二、网络新闻标题的功能和制作要求

网络上的新闻信息是以一种超文本的形式呈现的，读者对新闻的选择过程，首先是通过对一个个标题的浏览来实现的，它是新闻发生作用的起点，是新闻信息为读者所接受的必经通道。读者总是先接触到作为阅读索引的标题，然后通过点击标题，再看到相关的正文或图片。这种阅读程序决定了标题在网络传播中的作用，大大超过它们在传统媒体传播活动中的作用。新闻标题已经成为网络受众认识新闻内容、判断新闻价值的第一信号，成为受众决定是否索取深层新闻信息的第一选择关口，由于网络新闻的标题与正文之间客观地存在疏离性（阅读任何一条新闻都必须从一级页面或一级页面再度点击进去，才能抵达新闻主体），好的标题会吸引读者点击链接，索取下一层新闻内容，而不好的标题则成为新闻内容展示的直接障碍。因此，标题能否具有新颖性和创造性事关整个新闻文本乃至专栏与网站的成功，其重要性超过以往任何媒体的新闻标题。网站新闻标题的创制、编排作为一种无声的语言，不仅表达了网络把关人对版面上的各个标题的评价、认识以及某种特定的编辑思想，也是读者选择新闻的索引。

1. 明示内容

新闻编辑首先需要准确地把握和提炼新闻主体内容，然后斟酌和组织好标题词语的表达，得当的新闻标题要告知实情，紧扣矛盾，避免设问，语态直陈，强调动态，言简意明，具体有以下几点作为标准：

- 实题明义。
- 尽量使用主动语态。
- 语句以主谓结构或主系表结构为主。
- 强调动感力求动态地报道新闻。
- 尽量避免疑问句式。

2. 评价功能

制作标题时，编辑的评价功能是按照新闻价值规律来处理和突出新闻中的重要元素，它不是直接表达论断，而是通过选择和排列内容，使得读者比较容易地理解新闻，当然，这一评价工作的前提，也是全面和准确把握有关新闻的内容。

3. 吸引阅读

作为连接读者和新闻内容之间的桥梁，标题应该力求吸引读者更多的注意力，吸引他们点击和阅读新闻。

- 标题点出新闻中的新奇事实。
- 标题披露出读者虽然熟悉却并不详知的事情细节或者内幕。
- 标题紧扣新闻事件的最新动态最新进展。
- 标题应该尽量形象生动。

4. 避免常识性错误

标题是对新闻内容的概括、揭示与评价，被称为新闻的“眼睛”。标题不是简单地传递新闻信息的符号，还直接或间接地表达出媒体的立场与感情。随着生活节奏的加快和信息爆炸，现在很多人的读报其实是在读“题”。读者在快速浏览进行信息的判断、取舍时，标题有着至关重要的影响力。新闻对舆论的正确导向、对先进文化的传播、对民众思想道德的教化，首先都表现在标题上。

在新闻阅评中，我们看到，许多新闻媒体都把标题出新、出彩，作为提高竞争力的重要手段。应该说，多数新闻标题概括精当，导向正确，不乏鲜明、简洁、准确、生动的佳作。但也发现，新闻标题存在的问题也不少。有的导向不当，有的失之公正，有的虚夸不实，有的格调不高，有的人情缺失，还有的标题存在技术层面的差错。这些问题，应该引起高度重视。

三、网络新闻提要

新闻提要就是紧排在标题下面的简短文字，辅助和解说标题中传达的最重要内容，它的形式很接近新闻导语，但是通常比新闻导语更简练和浓缩。在版面形式上，新闻提要和标题都排在标题页面上，通常在某一标题下紧接着排简短的新闻提要，这些新闻提要的字号有时与标题相同，有时字号略小。

新闻提要发挥的作用除了提示告知新闻内容以外，还有：

- 平衡标题的传播倾向，调整标题提示的内容范围或趣味分寸。
- 扩展标题词语和补充内容。
- 提供背景。

在全面概括和提炼精华的原则指导下，可采取如下具体措施：

（1）强调稿件中的主要内容。提要和标题一样，都是为了概括稿件中最重要的内容。只不过二者的分工不同，提要表达的是标题的“未尽之言”。

（2）介绍稿件标题中重要内容的细节。由于标题不可能将重要内容的细节一一写进去，而提要则不然，它就可再发挥作用，当然提要也应“有所为，有所不为”，不可能面面俱到，择要加以解释即可。

（3）补充缺少的“W”。如果稿件内容属于新闻类，首先要明确新闻的 5 个要素（五 W），即何人（Who）、何时（When）、何地（Where）、何事（What）、为何（Why），由于很多标题无法将这 5 个要素都包容进去，因此，可以利用内容提要全面概括有关要素，或补充标题中没有涉及的信息要素，向网民传达更丰富的信息。

“新闻标题 + 提要”的呈现方式在国外的新闻网站中比较常用，相比之下，国内新闻网站往往采用单一的标题页，较少使用新闻提要这种形式。由于新闻提要可以作为标题的补充和起到支撑标题的作用，能够很有成效地吸引读者阅读，弥补和改善网络新闻传播因标题和正文分离而陷入的弱势情景。

值得注意的是：网络标题与内容提要的作用是非常相似的，它们之间是一个层层递进及相互配合的关系。如果确定一篇稿件要同时使用标题和内容提要，就要从一开始就考虑如何实现两者的互补，考虑将什么样的要素放在标题里、什么样的要素放在内容提要里，两者内容不能有太多的简单重复。

任务实操

天猫国际携手聚划算打开新西兰“任意门”

雨果网消息：2015年5月12日，天猫国际携手聚划算上线“汇聚新西兰”的活动，主推新西兰countdown超市同款同价直供模式，并于每日10点上新。据了解，此次活动商品涵盖了水果、保健品和生鲜食品等。所涉及的品牌包括新西兰本土的COMVITA，Healtheries等。另外，当地用户以及许多中国旅游爱好者对于这些品牌的产品也非常喜爱，此次包邮并0时差的购买方式对于大众来说是一个完美的体验。

整理自 http://www.cifnews.com/Articl/14705

请你就以上这则新闻对新闻标题的特点和原则作进一步深入分析。

能力拓展

（一）选择题

1. 下列哪一个不属于网络新闻标题的特点？（　　）

A. 题文分开　　B. 单行题多　　C. 实题为主　　D. 多层题多

2. 网络稿件的关键词通常是表明（　　）的那些词语。

A. 主要人物　　B. 事件所属的领域

C. 时间发生的时间　　D. 文章主题

3. 单一型标题只有（　　）。

A. 主题　　B. 辅题　　C. 引题　　D. 副题

4. 以下哪一个是网络稿件标题的必要构成要素？（　　）

A. 准导语　　B. 副标题　　C. 主题　　D. 题图

5. 新闻标题构成要素中的准导语就是指（　　）。

A. 小标题　　B. 内容提要　　C. 关键词　　D. 附加要素

（二）思考题

请点评以下新闻标题，并思考新闻标题的制作规范。

跨境电商衍生的那些产业，如何落地发展？（2017—03—25）

2017拉美电商市场：机遇与挑战并存，谁能搞定物流网络？（2017—01—19）

\# 进口电商激战“520”网络情人节（2015-05-18）
\# 重大利好！你可以放手做跨境电商了（2017-03-20）

任务3.2　编写推广信

知识链接

一、推广信标题的特点

只有能够吸引用户兴趣的标题，用户才会打开邮件来阅读。那么怎样优化推广信的标题才能吸引用户的眼球呢？如图 3-2 所示，在邮件营销中，要注意以下几点：标题只注明主题、邮件内容、不要随便使用个性化、加入公司名称、避免使用敏感词。下面简要介绍其中几项。

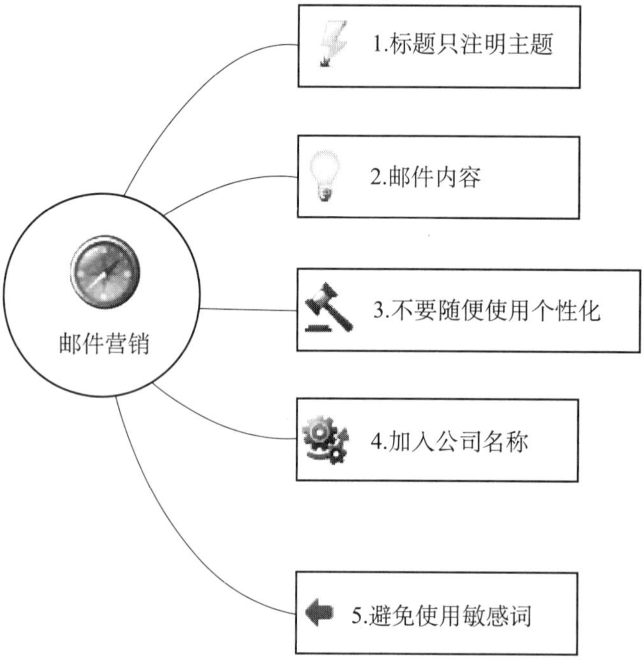

图 3-2　邮件营销标题设置

1. 标题只注明主题

最好的标题告诉订阅者邮件的内容是什么，而最差的标题则试图通过邮件销售产品。在电子邮件营销中，不要让标题读起来像是广告。标题中的商业味越重，邮件被打开的可能性就越小。

2. 邮件内容（为何阅读邮件）

关于邮件，读者只对一件事感兴趣：邮件能为他们提供什么？因此我们在设计邮件时就要想一下，写一些和读者利益相关的内容，不要大写特写和产品或店铺有关的内容。如果希望他们花时间来读邮件，那就要想想他们为什么要读。然后再给他们写邮件，而标题就好像是在向他们解释阅读原因一样。

3. 加入公司名称（告诉用户你是谁）

很多研究显示，将公司名称放进发件人行和标题行中能增加打开率。Jupiter Research 公司研究发现，在标题中加入公司名称能使打开率从 32% 增加到 60%，远远超过了不加入名称的标题。人们之所以打开你的邮件，一个很重要的原因是他们认出了你。给收件人发邮件存在两种情况：他们认识发件人，并且认为过去收到的信息有价值；当然也有相反的，他们以前打开过你的邮件，但发现阅读邮件根本是在浪费时间，所以就把邮件删除了。发出去的邮件是否能够被打开，取决于公司的声誉和之前邮件的质量。因此邮件标题应该在某种程度上囊括这两方面的识别。这种识别是很重要的，不管用什么样的标题，它通常都能产生同样的打开率。若收件人之前处理你所发邮件时获得了最佳体验，那他们会毫不犹豫地打开你的邮件。

二、写作英文推广信的注意事项

（1）用语礼貌要正式。不要用 pls，ASAP，thx，u，ur 等缩写。尽量多用 Could you please，Would you please 等句型。

（2）不要使用不恰当的标点符号，尤其忌讳过多使用感叹号，会让买家产生厌恶。

（3）要注意避免拼写错误。建议在 Word 中编辑好推广信，可以利用 Word 的语法拼写功能检查是否有拼写错误，然后再发送给买家。

（4）推广信要简洁明了，突出卖点（产品的卖点、公司的卖点）。如果产品有行业认证，一定要注明！

（5）如果是行业协会成员，一定不要忘了提到这个信息，这个信息对买家很重要，是买家判断你的专业性的根据之一。

（6）称呼。如果对方是女士，则称呼 Dear Ms. XXX，男士则称呼 Dear Mr. XXX。如果性别不详，则称呼 Dear Sir/ Madam。

（7）邮件第一段的第一句话最好不要用“How are you？”、“ Nice day”等非正式语言，可以简洁直接地告诉对方你是从什么渠道获知对方信息的。常用句型有“I saw your information on XXXX”、“After having seen your buying offer on I would like to”。然后简单介绍自己（姓名、职位）和公司名。第二段简单介绍公司（公司在行业内的经验，如果有比较长时间的专业经验则更好、公司的所在城市）以及产品范畴（与买家采购相关的产品范畴，不相关的产品不要提），一定要记得突出自己的优势！

（8）邮件中要提供自己的网站链接，最好提供在 MIC（made in China 的缩写，在行业里面，大家把中国制造网 www.made-in-china.com 简称为 MIC，它是一个 B2B 平台）上的网站链接，如果提供自己的公司网站链接，对方可能会害怕病毒而不敢打开，让对方可以了解更多自己的产品和公司信息。说到这里，需要提醒一下，很多供应商的公司网站信息非常简单，通常只有一些图片和对应的产品名称，这样的网站链接即使提供给买家，也无法吸引买家的兴趣，因为网站没有能够帮助买家获取所需信息，也就是说没有为买家方便获取信息提供条件。

（9）最后一定要将自己的详细联系信息告知对方（电话、传真、邮箱地址、手机，如果方便的话）。

（10）面对不同的背景、专业、行业的买家，不要发千篇一律的推广信，要定制属于你自己的，有针对性的推广信。如销售电子元器件产品的供应商，面对的往往都是行业工程师出身的买家，那么在推广信中，对产品特性、参数的描写要多于特点的介绍，并注意提供数据支持。关于买家划分及推广对策分析，我们会在后面详细介绍。

（11）邮件主题。邮件主题是否能吸引买家兴趣，激发其点击打开是我们推广信成功最关键的一步。我们的推广信邮件主题需要简洁，包括行业产品名称。另外，一些魔力词语可以让我们的邮件更容易获得买家点击打开的概率。

三、响应式邮件推广的设计小妙招

移动互联网的崛起，催生了响应式设计的诞生与兴起。几乎所有的营销渠道都与“移动化”这一词汇捆绑，电子邮件营销也不例外。大部分电子邮件通过移动设备打开阅读，这一比例将在后续几年内继续增长。同时，至少 50% 的移动用户会选择关闭或删除并非个性化的电子邮件。未来电子邮件营销的进化深度反映着其是否具备适应互联网时代瞬息万变的能力。

响应式设计指集中创建页面的图片排版大小，智能地根据用户行为以及使用的设备环境（系统平台、屏幕尺寸、屏幕定向等）进行相对应的布局，在邮件呈现上，通过页面隐藏、折叠、扩展，为用户带来舒适的移动阅读体验。下面介绍制作响应式邮件过程中的 9 个关键要点。

1. 邮件布局

始终都要牢记“响应式”这一词汇，特别是在设计阶段。从移动设计的理念着手，创建移动化的视觉版本，尽量使其保持简洁有序。越是繁多的图像或复杂的设计，往往越难送达，移动用户可能无法收到此类邮件。

2. 坚持单行索引

建议选择单行索引的设计版式，以促使邮件优化过程尽量简单化。这并不是说多行索引设计无法在移动设备上正常显示或运行，只是如果需要同时满足 PC 端和移动自适应，相关技术难度可能会提升不少。

3. 文本左对齐

据相关视觉跟踪研究表明，西方用户的大部分注意力集中在电子邮件内容的左边部分。当然有些操作系统，尤其是安卓系统，无法衡量内容实际宽度以适应屏幕，因此只能显示邮件的左半部分。从人体工程学的角度，大多数用户更容易浏览到屏幕左下角及中间位置的邮件内容。

4. 顶层内容

简化屏幕在一定程度上确实改变了邮件设计规则。在制作邮件时，具有象征性的 CTA（Call to Action）购买按键应尽可能靠近页面顶部位置，如果无法被用户立即看到，它们有可能永远不会被看到。要非常明确地告诉读者，当他们单击 CTA 按钮时会有什么样的反馈，一句简单的“详细信息”或“点击这里”就能抢尽读者的视觉注意力，如图 3-3 所示。

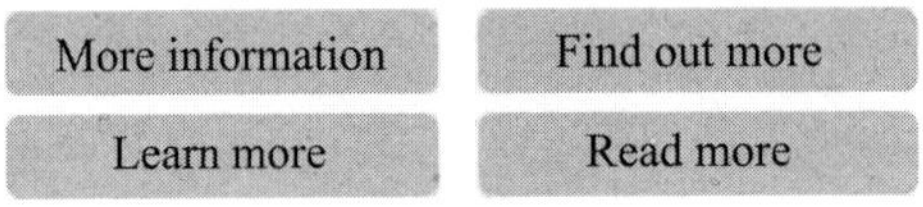

图 3-3　顶层内容设计

5. 尺寸大小

根据苹果公司的指导建议，链接和按钮的尺寸应当控制在 44×44 像素以上。在移动设备显示上，不起眼的链接和按钮是最无用的设计。另外，字体大小可保持在 17 ～ 21 像素，最佳字体大小则为 19 像素。

6. 精简内容

并不是所有的邮件内容都是重要的。不妨在创建响应式设计时，选择邮件中最重要的信息点进行显示，避免过分拥挤的移动信息。营销人员需要注意保持邮件内容简洁明了，小屏幕意味着营销人员将比以往任何时候都重视与用户的有效互动。而屏幕的运用变得尤为珍贵，设计人员应在邮件中隐藏次要内容，保证重要信息能够被用户关注，突出显示优先级的内容。

7. 考虑完整性

当在为移动用户缩减设计时，不要仅仅只关注页面布局还需要考虑邮件的完整性。营销人员应考虑邮件中的每一个部分是否适合在移动端显示，这将给予设计人员更大的空间进行邮件设计。

8. 响应式图片

移动设备在加载项目时通常比 PC 端设备慢，邮件中各类元素需要同时升级移动阅读体验，除了文字、版式设计等，图像也是不容忽视的一环，所有在移动端显示的内容都应具备响应式的设计前提。

9. 测试

市面上现在有许多免费的在线工具以测试移动设计，提供在不同尺寸大小的移动设备上的设计预览。不妨利用这些在线工具在正式发送邮件前细心调整，避免错误，以提升移动用户的阅读体验。

任务实操

如图 3-4 和图 3-5 所示，这两个案例要在炎炎夏日对品牌、产品进行推广，请根据这两个案例，深入思考“如何颠覆传统思维去创意推广”？

图 3-4 任务实操图 1

图 3-5 任务实操图 2

（分析：新一代的邮件用户更趋年轻化，用户对邮件也有不同的喜好，但大体上具有权威专业、有趣好玩、情感共鸣、利益价值特点的邮件会得到大部分用户的喜爱。

打破常规比吸收知识更重要，填鸭式的教育导致很多邮件营销者在做邮件营销策划时，不是先去了解背景、分析用户，而是直接上网搜索借鉴。因此缺乏独立思考过程的策划也往往难出新意。切莫天真地认为你输出了什么信息，用户就原样接受了。如今，用户不会轻易轻信你的教育、告知、空谈情怀的品牌口号了，但却更多的会被一种自我理解所打动，这个过程中用户的逻辑认知过程可能与你设想的迥异。颠覆传统思维束缚的方法是避开常规思维，大家都能想到的点子统统弃之不用，从用户角度换个视角切入，列出尽量多的备选方案，然后逐个排除，最终留下一个让你自己有信心以及让老板更满意的策划方案。

邮件营销主题策划，传统上的常规思路是围绕提供购物指南、促销优惠折扣等作为策划的主题思路，但是从邮件的策划思路看，以上这两个案例相比其他品牌用心更多，也更胜一筹。）

能力拓展

（一）选择题（可多选）

1. 以下属于垃圾邮件的是（　　）。

A. 收件人事先没有提出要求或者同意接收的广告等宣传性的电子邮件

B. 收件人无法拒收的电子邮件

C. 隐藏发件人身份、地址、标题等信息的电子邮件

D. 含有虚假的信息源、发件人、路由等信息的电子邮件

2. 有效推广信必有的要素（　　）。

A. 投其所好　　B. 言简意赅

C. 好处、利润、利益　　D. “拉关系”

3. 推广信包含的元素有（　　）。

A. 信息发送者　　B. 信息接收者　　C. 发送的内容　　D. 外部网络

4. 什么是Media Queries？（　　）

A. Media Queries是响应式设计中最重要的一部分，它不仅被运用于网站

响应，而且还能用于电子邮件的布局，使邮件改变成适应移动设备显示的版本

B. 不同类型的移动设备具有不同的Media Queries特性，这意味着将根据屏幕分辨率锁定热门设备进行个性化投递

C. 它在改变页面的布局以精确适应不同的设备，与此同时有可能改变页面的内容

D. 它包括了灵活的网格和布局，图像和智能使用特性，以此加强体验

5. 下列关于响应式设计的表述，正确的是（　　）。

A. 响应式设计集中创建页面的图片排版大小

B. 响应式设计智能地根据用户行为以及使用的设备环境（系统平台、屏幕尺寸、屏幕定向等）进行相对应的布局

C. 在邮件呈现上，响应式设计通过页面隐藏、折叠、扩展，为用户带来舒适的移动阅读体验

D. 不是所有在移动端显示的内容都应具备响应式的设计前提

（二）思考题

请思考：邮件内容在设计时有什么要特别注意的？

任务3.3　软文写作策略

知识链接

一、软文标题的写作

软文的推广可以使产品或者网站很快受到大家的关注，特别是能够将潜在客户群转化成交易客户群。然而，要写一篇好的软文，不是一件容易的事情，软文的好坏涉及写作基本功的问题，也有写作技巧的问题。一篇好的软文是从标题开始的，那软文标题如何写才能够吸引人呢？

首先，标题要新颖，能够引起观众点击的欲望。标题，是软文向外展示自己的窗口，而这个窗口设计得怎么样，能不能在题海茫茫中鹤立鸡群，独树一帜，关键就看标题是否有亮点。而怎样才能够把文章的标题创作显得卓尔不群呢？我们可以在标题的形式上下功夫，比如：我们可以选择写热门事件关键式标题、数字式标题、检验分享式标题、名人名站采访式标题，等等。不论选择哪种形式，一定要跟软文的内容相关，要切忌“标题党”现象的发生，避免文章写得毫无意义。

其次，标题字词的选择方面，尽可能地向热点新闻以及人们耳熟能详的成语典故靠拢，并适当以幽默风趣的形式表达，效果会更佳。比如，湖南卫视的《我们约会吧》节目办得热火朝天，有些商家就在这个节目的名称上做文章，把自己促销活动取名为“我们约惠吧”，人们一看，就会很感兴趣，都知道人家葫芦里到底卖的是什么药，既然大家都有了这个心态，那就证明这个商家的目的达到了，他获得了他所需要的宣传效果。

最后，标题的创作，需要平时不断地积累。在这个信息爆炸的时代，到处都在向我们展示着这个社会的不断变化，人们的创作成果更是时时在更新着。不论在大街小巷，或者商场，或者电视网络，随处都可以看到各种各样的广告语，只要我们稍加留心就会发现其中的乐趣，从而无意间就会记住它，并无形之间为以后的运用打下基础。

软文标题就是用最少的字表达出产品的特色，但仅仅吸引住用户的目光是不够的，要让读者动心，并产生“让我瞧瞧”的欲望。那么这样的软文也就是成功的开始了，平时我们要养成善于积累的好习惯，处处留心皆学问，处处留心皆生活。以下列举了可以使标题或卖点更加突出的 17 种重要方式。

1. 以“利”诱人

与其他类型文章不同，软文一般都是商家发布宣传产品、品牌的文章，所以一定要以“利”诱人，在标题中就直接指明你的利益点！

2. 以“新”馋人

人们总是对新鲜的人，新鲜的事物感兴趣，这是人之常理。把握住这个特征，制造出具有新闻价值的软文，往往会引发巨大的轰动，特别是在网络传播的时候，可以获得更多的转载。新闻标题常用的词语包括：惊现、首度、首次、领先、创新、终于、风生水起、暗流涌动。

3. 以“情”动人

人都是有感情的动物，亲情、友情、爱情，在这个世界上我们被“情”所包围着。所以借助这个特性，在软文标题抓住一个“情”字，用“情”来感动读者。写此标题时一定要投入自己的感情。

4. 以“事”感人

小时候，我们经常听爸爸妈妈们讲故事，长大一点，认识了汉语拼音和简单的一些字，我们开始阅读故事；成年了，我们喜欢看《知音》之类的故事性杂志。可见从小到大“故事”一直陪伴我们身边，而故事型标题也更容易感动人，吸引人阅读。

5. 以“悬”引人

电视剧《潜伏》播出当年，收视火爆，为什么这部剧会吸引众人关注？很大程度是因为一个接一个扣人心弦的剧情，因为你总猜不出下面一集剧情会走向何方。写软文也是如此，从标题上，就埋下伏笔，使读者由于惊讶、猜想而读正文。此类标题应具趣味性、启发性和制造悬念的特点，并能引发正文作答。

6. 以“密”迷人

和悬疑一样，人们最喜欢听到各种真相，人类的求知本能也让人们更喜欢探索未知的秘密。于是揭秘的标题往往更能引发关注，如果留意中央电视台春节联欢晚会，就会发现每年的魔术只要一结束，网上就会兴起揭秘潮，而相关的帖子也被炒得火热。这类标题常用的关键词有：秘密、秘诀、真相、背后、绝招等。

7. 以“险”吓人

恐吓式标题最早见于保健品软文中，通过恐吓的手法吸引读者对软文的关注，特别是有某种疾病的患者，看到相关软文后更能引发共鸣。后来，这种恐吓手法也开始转变，转为陈述某一事实，而提供的这个事实，能让别人意识到他从前的认识是错误的，或者产生一种危机感。

8. 以“问”呼人

软文标题如何让读者感觉更亲近，最简单的方法莫过于打招呼，就如人们见面就会问的一句话“吃了吗？”。显然，以对话、发问的形式，或者直呼其名的方式往往更能吸引读者的目光，甚至可能一些不是你所发问的人群也会因为奇怪，而关注到这篇软文。

9. 以“趣”绕人

一个好的软文标题，读者阅读后往往会过目不忘，这个就得益于软文创作者所使用的语言。生动、幽默、诙谐的语言，可以将标题变得活泼俏皮。恰当地运营修辞手法，谐音的效果，可以令读者读后回味无穷，甚至乐意进行口碑传播。

10. 以“议”动人

建议性的标题是我们经常看到的标题，特别是做促销活动时，这样的带有鼓动性的标题更为多见，但是建议性的标题要想跳出常规，需要下一番苦工。我们可以从人们都有逆反的心理着手，不让他干什么，这样读者往往都会想着干什么。

11. 借“名人”

名人的任何事情都是大众所关注的，无论是他们的工作，还是他们的生活，或是他们的兴趣等，如果所宣传的事物或者产品能和名人相关，借着名人的噱头，定会吸引不少读者的眼球。例如，北京奥运会时林丹夺冠后把自己的鞋扔向观众席，第二天淘宝即出现不下1万元的林丹冠军鞋，这就是明星效应。

12. 借“牛人”

在信息化的社会里，除了公众的名人外，各行各业都有一些公认的专家和“牛人”，比如SEO领域的夫唯老师，借助这些专家和“牛人”或者这些知名机构，从他们口中发出声音，吸引大家的关注。

13. 借“热点”

抓住社会上的热门事件、热门新闻，以此为软文标题创作源头，通过大众对社会热点的关注，来引导读者对软文的关注，提高软文的点击率和转载率，软文撰写者可以借助搜索引擎来关注最近热门事件。这里的热点大到奥运会、世界杯，小到社会上的用工荒、圣诞节的鲜花预订潮等。

14. 借“流行”

在网络的世界里，每隔一段时间就会有一些流行词汇的出现，从前两年的“Hold 住”、“你懂得”，到“伤不起”、“100 块钱都不给”，再到成龙的口头语“DUANG ～～ DUANG ～～”，使用这些频率高的流行词汇，在一定程度上也能吸引读者的关注。

15. 借“文化”

借助诗词、成语典故、古汉语、谚语、歇后语、口语、行业内专业术语、军人常用语、外语和方言土语、人名地名、影视戏曲歌曲等来创作软文标题，提升软文的“文化涵养”，降低其广告味道。

16. 对比型软文标题

这类软文标题通过与自己或同行进行比较，来显示自己的优越性，使读者对软文所要宣传的产品或服务的独到之处有深刻的认识。从对比型软文标题中，我们还可以演化创作变化型软文标题、选择型软文标题。

17. 数字型软文标题

数字的威力有多大？数字能给人什么样的心灵碰撞？巨大数据产生的效应会有多大？这些问题不需要去解答，我们只需要认真思考当遇到数字的时候我们的心到底有多震撼。从数字中震撼一个人的心灵，从数字中寻找好奇心的答案，从数字中得到一种力量。

二、软文内容的写作策略

好的标题只是软文的一部分，标题只能是一种引导，最主要的还是软文内容。如何将软文广告嵌入相关内容是一个考验创意的地方，如果软文广告嵌入得太过生硬，让人一眼就看出来是为了广告而写的文章，则势必会引起读者的反感。因此写作软文内容要注意以下几点。

1. 正文不宜过长

很多人都很厌烦那些洋洋洒洒几大页的广告软文，这不仅消磨他们的时间，一不谨慎还可能让他们无从寻找重点。因此要控制好正文字数，为用户节省时间，也为我们自己节省精力。

根据一次用户阅读习惯调查表明，用户的快速浏览习惯一般呈现“F型”，也就是说，当用户只有极有限的时间来快速浏览一份报纸时，他的视线追踪路线一般都是“F”型的，最容易看到的是报纸顶部通栏，然后是中间“一”字部分，然后是左边竖栏。

因此我们在写软文时不妨将重要的销售信息置入这个“F”型中，让用户在快速浏览时也能快速捕捉到重要信息。

2. 正文可结合用户的经验之谈

比起官方的推荐，读者似乎更易于相信消费者的现身说法。官方的自我推荐与夸赞在用户眼里似乎总掺杂着一种“自卖自夸”的作秀成分，而有着相同经历的消费者的现身说法却更能引起他们的共鸣，更易使他们信服。因此，在正文中适当地结合一些消费者的经验之谈，能更好地建立起口碑，更好地用“第三方”中立人士推荐自己。

正文开头便可采用小故事的形式引起有类似经验的用户的共鸣，也更能吸引用户继续往下读。或者也可以通篇用第三方的角度来写，将个人的经验之谈与广告销售信息巧妙地结合起来，再让用户享受的同时愉悦地接受软文传递的营销信息。

3. 文章中可插入一些趣味性的图片

图画和视频类无疑比纯文字广告更能吸引人，我们在添加网站文章时经常插入图片来增强文章的可读性与生动性。可将趣味性图片放置在正文上面，用户看到漫画，觉得有趣自然会有兴趣继续往下读。示例如图 3-6 所示。

4. 捕捉热门新闻话题，与软文巧妙结合

诸葛亮“草船借箭”巧妙地借用了东风，而需要扩大软文的影响力，我们也需要借用“东风”，这股东风便是“流行之风”——热门新闻与话题。

互联网时代将信息都集合在一个“框搜索之中”，人们知道和传播新闻的速度几乎是和新闻产生的时间是同步的。很多的热门新闻与话题在某个社区一开锣，经网友口口相传之后便似燎原之火，迅速地席卷整个互联网。

热门话题虽是“娱乐八卦”，但是精明的商家们总能从之中挖掘出各种商业价值，借这股“东风”创造不菲的收益。当然东风也不能胡乱借，掌握不好一个“度”，东风也可能变成西北风，让用户烦心，让自己寒心。因此精心的策划，正面地有价值地与流行结合是至关重要的。

图 3-6 文章中插入趣味性的图片示例

5. 软文可与名人进行捆绑

商家都喜欢请名人进行代言，一是因为名人知名度高，可以提升品牌的知名度和影响力。二是因为名人多半是某个领域的意见领袖，他们的生活和消费模式影响着很大一部分人的购买行为。因此，若我们的软文也可与名人进行捆绑，沾点光，揩点油，那我们的产品和服务的宣传推广也会容易得多。站在“巨人”的肩膀上才可以看得更远。

借助名人宣传时有一点必须注意，一不谨慎可能就会涉及侵权问题，因此建议软文信息尽量打“擦边”，而不是准确无误的“代人”。

任务实操

案 例

爱仕达的不粘锅使用的是美国杜邦公司的“特富龙”不粘涂料。爱仕达公司推广人员偶尔在翻阅杜邦的一些资料时了解到美国自由女神像的金属结构是用杜邦的“特富龙”不粘涂料来进行防锈的，因此，在推广爱仕达的不粘锅时，自然而然不会放过这个软文标题：自由女神用什么来防锈？然后再推出爱仕达的不粘锅产品，结果反应非常好。

请分析以上案例中软文撰写的创意，并总结几种软文撰写的策略与方法。

（分析：广告宣传比较流行“傍大腕”、“傍名牌”，在软文的撰写上也可以结合知名度很高的人、物、事，“秀”它一把，同样可以取得良好的效果。爱仕达不粘锅用远在大洋彼岸的“自由女神”来作终端导购员，这样的传神创意令人耳目一新，所以平时的知识积累是种植伟大创意的沃土。）

能力拓展

（一）选择题（可多选）

1. 企业在网站上发布的关于企业产品的软文是（　　）。

   A. 日志软文　　B. 新闻软文　　C. 评论软文　　D. 业务软文

2. 内容是软文的核心，其主要特点有（　　）。

   A. 实用　　B. 创意　　C. 易懂　　D. 真实

3. 好的软文标题应该具有的特点有（　　）。

   A. 能引起别人的注意　　B. 概括软文的内容

   C. 引发用户的阅读冲动　　D. 副题应方便搜索引擎进行搜索

4. 软文营销的效果可以通过以下哪些数据，看出软文的受关注程度。（　　）

   A. 点击率　　B. 评论数　　C. 转载量　　D. 收录量

5. 软文广告应遵循的操作规律有（　　）。

   A. 计划　　B. 组织　　C. 实施　　D. 修正

（二）思考题

根据要推广的产品和时间，软文标题可以采用哪些方式命题？

拓展阅读

如何写好第一封推广信

写第一封推广信要注意的事项，可以用 8 个字来概括：简单、专业、恰当、清晰。

1. 简单

推广信的语言一定要简练，不要啰里啰唆。因为很多外国人没有多少耐心，如果你的第一封推广信写得无比冗长且用词深奥，他们根本不会读下去，其结果是往往被当作垃圾邮件处理了。

2. 专业

在邮件中一定要表明你们是专业的公司，拥有专业的产品和专业的销售及售后人员。邮件写得简单并不是要把你的专业和基本的礼仪也省略掉，在邮件的末尾一定要附上详细的联系方式，包括姓名、职位、公司名、电话、传真、E-mail 地址、网址和公司地址等信息内容，给对方一个很正规的印象。

3. 恰当

恰当其实是最不容易的！买家总希望和精通产品的人打交道，如果在写第一封推广信时就错误百出，让人一看就是外行，买家会认为你不是真正的生产厂家，或者对产品并不熟悉。写邮件前对客户背景的了解和对客户的分析也很重要，因为如果对这个客户一点都不了解，写出的推广信很可能就是言之无物。

4. 清晰

一定要充分利用电子邮件传递图片的优势，这样更能说明问题，同时也可以降低成本，图文并茂的效果会比单纯语言喋喋不休来得更直接。另外，发出邮件之前，要仔细地再检查一下，有无拼写或语法错误，尽量把可能给别人的不良印象减到最小。清晰明了才是一封成功的邮件。

另外还有一点，在第一封推广信发出后，不断细致地跟踪客户也很重要，即使客户现在没有购买的意向，但是因为你经常跟踪往返，客户会对你有很深的印象，一旦他有购买同类产品的需求会第一时间想到你，而且就算客户没有意向购买，他也会推荐给他的朋友。

改编自 https://wenku.baidu.com/view/9b048262caaedd3383c4d387.html

项目评价

评价表

（在□中打√，A. 理解，B. 基本理解，C. 未理解）

评价指标		自测结果		
网络新闻的编辑	1. 新闻标题的编辑	□ A	□ B	□ C
	2. 网络新闻提要的编辑	□ A	□ B	□ C
推广信的编辑	1. 推广信标题的撰写	□ A	□ B	□ C
	2. 推广邮件的撰写	□ A	□ B	□ C
软文的编辑	1. 软文标题的编辑	□ A	□ B	□ C
	2. 软文内容的撰写	□ A	□ B	□ C

项目4

营销推广方案编辑

学习目标

知识目标

- 掌握促销推广的内容与编辑策略。
- 掌握邮件营销方案的制订与写作策略。
- 掌握店铺推广语的写作策略。

技能目标

- 熟练设计与编写营销推广案例。
- 熟练撰写营销邮件的标题和内容。
- 熟练撰写店铺推广方案。
- 会设计店铺的促销海报。

项目导入

案例1　内容营销：建立客户信任度，增加网站自然流量

内容营销可以帮助你与客户建立起了信任和联系，电子商务公司如何利用内容去增加流量和品牌知名度，脱颖而出呢？

作为可生物降解的狗垃圾袋的提供者，PoopBags.com在创作友好内容的基础上建立了一个邮件营销策略，其品牌策划的邮件内容，强调环保事业、慈善事业和宠物相关的问题，增加了品牌的影响力和美誉度。

零售商Wine Enthusiast主要利用网站评论、文章、视频内容以赢取客户信任，内容营销帮助其增加月度邮件订阅用户50%，增加网站自然流量154%。其互联网营销总监Erika Strum说："我们花时间去创造有用的信息内容以帮助客户做出购买决定，即使他们目前不会购买，但是我认为作为一个好的信息来源，这些人还会再回来。"

案例2　邮件营销个性化：获得更高回报

如图4-1所示，wSwayChic，一家女性服装零售商店，基于客户邮件打开数、购买历史和转化时间等细分他的客户，提供细分的客户邮件。运动品牌Li-Ning李宁通过性别、年龄范围和产品点击发送针对性的产品邮件。Doggyloot则针对订阅用户的狗的尺寸发送量身定制的邮件。无论他们以哪种角度进行客户分组，在点击率和回报上都有所提升。

细分客户，然后为客户相应地量身定制邮件营销活动。作为一个跨境电子商务市场营销人员，你可以从中学到什么？不要以为只有必须费劲心力才能得到令人瞩目的成果，因为即使是很小的变化也可能导致大的成功。邮件营销方法，个性化、定制化是"高性价比"的营销方法，非常值得电子商务企业去尝试。

——摘自互联网

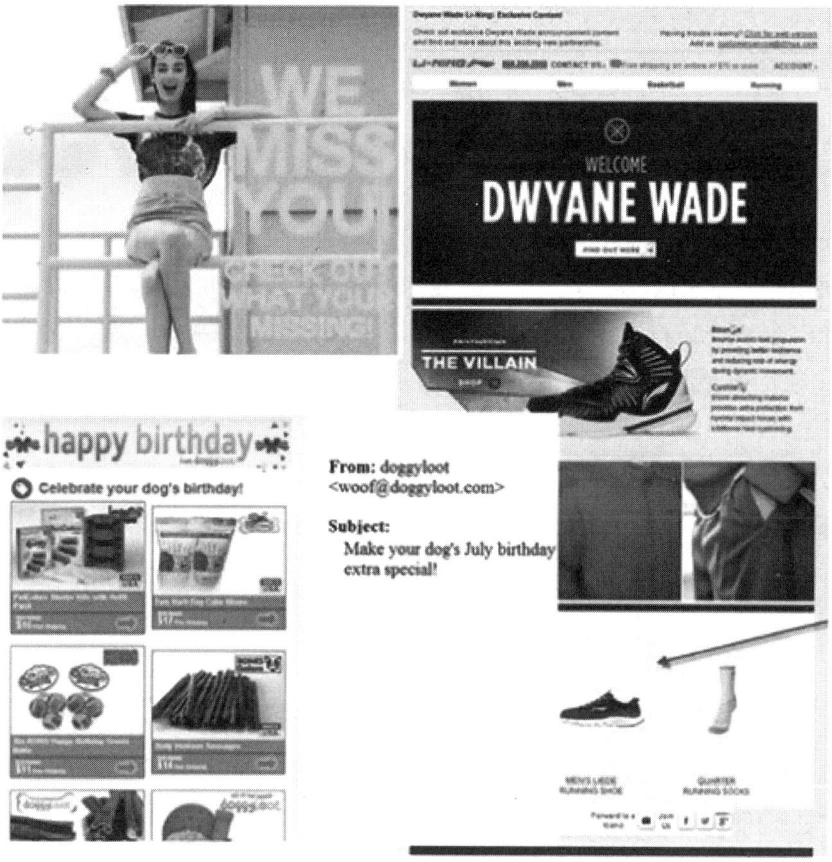

图 4-1 邮件营销个性化

任务4.1 营销推广内容编辑

知识链接

中国古语有云：磨刀不误砍柴工。这句话用在跨境电子商务推广营销里也是有用的。高质量的精工出细活，是推广营销中所需要的。因此，在做一般性推广的时候，也应仔细想想如何写好营销活动的内容。那么，什么才是优质、有价值的内容呢？

一、内容营销

内容营销是一个创造和散播精准、优质内容给准客户，以影响其购买决定和改善品牌忠诚度的过程。一般内容形式包括：文章、部落格贴文、图片、资讯图表、社交媒体、电子报 / 邮件、影片、音频 / 播客（Podcast）等。一个好的内容需要包括以下几个方面：原创、独特的；有趣、可分享的；精准、准确的；没有错别字或文体错误；深入、有见解的；有追踪和监测的。写作技巧高超、文笔精妙的内容才是好的内容，有时候过于拗口或晦涩的文字，更难以让客户接受。推广的内容最重要的是能给企业带来效益，且能被用户快速地记住产品和相关信息。

跨境电子商务内容营销写作原则包括：①内容不能散漫，不知所云；②要体现出主题；③行文简单，使读者有阅读欲望。遵守了这些原则的内容才是成功的营销内容。在实际操作中，一般只要一个主题就可以了，且内容不用过长。发布的时候也要根据目标群体的特点来选择行文风格。例如产品的用户是年轻人的话，则可以采用活泼时髦的风格；如果产品的用户是年纪较大的人，则应采用严谨一些的风格。

二、促销内容编辑

店铺在节假日或特殊时期都会推出一系列促销活动，如限时折扣活动、特价产品推广、新产品推广、满立减、优惠券等活动，卖家可选择在店铺首页进行活动公告，也可以发送邮件给客户通知促销活动。促销文案的内容一般包括促销的时间、折扣力度、优惠方式以及促销的原因，当然，也可以根据店铺的实际情况个性化编辑促销内容。

例如：某一店铺在店铺成立一周年店庆期间准备开展一次全店铺折扣活动，全场 5 折，消费满 118 美元返还 5 美元优惠券，消费满 200 美元以上另可获得精美礼品一份，活动时间持续 3 天。该促销公告将在首页进行推出。

1ST ANNIVERSARY SALE!

ENJOY UP TO

50% OFF

Get a US $ 5.00 coupon（when you spend $118 or more）

Extra gifts（when you spend $200 or more）

Through Monday September 3rd

中文大意如下：

周年庆促销活动！
享受高达 5 折优惠！
5 美元优惠券（购物满 118 美元）
额外礼物（购物满 200 美元）
活动截至 9 月 3 日星期一

节假日促销是跨境电子商务店铺主要的促销活动之一，西方国家的大型节假日主要有新年、情人节、母亲节、父亲节、万圣节、黑色星期五、圣诞节等。针对不同的节假日设计不同的特定的促销方式。

图 4-2 节假日促销

某店铺在感恩节前推出全店铺 5 折起，消费总金额 499 美元以上再减 15% 或消费满 299 美元以上再减 10%，活动在 11 月 29 日结束，如图 4-2 所示。该店铺在首页栏推出了以下活动公告：

LAST CHANCE
THANKSGIVING
ENTIRE SHOP ON SALE UP TO 50% OFF
PLUS，BRING THIS IN & GET AN ADDITIONAL 15% OFF
YOUR PURCHASE OF $499 OR MORE

OR

10% OFF YOUR PURCHASE OF $299 OR MORE

ENDS NOVEMBER 29

中文大意如下：

最后的机会

感恩节特惠

全场 5 折起

除此之外，购物满 499 美元以上再减 15%

购物满 299 美元以上再减 10%

活动持续至 11 月 29 日

三、促销邮件编辑

卖家经常利用促销邮件来吸引新客户和促进老客户的二次购买，但是由于卖家写的邮件内容和标题没有吸引力，往往发过去的邮件没有什么人看，就更不用说起到促销的效果了。因此，利用邮件促销时要注意以下几个步骤。

第一步：有力的标题

促销信都是“不请自来”的，所以开头一定要有吸引力和诱惑力。一个能戳中客户“痛处”的标题能增加客户点击邮件的概率。对此，可以利用“产品 + 卖点”的标题格式吸引客户的注意。比如：

The most COMPETITIVE PRICE for Wrist Band Holder；

BIG DISCOUNT for MSA；

$23 USD ONLY! HIGHT QUALITY FAN!

第二步：极具竞争力的产品卖点和促销优惠

一旦抓住了买家的注意力，就该趁热打铁说服他们买自己的产品。既然是促销产品，就要写出这款产品的优势还有此次促销的力度。在产品介绍中，要突出重点，一味地介绍“最好”、“最新”并没有什么实际意义，一定要说出与同行对手相比较而言最具实质性的地方，以及此次促销带给买家的好处。例如：

The product（product name/ model No.）is the best-selling one in the European market which can wrap your cell phone to the your bicep，forearm or wrist. Adjustable strap allows for quick and secure wrap to a variety of arm（wrist）sizes. It is 50% off if placing an order within this week. The price will remain the same after this period.

第三步：增加客户信心，落实订单

通过产品介绍引起客户的购买欲望后，为了进一步加强客户购买的决心，促进合作，可以将这款产品的销量以及已经下单的客户、数量来增加客户合作的信心。例如：

Now，we have received 4000 orders from customers. Now the reduction schedule is tight. Hope you can make your decision soon.

图 4-3　某店铺年末促销活动

某店铺在年末针对几款产品进行清仓活动，并给予返现、送礼物等优惠。为清仓库存或为某产品积累人气，提高销量及同类产品排名，店铺可以推出特价产品来带动店铺其他正价产品的销售如图 4-3 所示。其促销邮件编辑如下：

Subject：Don't miss out! Save up to 62% in our winter clearance sale!

Dear all,

Merry Christmas and Happy New Year.

December is our Promotions Month every year. All of our products have the special discount in this month.

Free winter beauty bag with purchase of any amount. And $3 reward will be granted if you give us 5 star feedback or share your purchase experience in your facebook.

We would like to advice you to place an order as soon as possible if deliveries are required to be prompt. We are looking forward to your first order soon.

Yours sincerely,

Peter

中文大意：

邮件主题：千万别错过机会！冬季清仓活动 3.8 折起。

亲爱的买家：

圣诞快乐！新年快乐！

12 月份是我们每年的促销月。我们所有的产品在这个月内都有特别的折扣。

满任何金额送化妆包一个。如果五星好评或将购物体验上传 Facebook 将获得 3 美元的返现。如果想要尽快发货的话，请尽快订货。期待你的首次订货。

正如之前提到过的案例，卖家除了在店铺的首页中发布节假日的促销公告外，还可以向全体老客户群发活动通知的邮件。例如：

Subject：Last chance!

Dear all,

Thanksgiving is coming. Are you ready? Visit us，and you will enjoy 50% off for the entire shop. Besides，you will also get an additional 15% off if you spend $499 or more，or 10% off if you spend $299 or more. The sale will end on November 29th. It is your last chance.

Shop now

Please feel free to contact us if you have any questions.

Yours sincerely,

Peter

中文大意：

邮件主题：最后的机会来了

亲爱的顾客：

感恩节马上就要来了，你准备好了吗？请立刻点击我们，你将享受全场 5 折的优惠。除此之外，如果你的购物满 499 美元，将获得额外减免 15% 的优惠。或者，满 299 美元则减免 15%。特卖活动持续到 11 月 29 日。现在是你最后的机会。

马上购买

如果你有任何问题，请联系我们。

真诚的，

Peter

任务实操

[任务描述]

请按照以下信息，为店铺设计一个店铺首页的活动公告及向老客户群发邮件通知该活动。

[任务实施步骤]

1. 撰写公告内容：店铺在五周年店庆期间准备进行一次全场 6 折包邮活动，满立减活动，满 300 美元立减 5 美元活动，活动时间仅有一天。如条件许可，建议采用图文并茂的方式，也可完全使用文字。

2. 将公告的内容改变成邮件群发给客户，包括邮件标题和正文。

能力拓展

（一）选择题

1. Our 2nd anniversary Sale starts from April 1 to April 3. You will enjoy 30% (　　) for the entire shop.

A. OFF　　B. OF　　C. price　　D. commission

2. If you have any more questions, please (　　) to contact us.

A. hesitate to　　B. feel free

C. due　　D. hurry up

3. Get a US $ 5.00 (　　) when you spend $118 or more.

A. coupon　　B. gift　　C. refund　　D. commission

4. 怎样的标题易引起买家注意？(　　)

A. Product launch　　B. Hot Sale

C. We are waiting for you　　D. 6-hour Sale

（二）思考题

请翻译以下广告邮件标题。

1. 周年店庆活动

2. 周一 24 小时美裙大促销

3. 仅限今日

4. 冬季清仓活动 2.5 折起

5. 新品上架，限量供应

6. 全场 6 折

任务4.2　编辑店铺推广语

知识链接

在店铺推广语靠前位置展示主营产品或热卖产品如图 4-4 所示。店铺推广语的推荐包括主营产品、热卖产品和商家类型等。商家类型分为制造商（manufacturer），供应商（supplier），店铺（store 或 seller）。店铺推广语中的单词首字母要大写，例如：Chinese Cheap Hiking & Camping Supplier。在店铺介绍中，要介绍公司业务范围，重点突出店铺主营、热销产品，这样可帮助买家快速定位商家、特点卖点、优惠、折扣等。

店铺介绍还可以包括公司的历史、主营业务、声誉、目标客户、营业情况、公司规模、经营理念、公司愿景等，但是并非每项都面面俱到，如图 4-5 所示。示例如下。

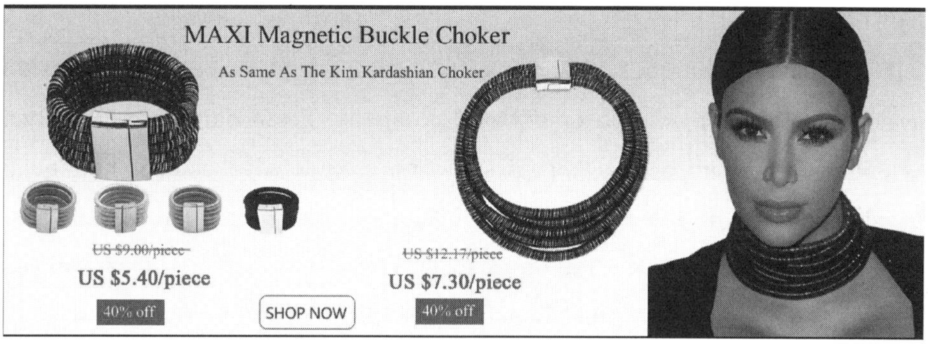

图 4-4　店铺推广语

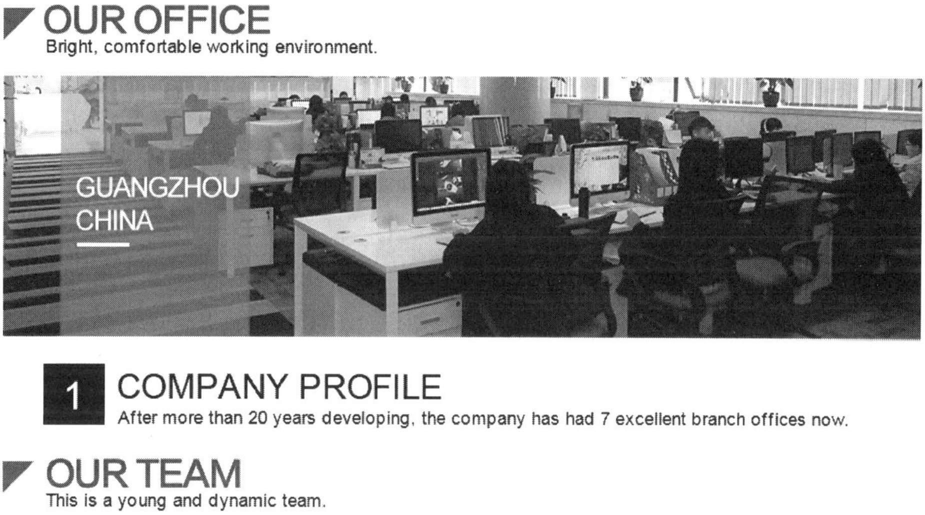

图 4-5　店铺介绍

● After more than 20 years developing，the company has had 7 excellent offices now. 经过 20 年的发展，公司目前拥有 7 个优秀的办事处。

● Established in 2004，*** is a R& D company located in Wenzhou，China，which has been expanding its business fields globally and continuously towards new milestone. 温州市 *** 公司成立于 2004 年是一家科技研发公司。公司致力于在全球范围内扩大其业务领域并不断向新的里程碑前进。

● We are an experienced costumes manufacturer and have been specializing in Cosplay costumes over 7 years. Our superiority is best quality，competitive price and powerful supply ability. 我们是一家经验丰富的工厂店，具备专业从事动漫真人秀服装设计制造超过 7 年的经验。我们的优势：最好的质量，有竞争力的价格和强

大的供应能力。

● Advanced techniques，good quality，competitive price and professional after-sales service are the cores of ABC company. From hardware & software development to product and package design，we provide advanced and high quality android products with the effort of our outstanding R&D team. We are always in the leading to offer the newest android software for our customer. Our principle：Honesty，Credibility and Mutual Benefit. 先进的技术、良好的质量，有竞争力的价格和专业的售后服务理念是 ABC 公司的核心。从硬件和软件开发到产品和包装的设计，我们的研发团队努力研发提供先进高质的安卓产品。我们的经营原则：诚实、守信、互利互惠。

● We are factory outlets，so we can offer you the best price and the best service. Wholesale price will be given if you purchase items in bulk. Believe us and contact us. 我们是工厂直营店。我们可以给你最好的价格和最好的服务。如果你想批量购买，我们可以给你批发价格。请相信我们并与我们联系。

有吸引力的店铺口号，有助于提升店铺在搜索引擎中的点击量，提升店铺流量。例如：Your fashion style makes its easy and simple. 如图 4-6 所示。

图 4-6　店铺口号

脍炙人口的广告语总会使人过目不忘。这些出色的口号，能深深地打动消费者，让产品在剧烈的市场竞争中，占有一席之地。广告语是品牌传播中的核心载体之一，能与消费者很好的沟通。如：The brilliant of each stone is the true winner. 每块宝石都是熠熠生辉，这才是真正的赢家。

任务实操

[任务描述]

买家进入一家店铺，首先映入眼帘的就是招牌店招，一个好的店标设计能让顾客过目不忘，如图 4-7 所示，请为该店铺设计一个静态店标。

图 4-7　店铺销售产品

[任务实施步骤]

1. 思考店招所包含的内容。

2. 确定店招的内容，可以是公司名称、热卖商品介绍、欢迎词、公司推广口号、公司主要简介、近期活动安排等。

能力拓展

（一）选择题

browse	reputation	dedicated	services
known	needs	trends	

Incorporated in Hong Kong in 1918, The Bank of East Asia, Limited ("BEA") is (　1　) to providing comprehensive corporate banking, personal banking, wealth management, and investment services to its customers in Hong Kong, Mainland

China, and other major markets around the world. Over the years, BEA has built its (　2　) as a pioneer in the provision of innovative, value-added banking services to customers on the Mainland. BEA has long been (　3　) for the comprehensive range of corporate and personal banking, financial, and insurance services that it provides to a diverse customer base. Wholesale and Personal Banking services are delivered through the Bank's Corporate Banking, Personal Banking, Wealth Management, Insurance & Retirement Benefits, Treasury Markets, China, and International divisions.

Products and (　4　) include syndicated loans, trade finance, deposit-taking, foreign currency savings, remittances, mortgage loans, consumer loans, credit cards, Cyberbanking, retail investment and wealth management services, private banking, Renminbi services, foreign exchange margin trading, broking services, Mandatory Provident Fund services, and general and life insurance.

BEA keeps abreast of the latest market (　5　) and strives to leverage developments in the marketplace to offer new or enhanced products and services that suit customers' (　6　). For more details on BEA's products and services, please (　7　) the pages of this website.

（二）翻译题

请翻译以下店铺推广语：

1. 就现在！手表已经到了！

2. 即刻开始探寻之旅！

3. 穿上它让夏天更火热。

任务4.3　促销方案设计

知识链接

店铺推广语及促销设计的效果是有章可循的，巧妙的设计可以提升促销设计的效果。有效的设计，不仅能提升公司活动的视觉美感，还能提高用户体验。拙劣的设计方案能毁掉最棒的活动。在网站、移动端和邮件中采用这些设计建议，向访客和客户传递出最具说服力的活动信息。当他们的目光不被其他散乱或无效的设计吸引时，就可能在网站上有所行动，从而帮助实现个性化活动目标。

一、简化的设计

“简单就是制胜之道。”在设计活动过程中，确保每一个元素都有存在的必要，控制使用的字数、颜色和形状。比如，排版决定着信息的易读性，最好还具有明显的行动呼吁符号，如图 4-8 所示。

图 4-8 活动设计中的排版

呼吁行动在促销设计中，特别是广告中使用很多。你可能不熟悉这些敦促或邀请观众采取行动的广告，但可能会熟悉那些号召性的用语，包括“立即购买”等。其他广告可能会降低其号召性用语的层次结构，因此它们很小，几乎是潜意识型的。但是，如果行动呼吁是促销活动关键信息的一部分，不要害怕把它放大，并把它放在前列。

二、巧用对比度

对比度是最重要的设计元素之一。它影响着色调选择、可读性和整体视觉体验。比如，如果网站主色调较暗，那就采用明亮的、对比度大的颜色作为活动的背景板，来吸引访客注意力。字体颜色选择也是同样的道理。如果背景色较浅，活动信息可以采取深色字体。如图 4-9 所示，深灰色是主色调，那么页面上部的个性化紫色信息就显得很突出。

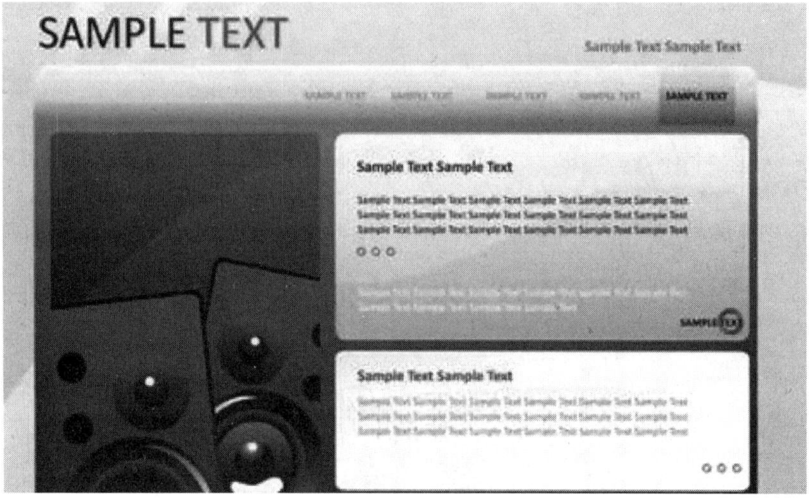

图 4-9　巧用对比度

三、运用加粗字体

为了创造视觉上的统一感，方法之一就是，采用一种字体的不同表现形式。比如，用一种字体的斜体字、加粗和粗黑体。参看如图 4-10 所示页面活动信息用了常规字体，重要信息加粗，作为个性化元素突出显示。

图 4-10　运用加粗字体

四、巧用层次

最重要的活动信息，应该是视觉上最明显的元素。尝试某种颜色，或改变图形、照片或字体的大小，看看它们是如何影响“层次感”的，哪些信息能第一时间吸引到人们的注意力。在如图 4-11 所示的秋季主题的零售活动中，重点在于“FALL steals”，之后才是呼吁行动（shop now）按钮，确保重要信息得到关注。

图 4-11　秋季主题的零售活动

五、巧用鲜艳的色彩

如果想为活动添加一个大胆而独特的说明，可以考虑选择合适品牌使用的亮色。利用对照，改变背景图片的亮度，从而抵消字体颜色，让整体设计更加锋利、清晰、易于解读。如图 4-12 所示，选用明亮时尚的产品图片，搭配不同的色块拼接，白色大标题和正文内容，创造出一种强烈的视觉效果。

图 4-12　巧用鲜艳的色彩

任务实操

[任务描述]

某户外用品公司推出周末活动，从北京时间周五零时到周日午夜 12 点，店铺购物满 30 美元就有礼物送，请设计一个促销海报。

[任务实施步骤]

1. 将店铺的促销内容编辑好，注意英语的正确表达。
2. 设计海报，注意在设计的时候增加行动呼吁符号，色彩的使用等。

能力拓展

（一）选择题

1. 图 4-13 所示图片反映了这个产品广告设计的什么特点？（　　）

图 4-13　题 1 图

A. 简洁　　B. 富有想象力
C. 对比　　D. 有层次感

2. 图 4-14 所示图片说明了在海报设计中的什么特点？

图 4-14　题 2 图

A. 使用呼吁性的语言　　　　B. 使用对比色

C. 层次性　　　　D. 简单明了

（二）思考题

请分析如图 4-15 和图 4-16 所示促销海报的特点，并且翻译该店铺的促销活动。

图 4-15　思考题图 1

图 4-16　思考题图 2

拓展阅读

跨境电子商务五种错误广告文案

访问流量下降、销售额不断流失、转化率低……即便你不断地添加新产品、修改网站设计、改善结算流程，但是销售额的增长还是很慢。那么此时就要考虑一下是否是广告文案出现问题了。以下是经常被忽视的集中文案写作错误类型，如果犯了这些错误，这将对你的销售产生巨大影响。

1. 无价值、单调、功能庞杂的产品描述

产品描述是一个雷区，甚至是有经验的文案人员也经常无法防止这种情况发生。比如在产品描述中强调各项功能很常见，但其实这个做法不一定正确。买家当然想知道产品的功能和规格，但他们更想知道的是，这些功能将会如何改变他们的生活。所以要强调，你卖的不只是一台高功率的搅拌机，而是一种更快更健康的饮食方式。你不是在卖夜间照明灯给孩子们，而是在为疲惫的父母带去安稳的睡眠。

要如何将沉闷无趣的产品功能描述变成生动有价值的文案呢？可以使用一个流行的缩略词："WIIFM（What's in it for me?）"，也就是这个产品对我有什么好处。在这里，"我"指的就是买家。比如，如果销售的是奢华床，与其说"该床由枫木制成"，还不如考虑换成"该床由枫木制成，这能让你省去每五年换一次床的麻烦。"与其简单地说"加了衬垫、上过蜡、带有保护层的皮革床头板"，不如说成"加了衬垫、上过蜡的皮革床头板，能让你的头部感到安稳舒适，也不用担心会弄脏它。"因此，一种流行的文案习作技巧就是：列出产品的每个功能，然后分别列出每个功能可以带来的好处。最后，需要在开始撰写产品描述之前，多多练习这种文案写作方式。

2. 只把你的"个性"体现在首页上

你的电商网站是大胆地"强调个性化"，还是和其他同类型网站看起来一样呢？你的首页、"about"页面以及产品描述是否展示了品牌的格调、独特性和价值观？你用的语气是否足够独特，并且完全是你自己的风格？你要做的就是用心打磨你的品牌价值观和愿景，并把它融入到文案中。你想让你的品牌以怎样的姿态被顾客熟知？是悠闲自得、平易近人还是高贵奢华？你想用哪种语气的文案？是混合了趣味性和友好，还是正式与专业的融合？

3. 忽略品牌故事和社会认同感（口碑）

忽略品牌故事，会让更多的电商网站成为这项错误的牺牲品。品牌故事并不是讲给学龄前儿童听的。顾客都喜欢听好的故事，所以如果你的网站没有述说你的品牌故事，你就失去了一个与受众群体互动的好机会。苹果公司每发布一个产品就会讲述一个故事，人们买它的产品是因为他们想成为这个故事的一份子。试着与你的顾客分享“why”，也就是为什么你的顾客需要买你的产品？怎样通过你的文案体现出来？把他们带到“幕后”，让他们看到最原始的、无保留的，甚至是有点“丑陋”的故事开端，以及这个故事的发展过程。你会惊讶于给你发邮件或 @ 你的顾客数，并且他们会留言，说他们是与你的故事产生了共鸣，才购买了你的产品。

这里有一个建议是：不要编造故事。好好花时间想想，你开始这项生意最初始的原因是什么？想想那段艰难的岁月，把你的故事写下来，千万不要编造！另一种使用讲故事的方式是分享顾客的故事，或顾客的“社会认同感”。为什么你的顾客喜欢你的有机食品婴儿品牌？你的产品能让父母在喂养孩子的时候更加容易吗？你能让父母放心他们的孩子食用的是无化学品的天然食品吗？在你的主页上、“about”页面、博客甚至在产品描述中分享消费者的故事。

总之，利用“社会认同感”来述说故事是一个很好的方式，这能让你不使用营销说辞就达到销售的目的。

4. 加了太多无用的形容词和填充词

“这是一个可爱、甜美、粉色的毛绒玩具，是为你女儿或孙女准备的绝佳生日礼物。”多余的形容词和填充词，会让最赏心悦目的描述变得画蛇添足，让买家感到困惑，并立马离开页面。我们可以改成这样：“一个漂亮的粉色毛绒娃娃，它会让你五岁的孩子高兴到尖叫。”这句话向卖家描绘了一幅画面，并准确地传达了产品描述。编写文案的窍门是：一个名词前只用一个形容词，选出感官形容词，把无意义的填充词果断拿掉，比如“good”、“leading”、“best-in-class”、“nice”等。

5. 错误的格式和编辑

最后一点相当关键，就算是大型网站也会犯这种文案错误。把大段大段的段落堆积在一起，要点中只列出了产品功能，图片质量差，无法展示出产品的亮点，把产品口碑（体现社会认同感）放在底部或直接忽略。产品描述的格式和编辑甚至比撰写描述本身更重要。你需要润色、完善、精心装饰你的产品描述，让它满足以下这些标准：

- 在产品功能介绍后面说明该功能能给买家带来的好处。

- 首先要凸显品牌故事和个性化元素。
- 使用有价值的形容词，切勿画蛇添足。
- 把语义模糊的词用事实替代。

改编自：academy.papayamobile.com

项目评价

评价表

（在□中打√，A. 理解，B. 基本理解，C. 未理解）

评价指标		自测结果		
营销推广内容编辑	1. 折扣的不同英语表达	□A	□B	□C
	2. 促销的内容编辑	□A	□B	□C
	3. 促销邮件的撰写	□A	□B	□C
推广语的编辑	1. 店铺推广语的内容	□A	□B	□C
	2. 公司介绍的内容	□A	□B	□C
	3. 公司介绍的英文翻译	□A	□B	□C
促销海报的设计	1. 什么是优秀的促销海报	□A	□B	□C
	2. 促销海报包括哪些信息	□A	□B	□C

项目5

图像信息编辑

学习目标

知识目标

- ▶ 了解图像的基本概念、处理图片软件的特点。
- ▶ 掌握使用 Photoshop 软件裁剪照片的方法。
- ▶ 能够熟悉掌握对图片颜色调整、清晰度调整、有瑕疵图片修复。
- ▶ 能熟悉掌握图片中所需内容的选取。
- ▶ 熟悉视频剪辑的格式与工具的使用方法。

技能目标

- ▶ 能使用 Photoshop 软件裁剪图片。
- ▶ 能使用 Photoshop 软件调整图片的颜色、清晰度，有瑕疵图片的修复。
- ▶ 能使用 Photoshop 软件选取图片中所需要的内容。
- ▶ 能使用 Premiere 软件进行简单的视频剪辑。

项目导入

敦煌网发布产品上传规范，图片中将禁止出现中文

近日，敦煌网为提高关键词与产品匹配度，提升平台买家购物体验，现发布平台产品上传规范（适用于平台全部类目），如图 5-1 所示。据了解，本次上传规范包括产品图片、关键词对应、标题规范等方面，具体如下。

图 5-1　敦煌网发布产品上传规范

1. 产品图片其规范要求如表 5-1 所列。

表5-1　产品图片规范要求

<table>
<tr><th>类目</th><th>规范</th></tr>
<tr><td>基础要求（全行业通用）</td><td>产品首图无边框，无文字描述，像素 800*800，产品主图图片最低数量 3 张</td></tr>
<tr><td>健康与美容（Health & Beauty）>美甲艺术与沙龙（Nail Art & Salon）</td><td rowspan="2">产品首图白底或灰底，无文字描述，像素 800*800，产品主图图片最低数量 3 张</td></tr>
<tr><td>健康与美容（Health & Beauty）>护肤品（Skin Care）</td></tr>
</table>

2. 类目、属性及关键词必须与产品对应，对于关键词搜索结果不匹配的产品给予产品冻结处罚。

3. 标题规范。产品标题要保证阅读通顺；标题中相同关键词最多可出现 3 次；禁止更改年份词，如将标题中过往年份词更改到当前年份。

4. 页面中文字、图片禁止出现中文（品牌名称及产品包装中文说明除外）。

任务5.1 美工图像

知识链接

一、像素、图像分辨率与常见的图片格式

1. 像素

像素是一个很小的矩形颜色块，是组成图像的最基本单元，一个图像就是由很多这样的颜色块横竖排列组成的。需要观察像素时，可将图像进行放大，放大到一定程度时，可看见图像变锯齿状，有一个个小方块，这些小方块就是像素。像素英文显示为 pixel 或 px，当图片尺寸以像素为单位时，每 1 厘米等于 28 像素。

2. 图像分辨率

图像分辨率是用来描述图像的一个信息，指的是在一定长度上像素的数量，其单位为 ppi（pixels per inch），即每英寸上的像素数量。图像的分辨率越高，就表示每英寸长度上的像素数量越多，则图像越精细，颜色过渡越平滑，且图像包含的信息量也越大，图像文件也越大。

3. 常见的图片格式

（1）JPEG 格式

JPEG 格式的图片是网络中用得最多的图片格式。它支持真彩色、CMYK、RGB 和灰度模式，尾缀名为“.jpeg”或“.jpg”。JPEG 图像压缩算法能够在提供良好的压缩性能的同时，具有比较好的重建质量，被广泛应用于图像、视频处理领域。该格式的图片具有高保真效果、低容量的特点。

（2）PSD 格式

PSD 是 Adobe 公司的图形设计软件 Photoshop 的专用格式。PSD 文件可以存储成 RGB 或 CMYK 模式，还能够自定义颜色数并加以存储，还可以保存 Photoshop 的图层、通道、路径等信息，是目前唯一能够支持全部图像色彩模式的格式。用 PSD 格式保存图像时，图像没有经过压缩。所以，当图层较多时，会占

用很大的硬盘空间。

（3）GIF 格式

GIF 格式最多只能容纳 256 种颜色，适合颜色少的图像。这种格式可以保存成透明或是半透明；可以做动画图片。图络上常见的动画图片都是 GIF 格式。

二、处理图片的软件

1. Photoshop 软件

在处理图片的软件中，我们听到最多的应该是 Photoshop 软件。Photoshop 是一款图像处理软件由 Adobe 公司于 20 世纪 80 年代末期推出，是专门用于图形图像处理的软件，它功能强大、集成度高并且适用面广、操作简便。它不仅提供了强大的绘图工具，可以绘制艺术图形，还能从扫描仪、数码相机等设备采集图像，对它们进行修改、修复，调整图像的色彩、亮度，改变图像的大小，还可以对多幅图像进行合并增加特殊效果。它不仅能够真实地反映现实世界，而且能够创造出虚幻的景物，还可以创建成百上千种特效文字，根据自己的思想制作几十种纹理效果。Photoshop 界面如图 5-2 所示。

图 5-2 Photoshop 界面

2. 光影魔术手软件

如果不是图像处理的专业人士，又如果对 Photoshop 的操作不那么驾轻就熟，那么这款简单实用的图片处理软件——光影魔术手，可以完成图片画质以及效果的处理。光影魔术手能够满足绝大部分照片的后期处理的需要，其批处理功能非常强大。光影魔术手是一款针对图像画质进行改善、提升及效果处理的软件。它简单、易用，不需要任何专业的图像技术，就可以制作出专业胶片摄影的色彩效果，是摄影作品后期处理、图片快速美容、数码照片冲印整理时必备的图像处理软件。光影魔术手使用界面如图 5-3 所示。

图 5-3 光影魔术手使用界面

3. 美图秀秀软件

QQ、微博和微信等社交软件的流行，“自拍”、“美颜”、“闪图”等词逐渐成了网络时代图片专业名词。美图秀秀作为网络时代图片处理软件的代表，可以让任何一个新手都能轻松制作出理想的图片。

美图秀秀是一款很实用的免费图片处理软件，操作比 Photoshop 简单，所以特别适合于图片处理新手。它包括了图片特效美化、美容、拼图、场景、边框、饰品、九宫切图等功能，还有每天更新的素材，一键下载并可运用，可以在短时间内做出想要的效果。除了 PC 版，美图秀秀还推出了 iPhone 版、Android 版、iPad 版及网页版，广泛适用于各种类型操作。

美图秀秀的操作界面主要由图像窗口、工具栏、菜单栏、在线素材栏、特效栏等几部分组成，如图 5-4 所示。

图 5-4　美图秀秀的操作界面

三、裁剪照片

相机拍摄的图片，通常因图片大小、角度方位等问题而需要进行裁剪，裁剪工具类似于我们生活中的剪刀。裁剪工具可以在工具箱中点击按钮打开，如图5-5 所示，其选项栏中可以设置需要裁剪的尺寸和分辨率。

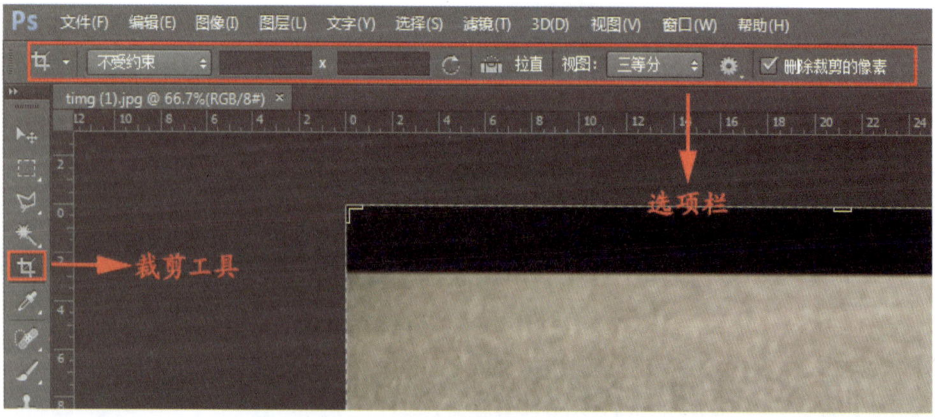

图 5-5　裁剪工具

1. 固定尺寸裁剪

商品的主图通常是正方形的，例如，速卖通建议商品主图的尺寸是 800 像素 *800 像素～ 1200 像素 *1200 像素。而我们用相机拍摄的照片比例通常为 4 ：3，需要进行裁剪才能用于主图。操作步骤如下。

步骤 1：在主菜单中选择“文件”→“打开”命令，找到需要裁剪的图片，双击打开。

步骤 2：选择裁剪工具或按快捷键 C，如图 5-5 所示，在选项栏中输入主图的尺寸，宽 800 像素，高 800 像素，分辨率 72 像素 / 英寸。

步骤 3：将鼠标移至图像区域，当出现双箭头标志时，点击鼠标左键取好顶点，然后往右下方拖动出主图需要的区域，如图 5-6 所示。

步骤 4：选好裁剪区域后，按 Enter 键（或点击鼠标右键，在弹出的快捷菜单中选择“裁剪”或“取消裁剪”）进行裁剪，效果如图 5-7 所示。

步骤 5：选择“文件”→“储存为”命令，输入主图文件名，格式存为 jpeg（jpg）格式，选好路径，点击“保存”按钮，这张图片即可上传到网店商品主图位置使用（后面操作中，保存文件步骤将省略或者直接写为保存文件）。

图 5-6 选取主图的区域

图 5-7 裁剪后正方形主图

2. 裁剪矫正倾斜图像

如果拍摄的照片角度倾斜，则可利用裁剪工具进行矫正。操作步骤如下。

步骤 1：打开图片，如图 5-8 所示，水杯有明显的倾斜。

步骤 2：用裁剪工具先画出调整框（如果前面设置过固定尺寸像素值，则在本案例中先去掉高宽像素值，或者单击选项栏右边的“清除”按钮）。

图 5-8 倾斜的杯子

步骤 3：将鼠标移到调整框的右上角，当鼠标变成双向弯曲箭头时，按下鼠标左键可以转动调整框，让调整框的水平线与杯子顶端平行，如图 5-9 所示。

步骤 4：按 Enter 键完成裁剪，效果如图 5-10 所示。

图 5-9 调整虚线框

图 5-10 剪裁修正后效果图

3. 裁剪矫正透视变形图像

如果拍摄的照片有透视变形倾斜的问题，可利用裁剪工具进行矫正。操作步骤如下。

步骤 1：打开图片，如图 5-11 所示（照片中的相框有明显的透视变形倾斜的问题）。

步骤 2：用裁剪工具先画出调整框，然后在“裁剪工具”选项栏的“透视”

选项框内打钩，然后用鼠标拖移调整框的 4 个角，如图 5-12 所示。

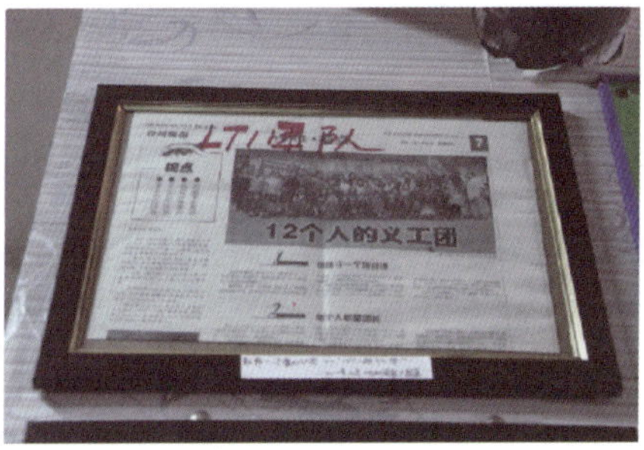

图 5-11 矫正前图片

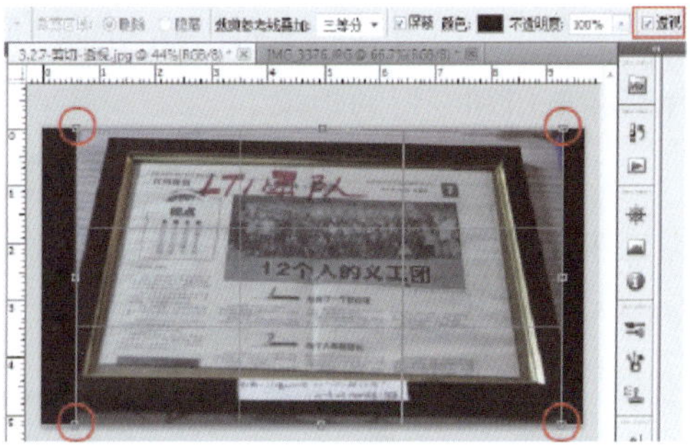

图 5-12 勾选选项栏“透视”按钮

步骤 3：将调整框的 4 个角拖移到图像中相框的 4 个角上，如图 5-13 所示，再按 Enter 键。完成裁剪矫正透视变形操作，如图 5-14 所示。

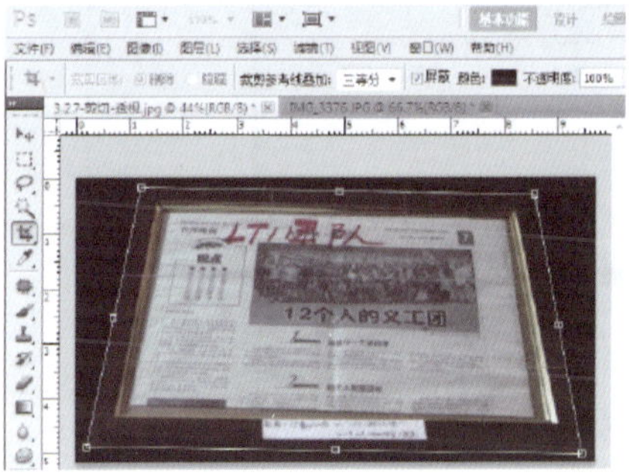

图 5-13 移动 4 个顶点至需裁剪部位

图 5-14 矫正后图片

任务实操

[任务描述]

将图像（见图 5-15）运动鞋进行矫正，使其正常显示，并将裁剪为 800 像素*800 像素的主图尺寸，最终效果如图 5-16 所示。

图 5-15 运动鞋

图 5-16 调整后的图像

[任务实施步骤]

步骤 1：打开素材文件“运动鞋”如图 5-15 所示。从图中可以看到拍摄的图片存在挤压和变形的现象。

步骤 2：选择“透视裁剪工具”，分别单击图像的四角创建透视网格，根据透视学原理调整裁剪框的控制点，使裁剪框的虚线与物品的边缘呈平行显示，如图 5-17 所示。

图 5-17　矫正透视图

步骤 3：确定透视角度后按 Enter 键完成透视裁剪，效果如图 5-18 所示。

图 5-18　透视图效果

步骤 4：选择“裁剪工具”，在工具属性栏的“裁剪方式”下拉列表中选择“1*1 方形”选项，此时画布中将出现正方形裁剪框，拖动四角的控制点调整裁剪框的大小，将鼠标光标移至裁剪框内，按住鼠标左键拖动，调整裁剪框在图像中的位置，效果如图 5-19 所示。

图 5-19　正方形裁剪图像

步骤 5：确定裁剪区域后按 Enter 键完成正方形裁剪，如图 5-20 所示。

图 5-20　更改图片大小

步骤 6：选择“图像”→“图像大小”菜单命令，打开“图像大小”对话框，设置“高度”与“宽度”均为 800 像素，单击 确定 按钮，如图 5-21 所示。按 Ctrl+S 组合键保存文件，完成本例的操作。

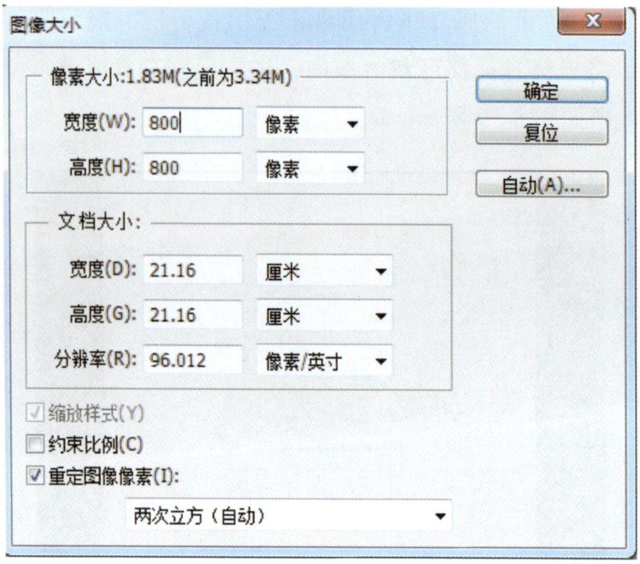

图 5-21 “图像大小”对话框

能力拓展

选择题

1. 下列哪个是 Photoshop 图像最基本的组成单元？（　　）

A. 节点　　B. 色彩空间　　C. 像素　　D. 路径

2. 在 Photoshop 中将前景色和背景色恢复为默认颜色的快捷键是（　　）。

A. D　　B. X　　C. Tab　　D. Alt

3. Photoshop 的当前状态为全屏显示，而且未显示工具箱及任何调板，在此情况下，按什么键，能够使其恢复为显示工具箱、调板及标题条的正常工作显示状态。（　　）

A. 先按 F 键，再按 Tab 键

B. 先按 Tab 键，再按 F 键，但顺序绝对不可以颠倒

C. 先按两次 F 键，再按两次 Tab 键

D. 先按 Ctrl+Shift+F 键，再按 Tab 键

4. 下列哪款软件自带照片边框？（　　）

A. Photoshop　　B. 美图秀秀　　C. 光影魔术手　　D. Lightroom

5. 下列哪款软件可以对图片进行透视裁剪？（　　）

A. Photoshop　　B. 美图秀秀　　C. 光影魔术手　　D. Lightroom

任务5.2　照片效果编辑

知识链接

一、调整照片颜色

相机拍摄的照片经常会因为光线的不合适而产生各种色调问题，如曝光不足或曝光过度、有偏色、太暗或太亮等，对此可以使用 Photoshop 调色工具进行调整。

1. 亮度调整——色阶工具

色阶指的是在一张图像中，像素从最暗到最亮的区域的分布情况。如图 5-22 所示的衣服，整体色调偏暗，可用色阶工具进行调整，调整好的衣服亮度明显好看多了，如图 5-23 所示。

图 5-22　调整前色调偏暗

图 5-23　色阶调整后效果图

操作步骤如下。

步骤 1：在主菜单中选择“图像”→“调整”→“色阶”命令（或按快捷键 Ctrl +L），如图 5-24 所示，打开“色阶”对话框。

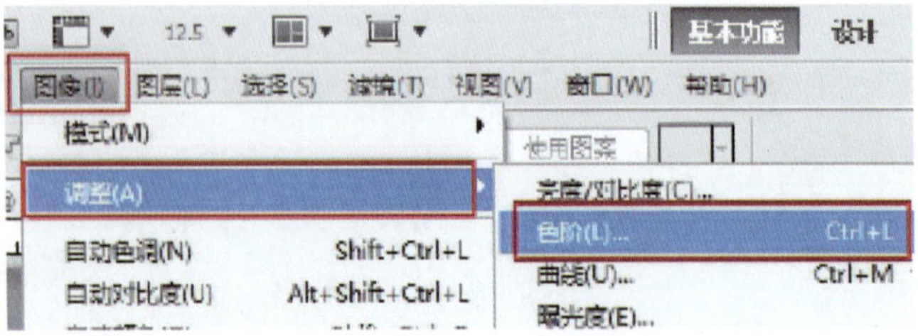

图 5-24 “色阶”命令

步骤 2：在“色阶”对话框中，如图 5-25 所示，将输入色阶中的白色三角形往左推动，图像就会渐渐变亮，直至恢复到实际衣服的亮度，然后单击“确定”按钮并保存图片，调整后衣服的效果如图 5-23 所示。

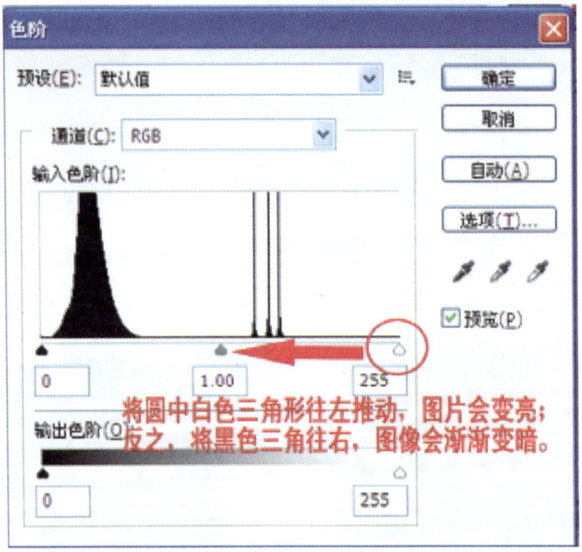

图 5-25 “色阶”对话框

2. 色彩调整——色相 / 饱和度工具

饱和度调整可以使图像的颜色更饱满、更鲜亮。图像颜色不够饱满，可以使用色相 / 饱和度来调整。色相 / 饱和度调整后的图片明显增加了客户的购买意愿，如图 5-26 和图 5-27 所示。

图 5-26 颜色欠饱满的原图

图 5-27 调整后效果图

操作步骤如下。

步骤 1：在主菜单中选择“图像”→“调整”→“色相 / 饱和度”命令（或按快捷键 Ctrl+U），如图 5-28 所示，可打开“色相 / 饱和度”对话框，如图 5-29 所示。

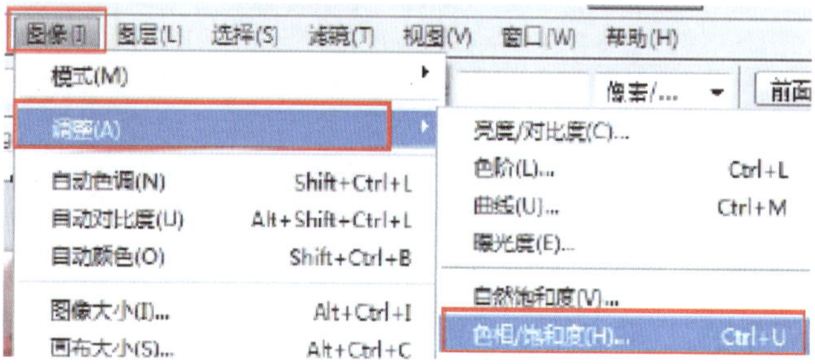

图 5-28 “色相 / 饱和度”命令

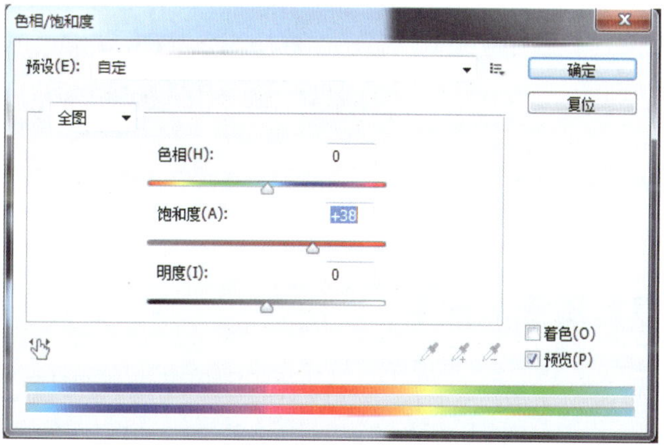

图 5-29 “色相 / 饱和度”对话框

步骤 2：将饱和度线上的三角标向右移动，则图像色彩变饱满鲜艳（往左移动会减弱饱满鲜艳度），如图 5-29 所示。调节好后，单击“确定”按钮并保存。

步骤 3：色相的调整会改变商品的颜色，如果颜色真实，可不调整，如果颜色有偏差，具体可以参照商品真实颜色做轻微调整。

二、调整模糊的照片

锐化工具可以使图像的细节更清晰、更锐利。提高图片清晰度的操作步骤如下。

步骤 1：打开草莓图片。

步骤 2：执行“滤镜”→“锐化”→“USM 锐化”命令。

步骤 3：打开“USM 锐化”对话框，如图 5-30 所示，可以分别调整“数量”、“半径”、“阈值”，使图像变清晰。

步骤 4：如果想让主体区域更清晰，可以使用“羽化“命令设置合适的数值，再进一步对色阶、曲线、饱和度进行调整，这样效果就更精美了，如图 5-31 所示。

图 5-30 “USM 锐化”对话框

图 5-31 “USM 锐化”后的草莓图

三、修复有瑕疵的照片

1. 污点修复画笔工具

污点修复画笔工具主要用于去除较小的污点，比如：去斑、去痘等。用工具点击需要修复的地方，软件会根据画笔周边的颜色信息进行自动计算，用得到的结果来替代需要去除的污点。操作步骤如下。

步骤 1：打开图片。

步骤 2：单击“污点修复画笔工具”，如图 5-32 所示（如果没有，请在对应位置单击鼠标右键，再在打开的快捷菜单中选择“污点修复画笔工具”）。

图 5-32 点击污点修复工具按钮

步骤 3：在属性栏中单击“画笔大小”按钮，将画笔数值调整到稍微大于痘痘标准。再将鼠标移到需要修复的污点上，单击鼠标左键，如图 5-33 所示。

图 5-33 污点修复工具修复

步骤 4：然后放开鼠标，即可修复污点，修复后的效果如图 5-34 所示。

图 5-34　修复后效果图

2. 修补工具

利用修补工具可以将选中区域的像素由其他区域的像素替换或替换其他位置的像素。它适合较大范围面积像素的修改和替换，而且保留了原像素亮度信息。修补工具修补原理，如图 5-35 所示。“修补工具”属性栏，如图 5-36 所示。

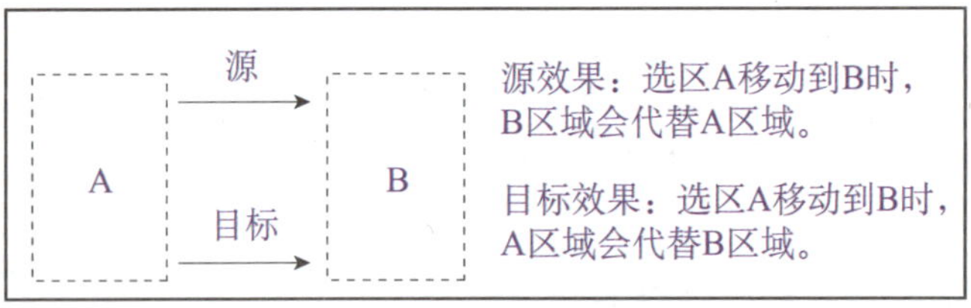

图 5-35　修补原理

图 5-36　修补工具属性栏

例如：在图 5-37 的商品图片中需要删除鞋子，那怎么办呢？我们可以使用修补工具来完成。

操作步骤如下。

步骤 1：打开图片，如图 5-37 所示。

步骤 2：选择“修补工具”，如图 5-38 所示，并在属性栏中选择“源”，在图片中拖动鼠标，将要去除的鞋子框选。

图 5-37 案例图

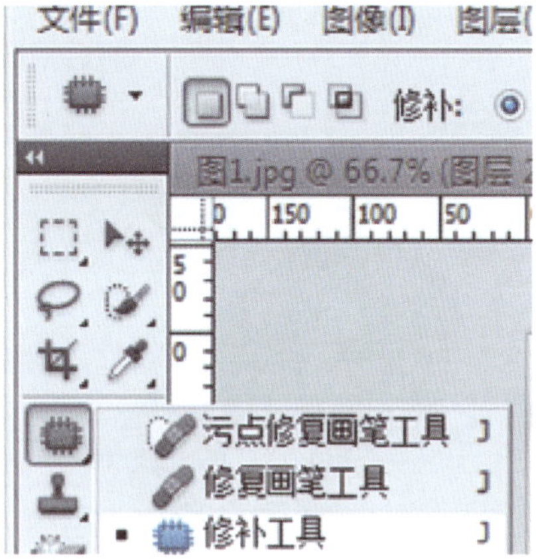

图 5-38 修补工具

步骤 3：鼠标放在选取区域内，将区域拖动到纯色背景中，如图 5-39 所示。

步骤 4：松开鼠标，就修复替换成功了，如图 5-40 所示。

图 5-39 修补移动替换

图 5-40 修补替换后效果图

3. 仿制图章工具

图章，顾名思义，是用来盖印图像的。仿制图章工具在工具箱中的图标如图 5-41 所示。

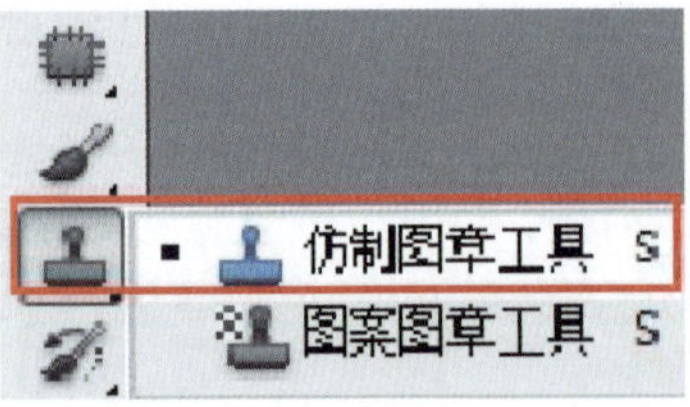

图 5-41 仿制图章工具

仿制图章工具是用来复制图像的某一部分，以达到修复图像的作用，可以用来复制部分图像、消除人物脸部斑点、去除不相干的杂物、填补图片空缺、去水印等（仿制可以在两张图像上进行）。图 5-42、图 5-43 是使用仿制图章去叶子前后对比图。

图 5-42 仿制图章前图

图 5-43 仿制图章盖印叶子后图

操作步骤如下。

步骤 1：打开图片，如图 5-42 所示，若需要将左边的叶子去除，则需要将叶子左边的底板进行仿制。

步骤 2：单击“仿制图章工具”，鼠标放在叶子左边的区域，按住 Alt 键，此时工具的图标会变成十字同心圆，如图 5-44 所示，此时单击鼠标左键一次，便设置了仿制图章工具的仿制源。

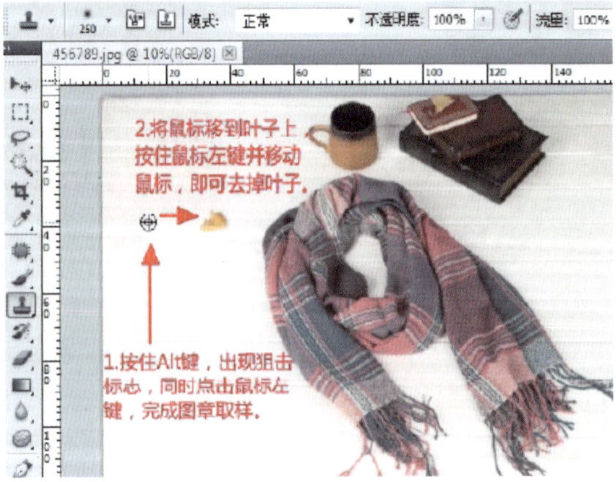

图 5-44 仿制图章工具

步骤 3：将鼠标移至叶子上，按住鼠标左键移动鼠标，即可擦除叶子，如图 5-43 所示。

任务实操

[任务描述]

“男模特 .jpg”文件中将模特脸部的痘印去除，再将图片处理成清新自然的格调，如图 5-45 所示。

图 5-45 处理前后的效果

[任务实施步骤]

步骤 1：打开“男模特 .jpg”文件，放大图像，可发现模特脸上有较多的痘印，如图 5-46 所示。选择“污点修复工具”，在工具属性栏中将画笔设置合适的大小，依次单击需要祛除的痘印，完成污点的修复操作，如图 5-47 所示。

图 5-46　痘印

图 5-47　污点修复

步骤 2：选择“图像”→“调整”→“色相 / 饱和度”，打开“色相 / 饱和度”对话框，设置如图 5-48 所示。

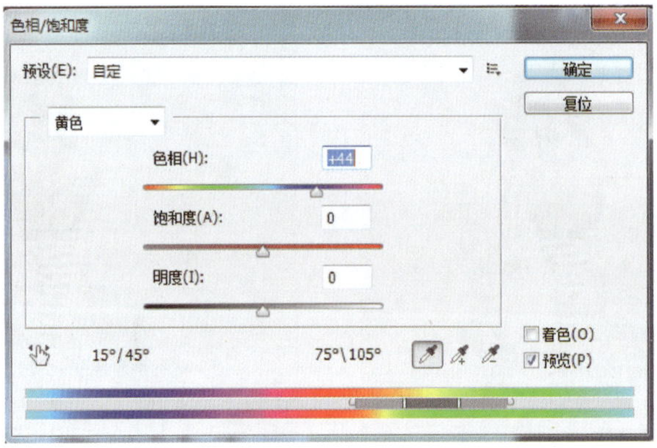

图 5-48　“色相 / 饱和度”对话框

步骤 3：单击 确定 按钮返回工作界面，查看调整饱和度的效果，如图 5-49 所示。

图 5-49　调整色相 / 饱和度的效果

步骤 4：按 Ctrl+M 组合健打开“曲线”对话框，在曲线中段的上下端单击并分别拖动，调整图像亮部与暗部的对比度，如图 5-50 所示。

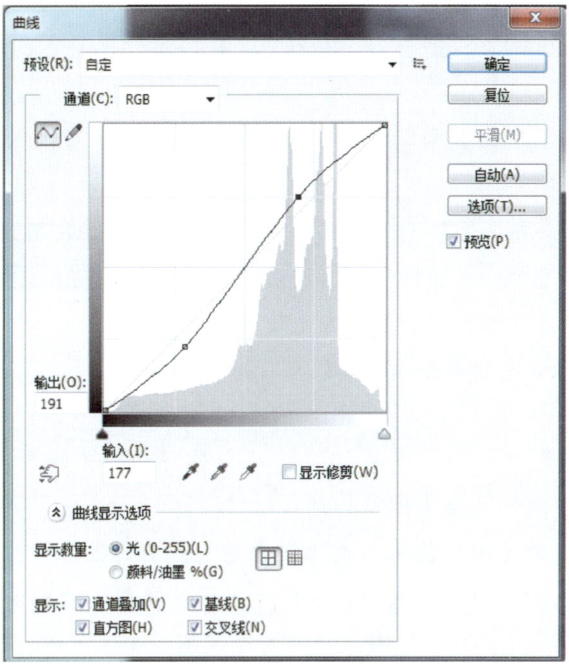

图 5-50 “曲线”对话框

步骤 5：单击 确定 按钮返回工作界面，查看调整曲线后的效果，如图 5-51 所示。

图 5-51 调整曲线后效果

能力拓展

选择题

1. 在 Photoshop 中下面有关修补工具（PatchTool）的使用描述正确的是（　　）。

A. 修补工具和修复画笔工具在修补图像的同时都可以保留原图像的纹理、亮度、层次等信息

B. 修补工具和修复画笔工具在使用时都要先按住 Alt 键来确定取样点

C. 在使用修补工具操作之前所确定的修补选区不能有羽化值

D. 修补工具只能在同一张图像上使用

2. 下列哪个命令用来调整色偏？（　　）。

A. 色调均化　　B. 阈值

C. 色彩平衡　　D. 亮度 / 对比度

3. 下面选项中对色阶描述正确的是（　　）。

A.“色阶”对话框中的输入色阶用于显示当前的数值

B.“色阶”对话框中的输出色阶用于显示将要输出的数值

C. 调整 Gamma 值可改变图像暗调的亮度值

D.“色阶”对话框中共有 5 个三角形的滑钮

4. 下面哪个色彩调整命令可提供最精确的调整？（　　）

A. 色阶　　B. 亮度 / 对比度

C. 曲线　　D. 色彩平衡

5. 在 Photoshop 中使用仿制图章工具（Clone Stamp Tool）按住哪个键并单击可以确定取样点？（　　）

A. Alt 键　　B. Ctrl 键　　C. Shift 键　　D. Alt+Shift 键

任务5.3　选择照片中所需要的内容

知识链接

选择照片中所需的内容，在网店图片处理过程也是最重要的工作之一。将选

取的图片合成到新背景中，增加消费者购买的欲望。在网店的实际应用中最常见的抠图工具有魔棒工具、快速选择工具、多边形套索工具、选框工具、钢笔工具和通道抠图，下面我们简要介绍几种工具。

一、使用魔棒工具抠图

魔棒工具适用于背景色单一图片的抠图。它有一个容差属性。即在选取颜色时所设置的选取范围，容差越大，选取的范围也越大，其数值为 0 ～ 255。魔棒工具位置和容差位置，如图 5-52 所示。

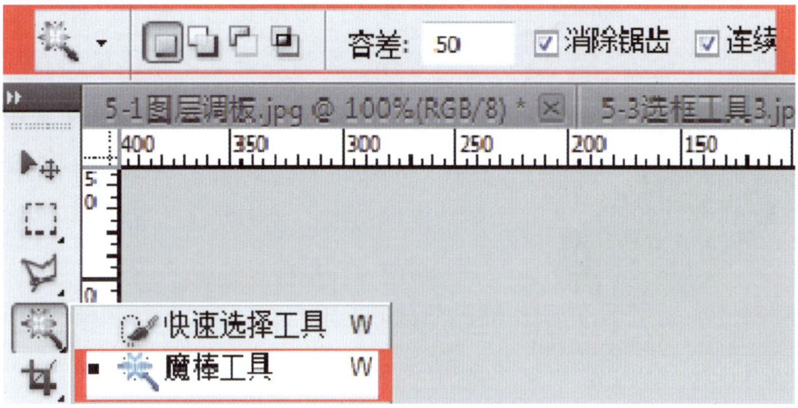

图 5-52 魔棒工具

根据魔棒工具单击处的颜色，来选中与其颜色基本一致的区域。因此，魔棒工具适合背景颜色一致的图像。如图 5-53 所示，鞋子的背景是粉色的，颜色较一致，可使用魔棒来选择背景。操作步骤如下。

步骤 1：打开图 5-53 所示的“鞋子”图片和图 5-54 所示的“背景图”图片。选择魔棒工具（或按快捷键 W）。

步骤 2：在“鞋子”图片窗口中，将属性栏中“容差”值设为 30，勾选“消除锯齿”和“连续”，如图 5-52 所示。

步骤 3：单击粉色区域，即可出现跳动的虚线将粉色区域选中，如图 5-55 所示。

图 5-53　鞋子

图 5-54　背景图

图 5-55　选中粉色区域

步骤 4：如果要选中鞋子，则只需将选区反向选择，在粉色选区上单击鼠标右键，在弹出的快捷菜单中选择“选择反向”（或按快捷键 Ctrl + Shift + I），如图 5-56 所示，完成后，鞋子被虚线包围，成为选区，如图 5-57 所示。

步骤 5：选择“编辑”→“拷贝”命令（或按快捷键 Ctrl+C）。再切换到“背景图”窗口，选择“编辑”→“粘贴”命令（或按快捷键 Ctrl+V）。

图 5-56　选择反选

图 5-57　选中鞋子

步骤 6：调整鞋子的大小（或按自由变化工具 Ctrl+T），并移动扣好的“鞋子”到相应位置，最终效果如图 5-58 所示。

图 5-58 最终效果图

二、使用快速选择工具抠图

快速选择工具可以根据物品和背景的颜色差别，来选出物品，它也是常用的抠图工具之一。快速选择工具适合于背景色单一的图片抠图。操作步骤如下。

步骤 1：打开图片，在工具箱中打开“快速选择工具”，如图 5-59 所示。

步骤 2：在属性栏中选中“添加到选区”模式，并设置画笔大小（快捷键“[”缩小，“]”放大），如图 5-60 所示。

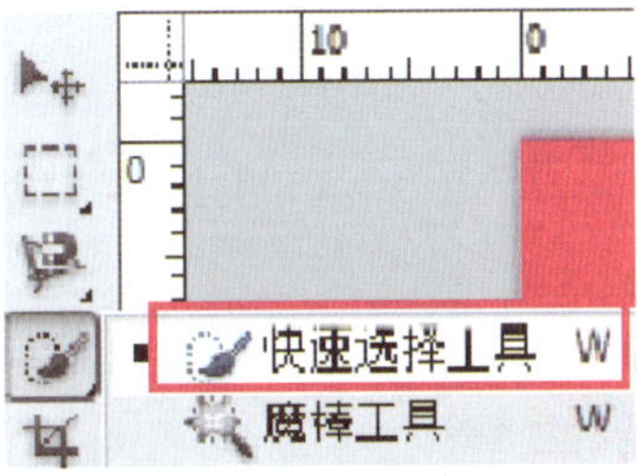

图 5-59 快速选择工具属性栏

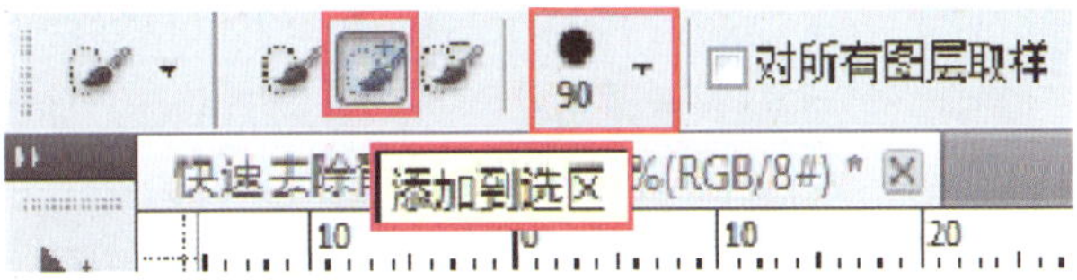

图 5-60 快速选择工具

步骤 3：将鼠标在“钱包”上单击拖动，钱包会部分被选中，如图 5-61 所示。一直单击拖动鼠标左键，最终选中钱包，如图 5-62 所示。

步骤 4：类同于魔棒工具抠图步骤 5、步骤 6。

图 5-61　用“画笔”添加部分选区

图 5-62　选中钱包的所有选区

三、使用钢笔工具抠图

钢笔工具常见于对圆弧形物体和直线型物体的精准抠图，在美工的实际工作中非常实用，操作步骤如下。

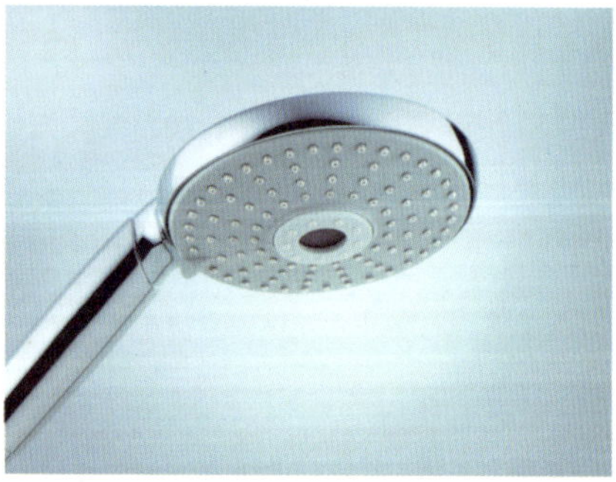

图 5-63　喷头

步骤 1：打开“喷头”图片，如图 5-63 所示

步骤 2：在工具箱中单击钢笔工具（或按快捷键 P）。再单击属性栏中的路径，如图 5-64 所示。

步骤 3：在“喷头”图主体边缘任何一个位置选择一个起点，单击一下出现一个锚点 A 点，如图 5-65 所示。

图 5-64　钢笔属性栏

步骤 4：顺着抠图的边找下一个点单击左键，出现一个锚点 B（此时，鼠标左键不要松开），如图 5-66 所示，沿着边的方向拉出去或左右旋转，当弧度刚好紧贴商品边的时候松开鼠标，如图 5-67 所示。

步骤 5：再将鼠标移动至直线的中心点，并按住 Alt 键，会出现如图 5-68 所示标志，在线段中心点单击鼠标左键，去掉方向杆（B 点右半边直线）。

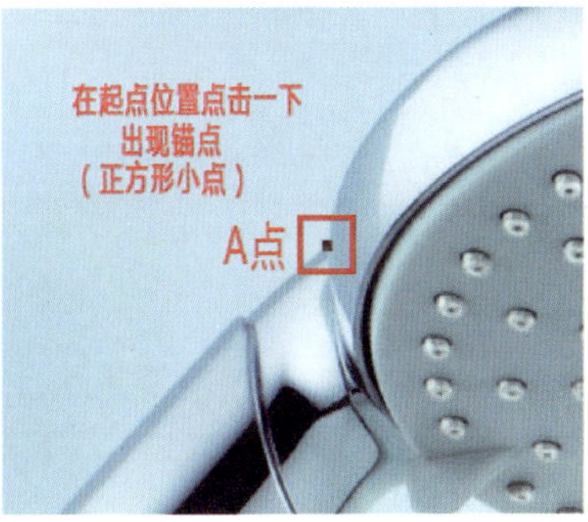

图 5-65 新建起始锚点 A

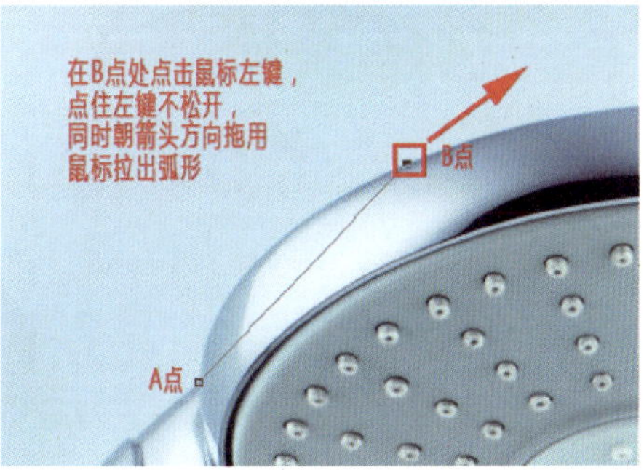

图 5-66 增加锚点

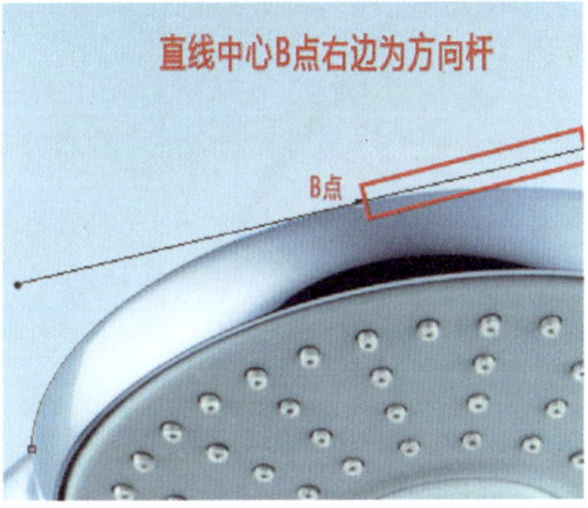

图 5-67 拖出弧度

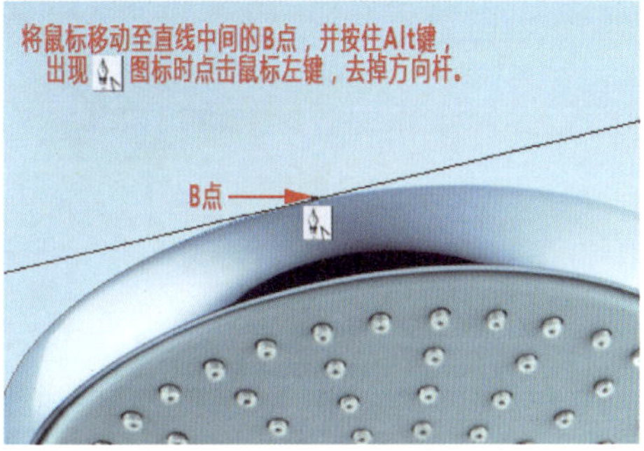

图 5-68 去掉方向杆

步骤 6：按住 Ctrl 键移动直线杆子，精细调整弧度，力求弧度贴紧需抠物体边缘，如图 5-69 所示。

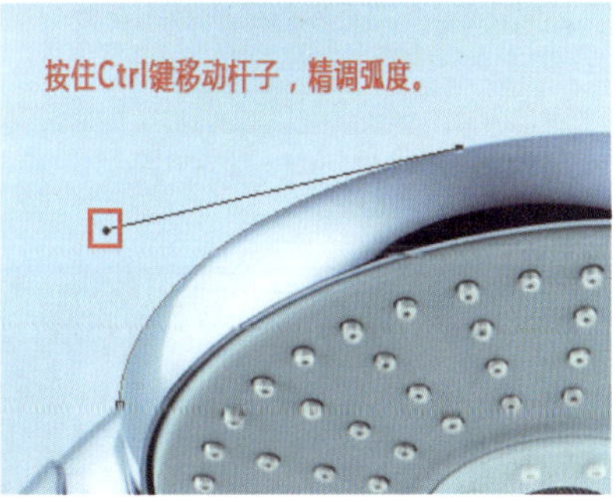

图 5-69 精调弧度

步骤 7：沿着需抠物体边缘，不断重复上面步骤，将需抠物体全部选中，并闭合路径，如图 5-70 所示（碰到直线边时，直接单击下一个锚点即可）。

步骤 8：在图 5-71 选中的鼠标路径内部单击鼠标右键，在弹出的快捷菜单中选择“建立选区”，设置羽化半径为“1”。

步骤 9：选择“编辑”→“拷贝”命令（或按快捷键 Ctrl+C）。再打开背景图，然后选择“编辑”→“粘贴”命令（或按快捷键 Ctrl+V）。

步骤 10：调整抠好的“喷头”大小（或按自由变换工具快捷键 Ctrl+T），并移动扣好的“喷头”到合适的位置，最终效果如图 5-72 所示。

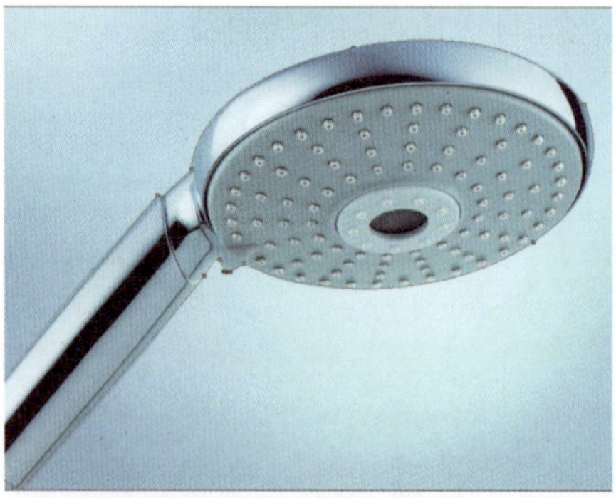

图 5-70　选中商品并单击“建立选区”

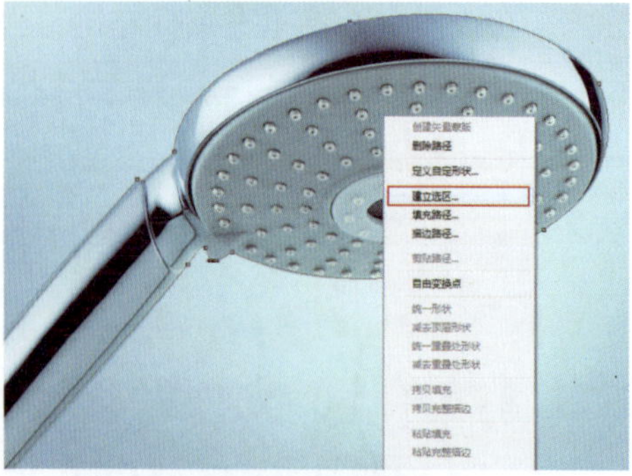

图 5-71　建立选区后效果图

图 5-72　最后效果图

四、使用通道抠图

图 5-73　“通道”面板

通道分为颜色通道和 Alpha 通道两类，其中颜色通道是用来存储颜色信息的，Alpha 通道是用来存储和修改选区的。“通道”面板在图层面板的后方，如图 5-73 所示。

通道最常见的应用是抠图。通道抠图的方法适用于烟花、头发、毛绒玩具等，如图 5-74 所示美女，将人包括头发一起抠出，放到另一个背景图像（见图 5-75）中，效果如图 5-76 所示。

步骤 1：打开“卷发美女”图片，如图 5-74 所示。

图 5-74　卷发美女

图 5-75　枫叶

步骤 2：打开素材图片“枫叶”，将刚才提取的人物图像移动到“枫叶”素材中，调整人物的位置，用裁切工具去掉多余的部分。最后图像效果如图 5-76 所示。

步骤 3：打开“通道”面板，分别选择红、绿、蓝 3 个单色通道，观察其效果。选择人物头发与背景反差最大的通道，在这幅图像中，选择红色通道，如图 5-77 所示。

图 5-76　效果图

图 5-77　查看通道效果并选择红色通道

步骤 4：拖动“红色”通道到“通道”面板下方的“新建”按钮上，复制出一个“红副本”通道，如图 5-78 所示。

步骤 5：按 Ctrl+L 快捷键，打开“色阶”对话框。调整“红副本”通道的色阶，使其黑白对比更明显，如图 5-79 所示。

图 5-78　复制通道

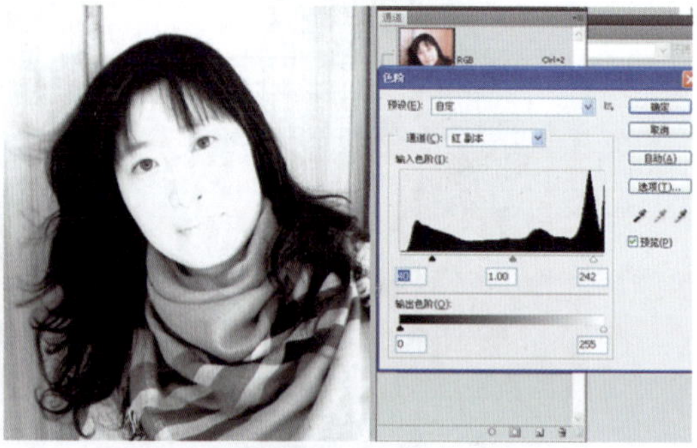

图 5-79　调整通道的色阶

步骤 6：执行“图像”→“调整”→“反相”命令，使图像中的黑白互换，如同黑白胶片一样，如图 5-80 所示。

步骤 7：使用“画笔”工具，设置前景色为白色，将人物的面部及身体都涂成白色，如图 5-81 所示。

步骤 8：按住 Ctrl 键单击“红副本”通道，得到图像的选区，然后执行“反向选择”命令，或按住 Ctrl+Shift+I 快捷键反选，设置背景为选区，将背景色设为黑色，并按 Ctrl+Delete 键填充。如果一次不行，可以重复填充多次，效果如图 5-82 所示。

图 5-80　使用“反相”命令

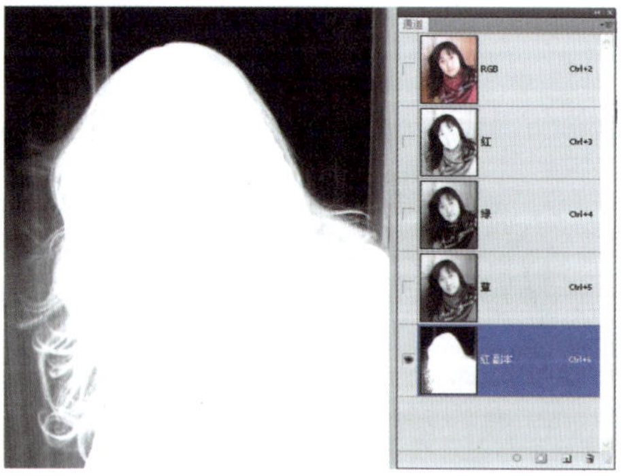

图 5-81　用画笔涂抹大片白色

步骤 9：再次按快捷键 Ctrl+Shift+I 选择图像，用“画笔”工具涂抹头发梢上的细节，注意调节画笔的不透明度，如图 5-83 所示。

骤 10：按住 Ctrl 键单击“红副本”通道，得到图像的选区。关闭“红副本”通道前面的显示按钮，打开“RGB”通道前面的显示按钮。

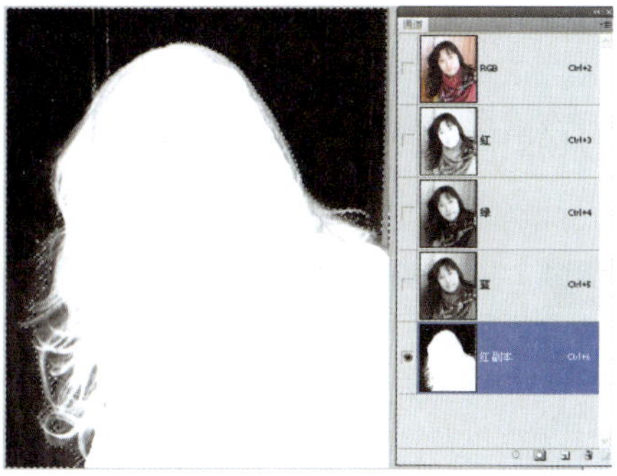

图 5-82 用黑色填充背景

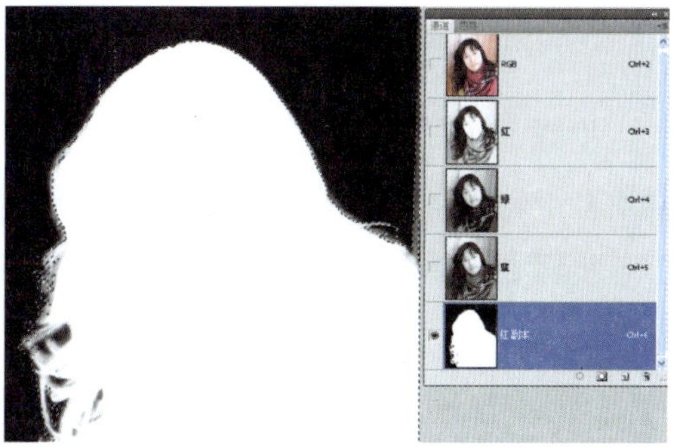

图 5-83 用画笔头发细节

步步骤 11：返回到“图层”面板，按快捷键 Ctrl+C 复制图层，再按快捷键 Ctrl+V 粘贴图层，得到“图层 1”，可以看到图像被提取到了“图层 1”中，如图 5-84 所示。

图 5-84 完成抠像

任务实操

[任务描述]

将“鞋子 .jpg”图像（见图 5-85）扣取至另一张背景素材图像中，完成背景的替换，结果如图 5-86 所示。

图 5-85 鞋子

图 5-86 更换后效果图

[任务实施步骤]

步骤 1：打开“鞋子.jpg”图片，选择工具箱中“钢笔”工具，在图片中勾画出鞋子轮廓路径，并使用 和工具 进行调整，如图 5-87 所示。

步骤 2：单击“路径”面板底部的按钮 ，将路径转化为选区，如图 5-88 所示。

图 5-87　绘制鞋子路径

图 5-88　将路径转换为选区

步骤 3：按 Ctrl+C 键，复制选区内图像，打开“背景图”，按 Ctrl+V 键，粘贴图像，得到图层 2，调整鞋子的位置，效果如图 5-86 所示。

能力拓展

1. Photoshop 在使用矩形选择工具创建矩形选区时，得到的是一个具有圆角的矩形选择区域，其原因是下列各项的哪一项？（　　）

A. 拖动矩形选择工具的方法不正确

B. 矩形选择工具具有一个较大的羽化值

C. 使用的是圆角矩形选择工具而非矩形选择工具

D. 所绘制的矩形选区过大

2. Photoshop 中下面哪一个选择工具或命令，没有“消除锯齿”的复选框。（　　）

A. 魔棒工具　　B. 矩形选择工具

C. 套索工具　　D. “选择”→“色彩范围”命令

3. 使用钢笔工具时，按住以下哪个键可以将角点转换为平滑点？（　　）

A. Alt　　B.Shift　　C.Ctrl　　D.Enter

4. Photoshop 中当使用魔棒工具选择图像时，在“容差”数值输入框中，输入的数值是下列哪一个所选择的范围相对最大？（　　）

A. 5　　B. 10　　C. 15　　D. 25

5. Photoshop 中为了确定磁性套索工具（Magnetic Lasso Tool）对图像边缘的敏感程度，应调整下列哪个数值？（　　）

A. Tolerance（容差）　　B. Edge Contrast（边对比度）

C. Frequency（频率）　　D. Width（宽度）

6. Photoshop 中按住下列哪个键可保证椭圆选框工具绘出的是正圆形？（　　）

A. Shift　　B. Alt　　C. Ctrl　　D. Tab

任务5.4　视频剪辑的基本知识与流程

知识链接

一、常见视频格式介绍

1. MPEG 格式

MPEG（运动图像专家组）是 Motion Picture Experts Group 的缩写。这类格式包括了 MPEG 1、MPEG-2 和 MPEG-4 在内的多种视频格式。MPEG-1 被广泛地应用在 VCD 的制作和一些视频片段下载的网络应用上面，大部分的 VCD 都是用 MPEG1 格式压缩的（刻录软件自动将 MPEG1 转换为 DAT 格式）。使用 MPEG-1 的压缩算法，可以把一部 120 分钟长的电影压缩到 1.2 GB 左右大小。MPEG-2 则应用在 DVD 的制作，同时在一些 HDTV（高清晰电视广播）和一些高要求视频编辑、处理上面也有相当多的应用。使用 MPEG-2 的压缩算法压缩一部 120 分钟长的电影可以压缩到 5~8 GB 的大小（MPEG2 的图像质量是 MPEG-1 无法比拟的）。MPEG 系列标准已成为国际上影响最大的多媒体技术标准，其中 MPEG-1 和 MPEG-2 是采用相同原理为基础的预测编码、变换编码、熵编码及运动补偿等第一代数据压缩编码技术。MPEG-4（ISO/IEC 14496）则是基于第二代压缩编码技术制定的国际标准，它以视听媒体对象为基本单元，采用基于内容的压缩编码，以实现数字视音频、图形合成应用及交互式多媒体的集成。MPEG 系列标准对 VCD、DVD 等视听消费电子及数字电视和高清晰度电视（DTV&&HDTV）、多媒体通信等信息产业的发展产生了巨大而深远的影响。

2．AVI

AVI(Audio Video Interleaved)，即音频视频交错。AVI 这个由微软公司发表的视频格式，在视频领域可以说是最悠久的格式之一。AVI 格式调用方便、图像质量好，压缩标准可任意选择，是应用最广泛、也是应用时间最长的格式之一。

3．MOV

使用过 Mac 计算机的人应该多少接触过 QuickTime。QuickTime 原本是 Apple 公司用于 Mac 计算机上的一种图像视频处理软件。QuickTime 提供了两种标准图像和数字视频格式，即可以支持静态的 *.PIC 和 *.JPG 图像格式以及动态的基于 Indeo 压缩法的 *.MOV 和基于 MPEG 压缩法的 *.MPG 视频格式。

4．WMV

WMV 是一种独立于编码方式的在 Internet 上实时传播多媒体的技术标准，Microsoft 公司希望用其取代 QuickTime 之类的技术标准以及 WAV、AVI 之类的文件扩展名。WMV 的主要优点在于：可扩充的媒体类型、本地或网络回放、可伸缩的媒体类型、流的优先级化、多语言支持、扩展性等。

5．3GP

3GP 是一种 3G 流媒体的视频编码格式，主要是为了配合 3G 网络的高传输速度而开发的。简单地说，该格式是“第三代合作伙伴项目”(3GPP) 制定的一种多媒体标准，使用户能使用手机享受高质量的视频、音频等多媒体内容。其核心由包括高级音频编码 (AAC)、自适应多速率（AMR）、MPEG-4 和 H.263 视频编码解码器等组成，目前大部分支持视频拍摄的手机都支持 3GPP 格式的视频播放。其特点是网速占用较少，但画质较差。

6．MKV

一种后缀为 MKV 的视频文件频频出现在网络上，它可在一个文件中集成多条不同类型的音轨和字幕轨，而且其视频编码的自由度也非常大，可以是常见的DiVX、XViD、3IVX，甚至可以是RealVideo、QuickTime、WMV这类流式视频。实际上，它是一种全称为Matroska的新型多媒体封装格式，这种先进的、开放的封装格式已经给我们展示出非常好的应用前景。

7. FLV

FLV是Flash Video的简称，FLV流媒体格式是一种新的视频格式。由于它形成的文件极小、加载速度极快，使得网络观看视频文件成为可能，它的出现有效地解决了视频文件导入Flash后，使导出的SWF文件体积庞大，不能在网络上很好的使用等缺点。

8. F4V

作为一种更小更清晰，更利于在网络传播的格式，F4V已经逐渐取代了传统FLV，也已经被大多数主流播放器兼容播放，而不需要通过转换等复杂的方式。F4V是Adobe公司为了迎接高清时代而推出继FLV格式后的支持H.264的F4V流媒体格式。它和FLV主要的区别在于，FLV格式采用的是H.263编码，而F4V则支持H.264编码的高清晰视频，码率最高可达50Mbps。也就是说F4V和FLV在同等体积的前提下，能够实现更高的分辨率，并支持更高比特率，就是我们所说的更清晰更流畅。另外，很多主流媒体网站上下载的F4V文件后缀却为FLV，这是F4V格式的另一个特点，属正常现象。

9. RMVB

RMVB的前身为RM格式，它们是Real Networks公司所制定的音频视频压缩规范，根据不同的网络传输速率，而制定出不同的压缩比率，从而实现在低速率的网络上进行影像数据实时传送和播放，具有体积小，画质也还不错的优点。

早期的RM格式为了能够实现在有限带宽的情况下，进行视频在线播放而被研发出来，并一度红遍整个互联网。而为了实现更优化的体积与画面质量，Real Networks公司不久又在RM的基础上，推出了可变比特率编码的RMVB格式。RMVB的诞生，打破了原先RM格式那种平均压缩采样的方式，在保证平均压缩比的基础上，采用浮动比特率编码的方式，将较高的比特率用于复杂的动态画面（如歌舞、飞车、战争等），而在静态画面中则灵活地转为较低的采样率，从而合理地利用了比特率资源，使RMVB最大限度地压缩了影片的大小，最终拥有了近乎完美的接近于 DVD 品质的视听效果。可以做个简单对比，一般而言一部 120 分钟的 DVD 体积为 4GB，而采用 RMVB 格式来压缩，仅 400MB 左右，而且清晰度流畅度并不比原 DVD 差太远。

10．蓝光（Blu-Ray）

Blu-Ray Disk（简称 BD）新一代光盘存储，普通蓝光盘可以达到 20GB 以上的容量，甚至达到惊人的 100GB，所以可以存储更清晰的影片。

二、常见视频剪辑软件介绍

当前流行的专业视频剪辑软件有很多，如 Avid、Adobe Premiere 、EDIUS、Vegas、Final Cut Pro 等，但操作起来通常都比较复杂，不太适合商科专业的人士。下面介绍一些相对容易上手的软件。

1. Movie Maker Live

Movie Maker Live 是 Windows 附带的一个影视剪辑小软件。它功能比较简单，可以组合镜头、声音，加入镜头切换的特效，只要将镜头片段拖入就行，适合家用摄像后的一些小规模的处理。通过 Windows Movie Maker，可以简单明了地将一堆家庭视频和照片转变为感人的家庭电影、音频剪辑或商业广告。裁剪视频，添加配乐和一些照片，然后只需单击一下就可以添加主题，从而为电影添加匹配的过渡和片头。制作的电影看起来是如此的专业，人们很难相信它们竟是免费的。

2．会声会影

会声会影是加拿大 corel 公司制作的一款功能强大的视频编辑软件，具有图像抓取和编修功能，可以抓取，转换 MV、DV、V8、TV 和实时记录抓取画面文件，并提供有超过 100 多种的编制功能与效果，可导出多种常见的视频格式，甚至可以直接制作成 DVD 和 VCD 光盘。它不仅符合家庭或个人所需的影片剪辑功能，甚至可以挑战专业级的影片剪辑软件。适合普通大众使用，操作简单易懂，界面简洁明快。该软件具有成批转换功能与捕获格式完整的特点，虽然无法与 EDIUS，Adobe Premiere，Adobe After Effects 和 Sony Vegas 等专业视频处理软件媲美，但以简单易用、功能丰富的作风赢得了良好的口碑，在国内的普及率较高。

3. Adobe Premiere

Adobe Premiere 是一款常用的视频编辑软件，由 Adobe 公司推出。它提供了采集、剪辑、调色、美化音频、字幕添加、输出、DVD 刻录的一整套流程，并和其他 Adobe 软件高效集成，足以完成在编辑、制作、工作流上遇到的所有挑战，满足创建高质量作品的要求。近几年来 Premiere 发展速度非常迅猛，每年都会推出一个新的版本，而且更新的功能都非常实用，现已成为当前主流的剪辑软件之一。

三、视频剪辑的方法

下面以 Adobe Premiere Pro CC 2014 为例，介绍视频剪辑的基本流程与方法。

1. 新建项目与序列

首先启动软件，新建一个项目文件，并新建一个序列。

步骤 1：启动软件，在欢迎界面选择“新建项目”，如图 5-89 所示。如果没有显示欢迎界面，则可以选择“文件”→“新建”→“项目”命令。

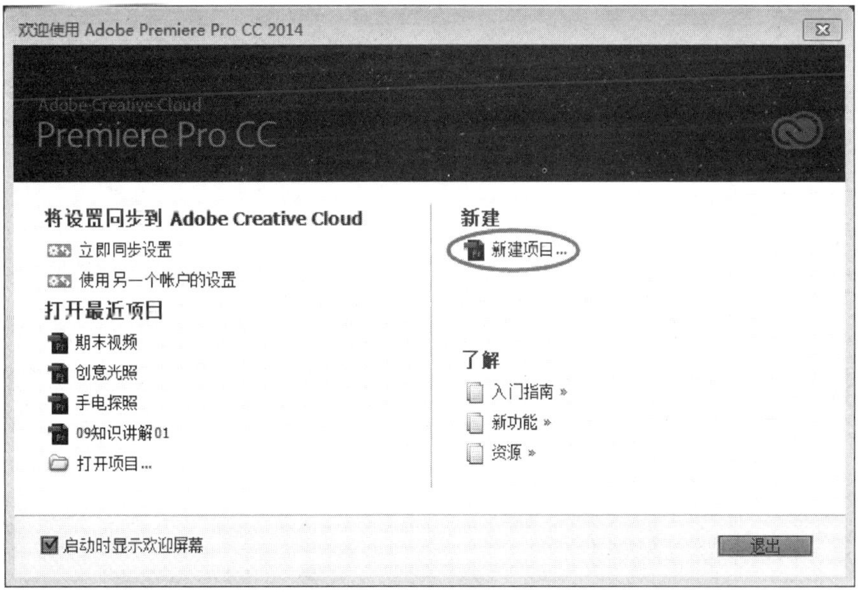

图 5-89 欢迎界面

步骤 2：在弹出的“新建项目”对话框中，可以对“名称”和“位置”等进行设置，如图 5-90 所示。

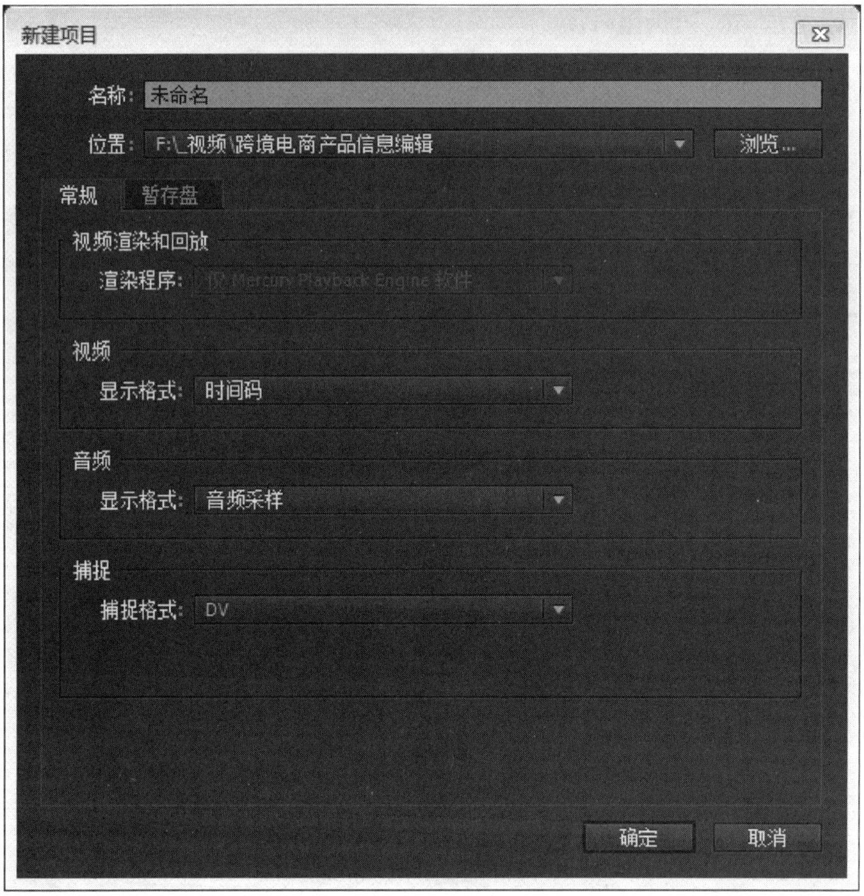

图 5-90 “新建项目”对话框

步骤 3：选择“文件”→“新建”→“序列”命令，在弹出的“新建序列”对话框中，有“序列预设”、“设置”、“轨道”三个选项卡。在“序列预设”选项卡中，可以选择一个合适的序列预设，在右边的“预设描述”栏中会显示预设的相关信息，如图 5-91 所示。这里选择默认预设“DV-PAL\ 标准 48kHz”。如需对预设进行修改，可在“设置”选项卡中进行。最后单击“确定”按钮，即可进入 Premiere 的工作界面。

2. 素材的导入与编辑

可以导入 Premiere 的素材包括视频文件、图像文件、音频文件等。需要将素材导入“项目面板”中，再进行编辑。

图 5-91 “新建序列”对话框

步骤 1：选择“文件”→“导入”命令，或双击“项目面板”空白位置，在弹出的“导入”对话框中，选择要导入的素材，单击“打开”按钮，将素材导入“项目面板”，如图 5-92 所示。

图 5-92 将素材导入项目面板

步骤 2：用鼠标将项目面板中的素材拖入到时间轴面板中。其中，视频、图像素材拖放到 V1、V2、V3 等视频轨道上，音频素材拖放到 A1、A2、A3 等音频轨道上，如图 5-93 所示。

注意：在视频轨道中添加第一个素材时，如果弹出“剪辑不匹配警告”，可以选择“保持现有设置”。

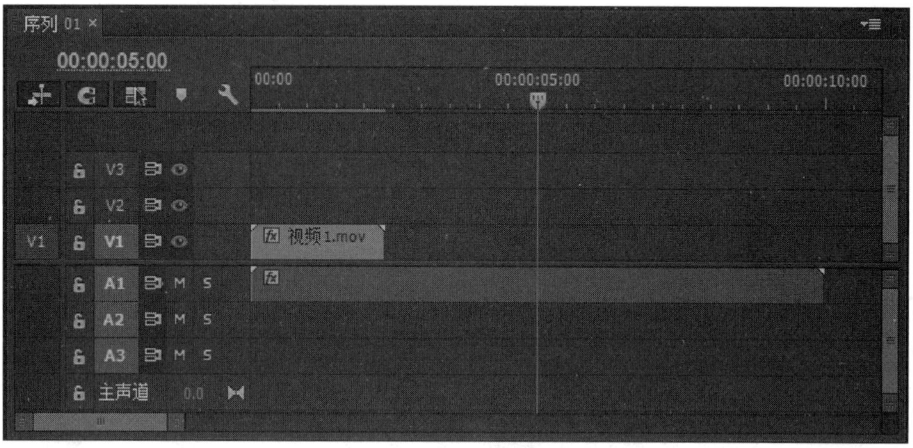

图 5-93　将素材拖入时间轴

步骤 3：在工具面板中选择合适的工具，对时间轴中的素材进行编辑。选择工具，用于在时间轴中选择、移动素材。剃刀工具，用于分割素材。比率拉伸工具，用于改变视频的播放速度和持续时间。把鼠标悬停在工具按钮上，会显示工具的名称，工具面板如图 5-94 所示。

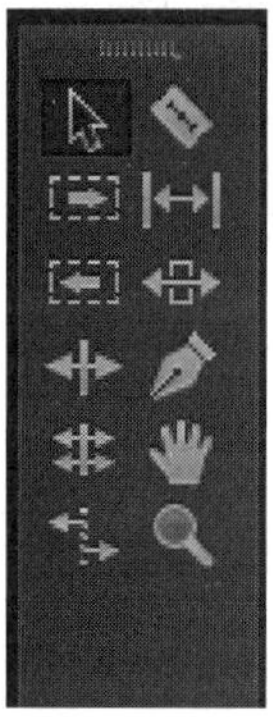

图 5-94　工具面板

步骤 4：继续添加、编辑素材，多余的素材可在选中后按 Delete 键删除。最后用选择工具拖动素材，将素材连接起来。

3. 添加转场效果

在两个素材之间添加合适的转场效果，可以使画面的连接更加美观。Premiere 软件提供了丰富的转场效果，可在“效果面板”→“视频过渡”中查找。常用的有“交叉溶解”、“渐隐为黑色”、“渐隐为白色”等几种。

步骤 1：在“效果面板”→“视频过渡”→“溶解”下找到“交叉溶解”效果，另外也可以在搜索框输入效果名称进行搜索，如图 5-95 所示。

步骤 2：将“交叉溶解”拖至“时间轴”中相邻素材之间。搜索“渐隐为黑色”效果，拖至另外两个相邻素材之间，如图 5-96 所示。

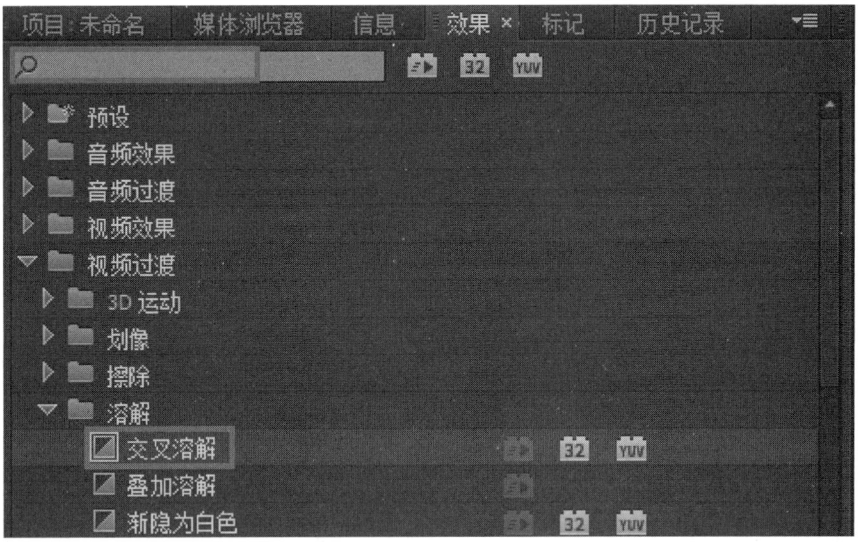

图 5-95 效果面板

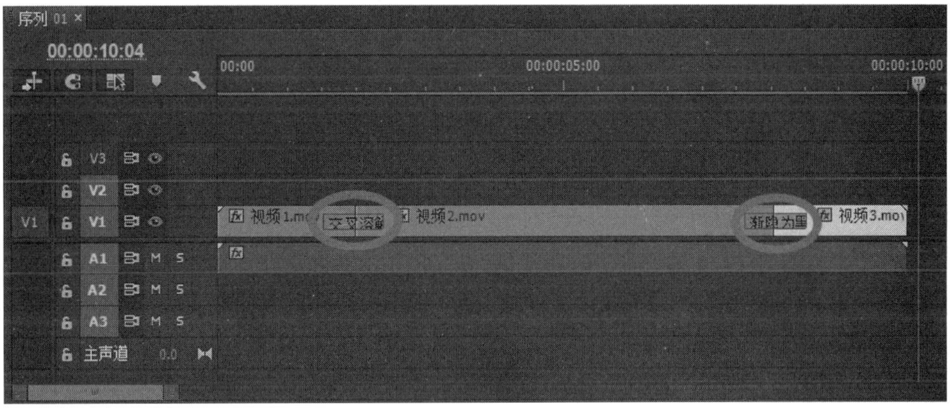

图 5-96 添加转场效果

4. 添加字幕

在视频剪辑中，字幕的运用比较广泛，除了应用在视频片头外，还能将视频的语音内容以字幕方式显示，使视频图文并茂，观看起来更加顺畅。

步骤 1：选择“字幕”→“新建字幕”→“默认静态字幕”命令，在弹出的“新建字幕”对话框中单击“确定”按钮，弹出“字幕编辑”对话框，如图 5-97 所示。

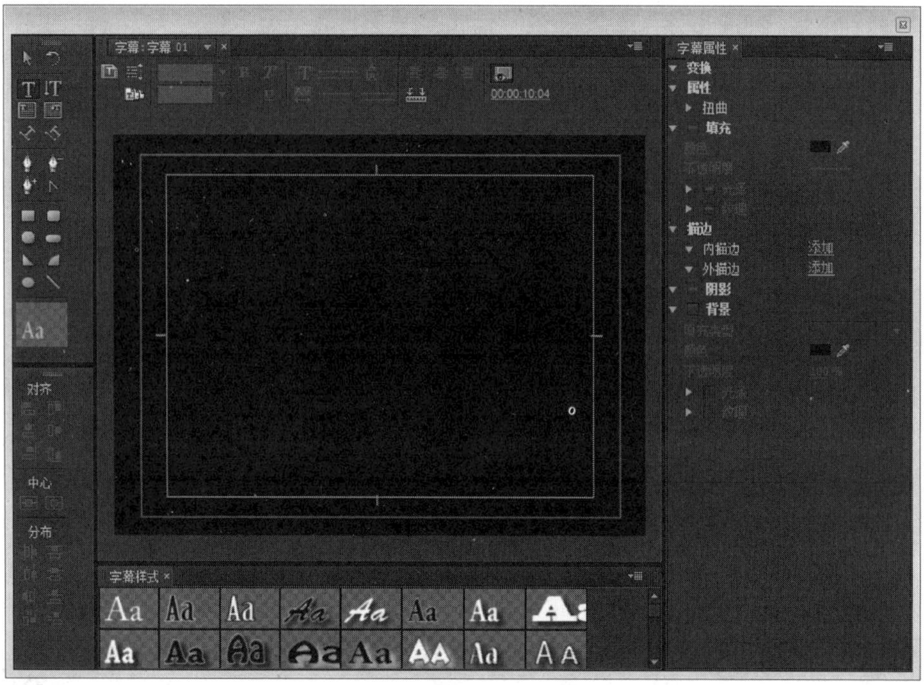

图 5-97 “字幕设计”对话框

步骤 2：选中文字工具T，在中央的视频区域中单击，并输入文字。

步骤 3：选中所有文字，在“字幕属性”面板中设置字幕的字体、字体大小、行距、颜色、描边等信息，对字幕的样式进行设计。另外，也可以使用视频区域下方预设的字幕样式。

步骤 4：关闭“字幕设计”对话框，将字幕拖入视频轨道 V2 上，并调整字幕的持续时间。

5．视频输出

在完成了所有的视频制作步骤后，我们需要将其输出成视频格式，这样就可以用播放软件直接打开或者上传网络了。

步骤 1：选中时间轴上的“序列 01”面板（或者项目面板中的序列 01），选择“文件”→“导出”→“媒体”命令，打开“导出设置”对话框。

步骤 2：在“导出设置”对话框的右侧可以设置导出“格式”。单击“输出名称”右边的文件名“序列 01.mp4”，可以设置视频导出的路径和文件名。单击“匹配源”按钮，可以把导出视频的分辨率与序列中的分辨率匹配如图 5-98 所示。

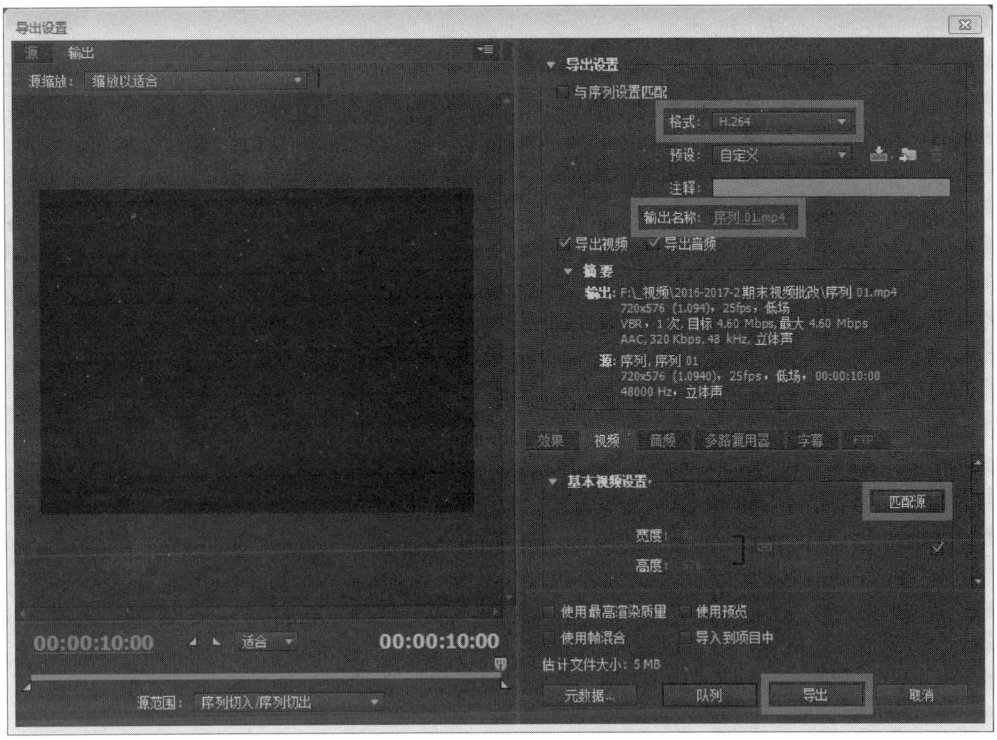

图 5-98 “导出设置”对话框

步骤 3：设置完成后，单击“导出”按钮，开始导出视频。

任务实操

[任务描述]

为你的产品拍摄一段视频，经过简单的剪辑后，导出视频。

[任务实施步骤]

1. 将拍摄好的视频导入 Premiere，并进行简单的剪辑。
2. 添加合适的转场效果，添加合适的字幕。
3. 最终导出视频。

能力拓展

（一）选择题

1. 在 Premiere 的主界面中，不包括以下哪个面板？（　　）

A. 项目面板　　B. 工具面板　　C. 效果面板　　D. 导出面板

2. 在 Premiere 中，不包括以下哪个工具？（　　）

A. 选择工具　　B. 剃刀工具　　C. 套索工具　　D. 比率拉伸工具

3. 以下哪种文件无法作为素材直接添加到序列中？（　　）

A. 视频文件　　B. 文本文件　　C. 图像文件　　D. 音频文件

（二）思考题

1．导入素材的画面两边显示有黑边，是什么原因导致的？如何解决？

2．Premiere 的基本操作流程是怎样的？哪些步骤的顺序可以调换？

拓展阅读

为什么别人的产品图片可以提高转化率，而你的不能？

虽然在电商行业中，推动消费者购买的关键因素不仅仅包括图片，但电商行业顾问 Jeremy Smith 在一篇关于图片如何促成转化的文章中写道："有时候，用最简单的方法反而可以提升转化率。"虽然产品图片看起来可能很简单，但为了创建最佳的产品图片用户界面，至少可以做以下 9 件事情。

1. 使用相关、高质量的图片

2015 年，数据学家 AnjanGoswami 在网站 SlideShare 上发布了一份文件，文件中提到了 eBay 为机器学习项目进行的几项测试，测试旨在确定高品质、高转化的产品图片，如图 5-99 所示。

结果显示，图片的质量对转化率有着重要影响。在设定自己网站的图片质量标准时，卖家可以参考亚马逊对其平台产品图片的要求：

- 图片必须是所销售产品的专业照片。
- 图片不能包含免费或可能导致混淆的附加产品。
- 图片必须清晰、使用专业照明和逼真。
- 整个产品必须出现在图片框架中。

图 5-99 图片质量测试

- 背景必须是纯白色的——RGB 255，255，255。
- 图片不得包含其他文字、图形或插图。

2. 拥有适当的尺寸

除了上述图片质量要求之外，亚马逊还建议每个产品图片的宽度或高度至少为 1000 像素。亚马逊可能会使用相对较大的图片来生成几种较小版本的产品图片，以便为每种情况提供适当尺寸的照片，如图 5-100 所示。

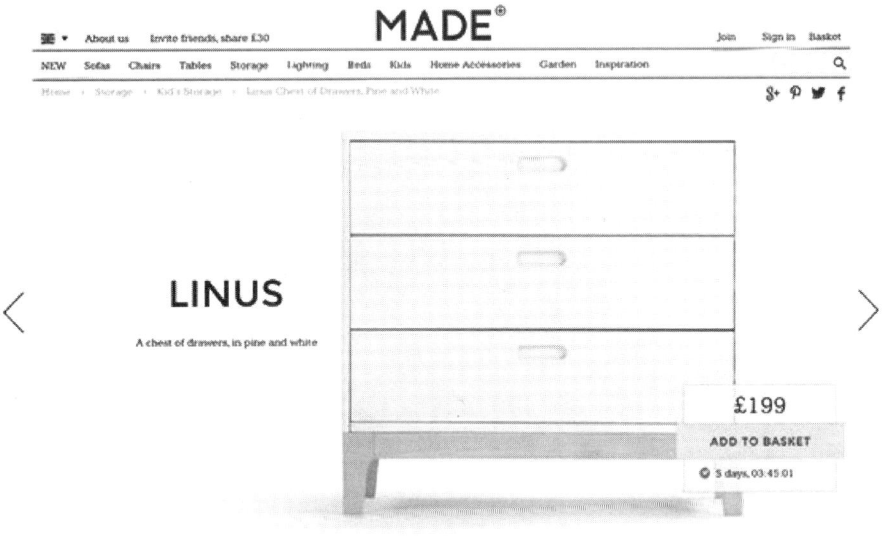

图 5-100 亚马逊平台对图片的要求

对于自己的网站来说，需要测试产品图片的大小。一般来说，UI设计专家建议使用相对较大的产品图片，但是来自ConversionXL的一个报告显示，对于某些产品，增加产品图片的白色空间，可以导致更多的销售。

同样的，需要选择几种不同的产品图片大小，并针对每个版本对比销售。请注意，必须在同一时间进行测试，并持续数周或一个月。

3. 从多角度展示产品

对于一些产品来说，一张电商产品图片就足以媲美把产品拿在手中检查的体验。考虑到这一点，可以考虑从多个角度展示产品。

如图5-101所示Best Made公司为其直立式斧头配了8幅图片，包括3个不同的角度，剩下的5张照片展示了由该斧头完成的5个成品。

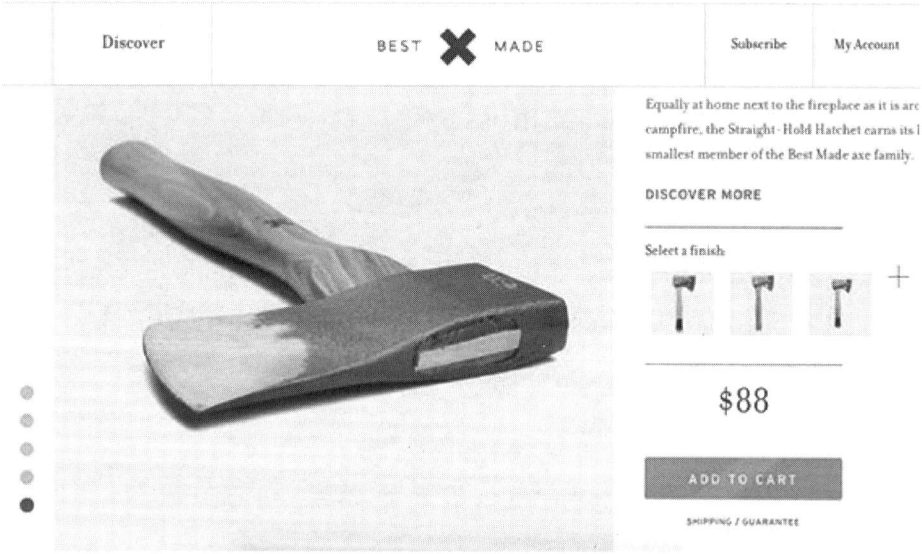

图5-101　Best Made公司为斧头配8幅图片

4. 展示每种颜色或选项

无论是销售黄色、蓝色或绿色手柄的短柄小斧，还是玫瑰烟色、油绿色或白色的衬衫，都需要展示产品每种颜色或选项的图片。示例如图5-102所示。

5. 展示产品材料和细节

在Radio Flyer的电商网站上购买一款经典的三轮车，你会发现产品图片详细展示了产品的细节。可以看到可调座椅、钢轮辐和手把上经典的铃铛，如图5-103所示。

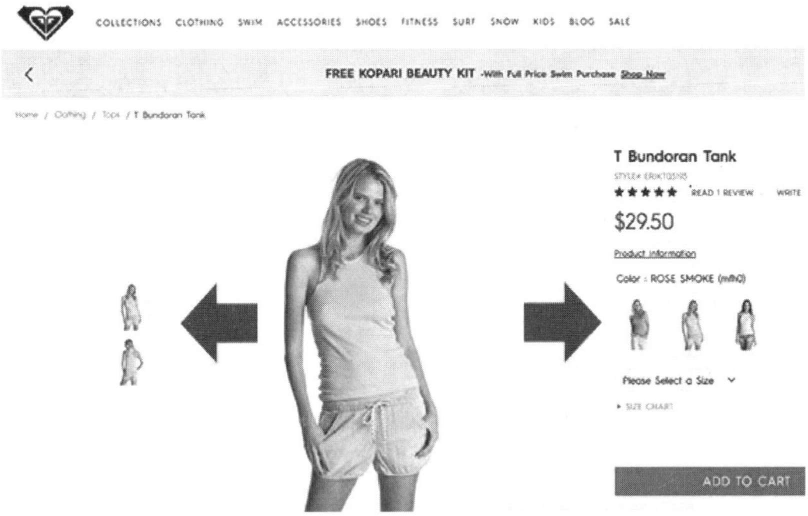

图 5-102 展示每种颜色或选项示例

图 5-103 展示产品材料的细节示例

这些图片可以让顾客更好地了解产品的价值。使用单张、近距离的图片来展示特定的产品功能、纹理或材料。

6. 营造环境感并体现产品的尺寸

某些产品的尺寸在图片中看起来可能不太明显。因此，可以在特定环境下展示这些产品，以便购物者轻松了解产品的尺寸。

如果销售的是电视，可以单独展示一张主要产品的白色背景图片，以及一张电视摆放在家中的图片，如图 5-104 所示。

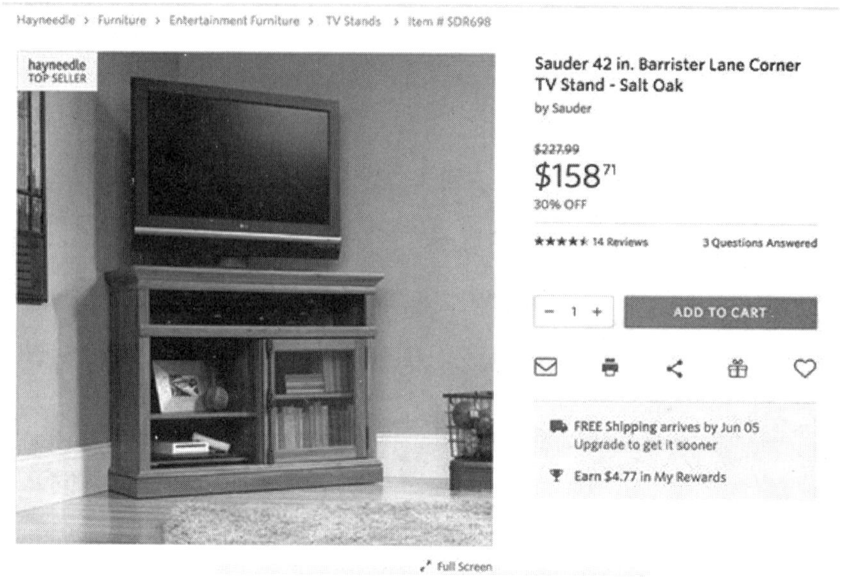

图 5-104　营造环境感并体现产品的尺寸示例

7. 允许用户缩放图片

除了为购物者提供几张令人信服的图片，还需要允许用户能放大图片。例如，如果顾客正在 Asics 网站上购买摔跤鞋，可以将鼠标悬停在任何产品图片上并放大，以查看拼接细节和工艺如图 5-105 所示。

图 5-105　允许用户缩放图片示例

8. 考虑使用视频

产品视频可以是简单的产品展示，也可以是使用视频。不管是哪种情况，视频能给顾客带来的互动级别都是其他方式难以达到的，如图 5-106 所示。

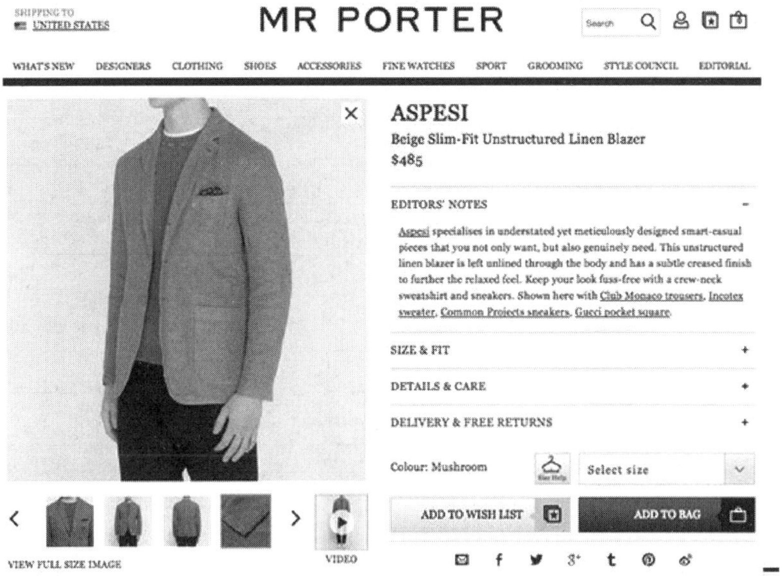

图 5-106 使用视频示例

9. 展示“买家秀”

虽然卖家的主要产品所补充的图片应该是专业的产品拍摄图片，但展示顾客提供的图片也不失为一个好主意。

如图 5-107 所示，家具零售商 Joybird 就在其产品详细页的底部展示了从社交媒体和用户提交收集到的相关顾客“买家秀”。

图 5-107 展示“买家秀”示例

改编自雨果网 http://www.cifnews.com/article/26481

项目评价

评价表

（在□中打√，A. 理解，B. 基本理解，C. 未理解）

评价指标		自测结果
美工图像的基础知识	1. 像素、分辨率与常见图片格式 2. 处理图片的软件 3. 裁剪图片	□A　□B　□C □A　□B　□C □A　□B　□C
图片效果编辑	1. 调整图片颜色 2. 调整模糊的图片 3. 修复有瑕疵的图片	□A　□B　□C □A　□B　□C □A　□B　□C
选择图片中所需要的内容	1. 使用魔棒工具抠图 2. 使用快速选择工具抠图 3. 使用钢笔工具抠图 4. 使用通道抠图	□A　□B　□C □A　□B　□C □A　□B　□C □A　□B　□C
常见视频格式介绍	1. 能对素材进行基本的编辑操作 2. 能添加字幕 3. 添加转场效果	□A　□B　□C □A　□B　□C □A　□B　□C

项目6

跨境电子商务网站规划与设计

学习目标

知识目标

- ▶ 了解国外网站的模式与定位。
- ▶ 了解国外网站的主题定位。
- ▶ 掌握国外网站的栏目选择。
- ▶ 掌握国外网站的内容提要制作。
- ▶ 掌握网站中图片基本知识、动画的格式、音频和视频。
- ▶ 掌握网页制作的基础。

技能目标

- ▶ 能根据企业实际情况及发展目标规划面向海外的企业网站。
- ▶ 能对网站图片进行处理。
- ▶ 能实现网站简易的留言板功能。

项目导入

网站设计是技术、艺术、企业形象与企业营销策略的有机组合，以先进的网页制作技术与平面设计作为形象的展示手段，以合理的结构层次和准确的链接关系表达企业营销策略。网站设计并非是简单的输入文本的过程，而是一个从处理图像、制作动画到编写网页代码和脚本的完整过程。在这一过程的各种阶段中，需要使用不同类型的软件，这些软件可以极大地提高网站设计的效率。

每一位同学都必须掌握设计网站常用软件的使用，完成用 Photoshop CS5 为“步大师 Bu Master”网站首页的视觉设计，并进行切片，并用 Dreamweaver CS5 来进行首页的布局和设计。

任务6.1　跨境电子商务网站规划

知识链接

一、网站的模式与定位

一个网站是否成功与建站前网站的规划有着极为重要的关系。在建设网站前应明确建设网站的目的，确定网站的功能，确定网站规划和投入费用，进行必要的市场分析等。只有详细的规划才能避免在网站建设中出现的很多问题，使网站建设能顺利进行。首先我们要确定网站的模式与定位。

1. 常见国外企业网站模式

（1）信息发布型

现在绝大多数企业网站都属于这一类型，这些网站实际上就像传统的企业宣传册，是初级的企业网站，开发和维护都很简单，不需要很专业的技术和很大的财力投入。网站的功能和任务主要是介绍企业的产品、企业文化以及服务信息的发布，对其做一定诠释，以便浏览者更深层次地了解公司。如图 6-1 所示，英伟达公司网站的首页截图（http://www.nvidia.com/page/home.html）。

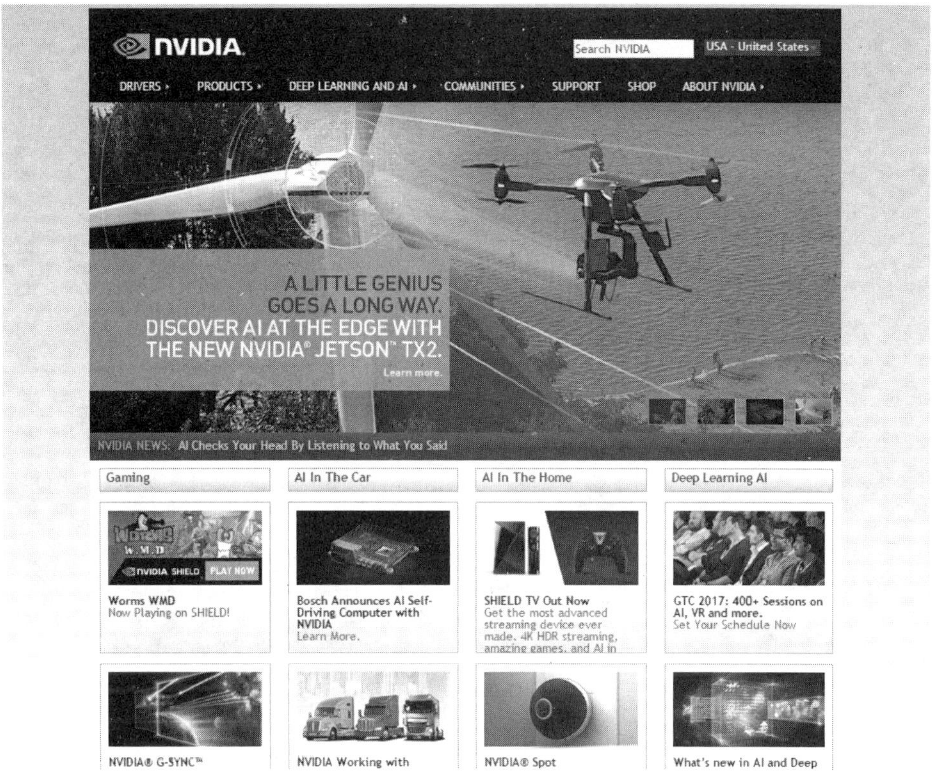

图 6-1 英伟达公司网站的首页截图

（2）电子商务型（销售型）

要进行在线销售就要使用电子商务网站，电子商务型的网站要建立在较高的企业信息化基础上，因此规模庞大，运行费用也高。电子商务型网站不仅具有信息发布和网上销售的功能，有的甚至还包括了供应链管理在内等一系列的内容。图 6-2 所示为 Priceminister 网站的首页截图（http://www.priceminister.com/）。

（3）公司门户型（综合型）

所谓门户网站，是指通过某类综合性互联网信息资源并提供有关信息服务的应用系统。门户网站最初提供搜索功能和网络接入服务，后来由于市场竞争日益激烈，门户网站不得不快速地拓展各种新的业务类型，希望通过门类众多的业务来吸引和留驻客户，以至于目前门户网站的业务包罗万象，成为网络世界的“百货商场”或“网络超市”。目前，门户网站主要提供新闻、搜索、网络接入、聊天室、电子公告牌、免费邮箱、影音咨询、电子商务、网络社区、网络游戏、免费网页空间等。典型的门户网站有 American online（Aol）等，如图 6-3 所示。

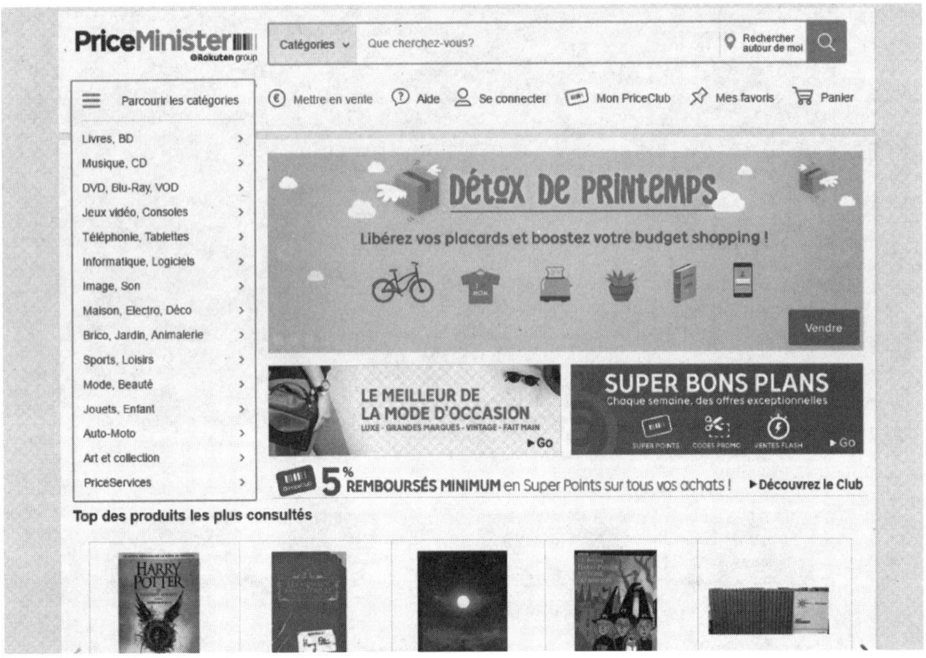

图 6-2　Priceminister 网站的首页截图

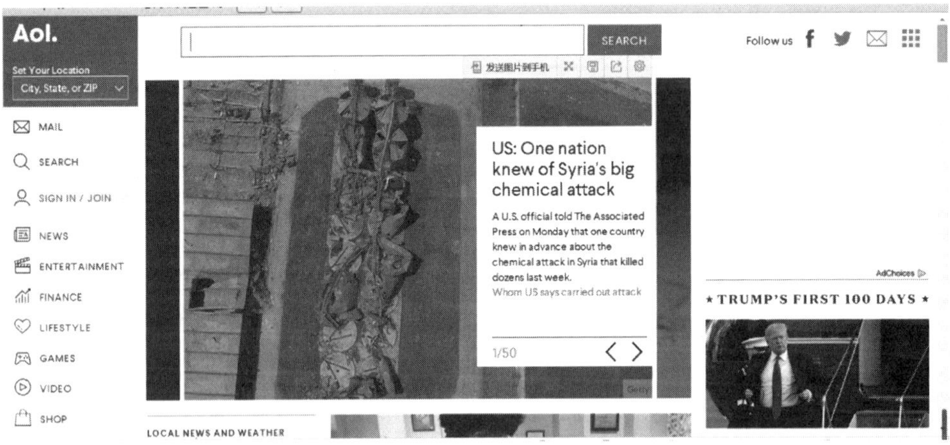

图 6-3　Aol 网站首页截图

（4）商务服务型

商务服务型网站不同于企业展示型网站，以提供远程、及时、准确的商务服务为主要目的，比如可实现渠道分销管理、终端客户销售管理、合作伙伴管理、网上采购管理、实时在线售后服务管理、物流管理等，它将更进一步地优化企业现有服务体系，实现公司对分公司、经销商、售后服务商、消费者的有效管理，加强企业的信息流、资金流、物流的运转效率、降低企业经营成本，为企业创造额外收益，满足企业对外对内管理的需要。图 6-4 所示为 FedEx 公司网站首页截图（http://www.fedex.com/cn_english/），该网站功能上相对简单，主要是为客户提供查询报价和包裹的位置。

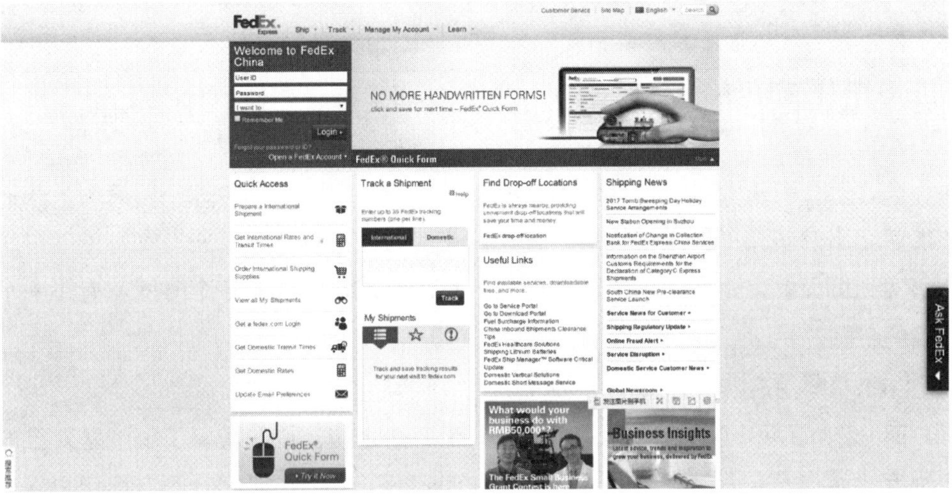

图 6-4 FedEx 公司网站首页截图

2. 网站定位

所谓网站定位就是明确网站在互联网上扮演什么角色，要向网站的浏览者传达什么样的核心概念，使网站发挥什么样的作用。因此，网站定位相当关键，换句话说，网站定位就是要确定网站是做什么用的及网站建设的策略，而后面网站栏目的选择及网站内容提要的制作都要围绕网站定位展开。

很多时候网站运营不起来，不是关键词选择不正确，也不是自己的能力不足，而是在网站建设推广前，没有给网站指定一个合适的定位。一个网站要想成功，必备要素之一就是有一个清晰的定位，那么网站定位要从哪几个方面来分析呢？网站定位具体内容有以下几个方面。

（1）根据产品的的某些特质

在这个竞争激烈的网站行业中，特别是销售型的网站，网站定位是否做得好直接关系着网站能否正常运营下去。以销售型的网站为例来说明如何做好网站定位。如网站是卖主机的，现在卖主机的站点那么多，如何让用户相信你的站点，购买主机呢？这首先要了解自己的主机有哪些别人没有的优势，如价格比别人低、稳定性比别人好、售后服务随传随到等。如果主机真正的稳定性非常好的话，那么就可以以此来定位自己的网站类型。以这个优势来笼络用户的心，以真实回馈用户的信赖，网站发展就相对容易了。所以说，定位自己的网站，首先需要了解自己的产品有什么别人没有的优势，然后把这个优势放大化，以点打面地与对手竞争，这样更容易获取成功。俗话说，做站贵在专、静而不是专、广，同样的网站定位也是专、细而不是专、大。

（2）对网站的理解

无论是商城、资讯类网站还是其他什么网站，首先要搞清楚自己建站的目标是什么，只有确立了自己的目标，才能在之后的工作中有一个大体的方向，我们才能制定出网站发展的详细规划方案。口头上的计划难免会有些不足，把这些想法落实到纸面上，而且一旦制定了计划，我们对网站发展的各个时间就有了一个明确的步骤。

（3）根据用户群体分布

网站定位也是同样的道理，在建设一个网站之前，首先需要了解清楚自己的用户群体在哪些地方，分散性大不大之类的问题。一个企业网站的目标用户一般包括企业的经销商、消费者、企业的员工及销售人员、求职者等。企业要加强对网上消费者行为的研究，注重对目标顾客的年龄、性别、学历、职业、个性、行为、收入水平、地理位置分布等各种资料的分析。

（4）可行性分析

可行性分析主要从以下三个方面进行分析：一是网站技术可行性分析，主要是网站所采用的技术的成熟度、项目技术来源、合作单位情况，网站的技术方案的可靠性、安全性和可扩充性。二是网站经济可行性分析，计算网站的主要投入成本，估算网站投入运行一段时间内可能的收入，可采用投资回收期分析、投资效益率等定量的方法进行。三是可实施性分析，主要是从项目的社会环境、法律法规依据、企业管理水平、各级领导重视程度、对实施的项目技术人员要求等方面作出分析。分析方法主要采用定性的分析方法。

（5）盈利模式

- 佣金分成型，如 Wish、Aliexpress 等。
- 增值服务型，如 Yahoo，阿里云等。
- 软件功能销售型，如 Bitcoin 等。

- 产品销售型，如 Amazon 等。
- 广告销售型，如 Youtube 等。
- 会员销售型，如 Europages、Tradekey 等。
- 信息收集型，如 Busytrade。

二、网站的主题定位

一个好的网站、一个能够真正受用户关注和欢迎的网站不仅仅只是有精美、华丽的页面，更重要的是要有个准确鲜明的主题，让用户能够在网站上以最快的速度得到或了解他想要的东西，这样他会常来网站，从而为网站积聚人气。用户就是流量，流量就是网站的血液，有了血液网站才会持久地生存下去。所以做网站一定要突出主题，不要过于追求好看华丽的页面，而是注重内容。可以浏览那些已经成功的网站，它们的页面都是相当简单、大众化的，给用户的直观感受很好，如果页面过于耀眼反而会让用户流走。那么网站策划初期，我们应该如何精确定位网站主题呢?

1. 主题要小而精

如果想要制作一个包里万象的站点，把所有精彩的东西都放在上面，那么往往会事与愿违，给人的感觉是没有主题、没有特色，样样有却样样都很肤浅，因为不可能有那么多精力去维护它。网络的最大特点就是新和快，目前最热门的个人主页都要天天更新甚至几小时更新一次。最新的调查结果也显示，网络上的“主题站”比“万全站”更受人喜爱，就好比专卖店和百货商店，如果用户需要买某方面的东西，肯定会选择专卖店。

2. 域名的选择

域名一定要确定好，是选择带关键字的、公司名称的还是短网址的，要根据个人的想法再确定，不要到时因为又有了更好的域名而想要更换。

网站主题定位决定网站的成败。因此，一开始就应该确定好主题，而不是半途再修改。如果是企业网站如何定位主题呢？这个很简单，网站内容围绕网站主题来做。因为，企业网站很多是希望获取很多客户的，因此，主题定位好之后，更多就应该在内容推广、转化率等方面下功夫。

三、网站的栏目选择

伴随互联网的普及，企业网站建设已经成为企业信息化建设的重要组成部分，是企业宣传营销的重要工具，网站栏目是一个网站的大纲索引，企业网站的栏目设计要明白显示出企业想表达的主题。

1. 企业网站栏目设计的要点

（1）要紧扣主题

将企业的主题按一定的方法分类并将它们作为网站的主栏目。主题栏目在总栏目中要占绝对上风。网站栏目是一个网站的大纲索引，企业的网站栏目的设计要明白显示出企业想表达的主题。

（2）设立最近更新或网站指南栏目

设立“最近更新”的栏目是为了照顾常来的访客，让企业的主页更具有人性化。加入主页内容宏大、层次较多，而又没有站内的搜索导航系统，设置“本站指南”栏目，可以帮助初访者快速地找到他们想要的内容。

（3）设立下载或参加了问题答复栏目

网络的特点是信息共享，可在主页上设置一个“材料下载”栏目，便于浏览者下载所需材料。另外，假如站点经常收到浏览者关于某方面的问题来信，最好建立一个“问题答复”的栏目，便于浏览者学习，还可以节约自己更多时间。

（4）设立可以双向交换的栏目

论坛、留言本、邮件列表，可以让浏览者留下他们的信息及意见，帮助企业不断完善网站。

（5）面向不同目标细分页面栏目设计

① 面向目标受众的设计，在突出自我风格的基础上，根据对目标受众的特点的把握，细分各种项目，突出盈利点。设计一个栏目时不仅要留心页面的文字图案，还要留心浏览程序的设计。方便的浏览程序也是留住客户的重要因素之一。

② 要高挂“免费”牌，应当保持网站有约 7 成的免费资源，这些都是吸引浏览者，扩大知名度的有效手段。

③ 面向搜索引擎的设计。网站推广最重要的手段之一就是搜索引擎，想要在众多竞争对手中脱颖而出，企业网站栏目的设计就要对搜索引擎友好，使企业网站的内容更方便地被搜索引擎收录，提高企业网站的排名。

④ 面向搜集信息的设计，邮件列表、信息反馈表等，采用内部收集信息的方

法所搜集到的信息，更详尽、准确、有指向性，能帮助企业及时地关注市场变更。

企业网站栏目的设计要突出企业的主题，企业在网站建设时要注意以上 5 个方面网站栏目设计的要点，使网站主题清晰，方便用户的同时还对搜索引擎友好，让企业网站真正能为企业服务。

2. 确定网站栏目的技巧

站点的栏目规划简单地说就是确定站点的逻辑结构，企业用户应该如何确定自己的栏目，主要有以下几种方法。

（1）借鉴同行网站

上网搜索 10 个以上与本企业相似的企业网站，每个网站都有的栏目一定要加上；70% 以上网站有的栏目可以参考加上；50% 网站有的栏目在询问客户意见后，再决定是否采用此栏目；50% 以下的网站有的栏目需要注意的是，这类栏目一是用处不大的栏目，二是特色栏目，要根据情况再三斟酌，而后决定。

（2）突出自己特色

在自我特色上，要根据用户的喜好加以开发，图 6-5 所示为 TripAdvisor 美国站首页栏目截图。TripAdvisor 原先是全球知名的旅游评论网站，经过不断的开发和改良，后续加入了酒店查询、预订机票等旅游配套服务，同时保留了自身的业务特色，又在 Facebook，推特，Pinterest 等社交媒体流行后添加了分享功能。

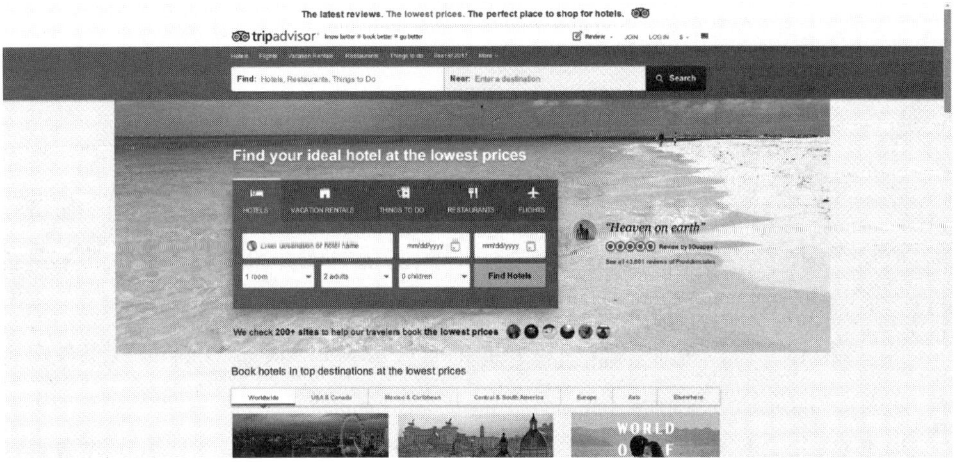

图 6-5　TripAdvisor 美国站首页栏目截图

（3）注意 SEO 优化

经过前面两步的分析虽然已经获得了一些网站栏目，但可能比较凌乱，也可能数量过多不知如何是好。这时就应该用到 SEO 优化方法。例如，“Contact us”、“Contact person”、“Contact information”这三个栏目名称内容相近，但不知用哪个好，那么就需要进行对比分析，借助搜索引擎找出什么样的栏目名称是常用的，比如可以通过输入“Contact”来获得更多想过的内容，如图 6-6 所示。

根据这些引导词条和相关词条不难发现“Contact us”（联系我们）更符合用户习惯。

图 6-6　Google 搜索“contact”两字的截图

3. 企业网站的基础栏目

所有的企业网站都有一个基本的框架。例如，关于我们、联系我们、服务中心、成功案例，这几个内容是基本不变的，最多是名称上的变化，如成功案例也可以写成公司业绩，也可以是企业案例，不过只是换个名字而已。

“服务中心”可以说成是企业对外的一个服务窗口，如服务流程、服务项目等，主要是针对服务型行业的。

如果是产品型企业网站，接下来的内容就多半与企业产品属性有关或者特殊行业有关，此时就要加上“产品中心”栏目。

最后，一般网站还会增加一些自己比较喜欢或者有利于企业的栏目，如企业相册、企业地标、企业百科等。

总之，一个企业想要完成自己的栏目，只要知道基本的，加上行业的，再加上特有的，网站的栏目就基本可以确定了。确定下来后，再看每个栏目是不是需要二级类。如果需要就要再进行划分，如果不需要，就可以直接添加内容。一般企业网站可以包含以下几个栏目。

（1）企业概况（About us）

如图 6-7 所示，注意不要把企业画册直接搬上。如果是上市企业，应提供企业的股票市值或者加上专门财经网站的链接将有助于浏览者了解企业的实力。

（2）产品信息（Products/Programs）

如图 6-8 所示，“产品信息”栏目应提供公司产品和服务的目录，要根据需要决定资料的详简程度，配以图片、视频和音频资料。但涉及技术资料的应该注意保密的因素，避免为竞争对手所利用。

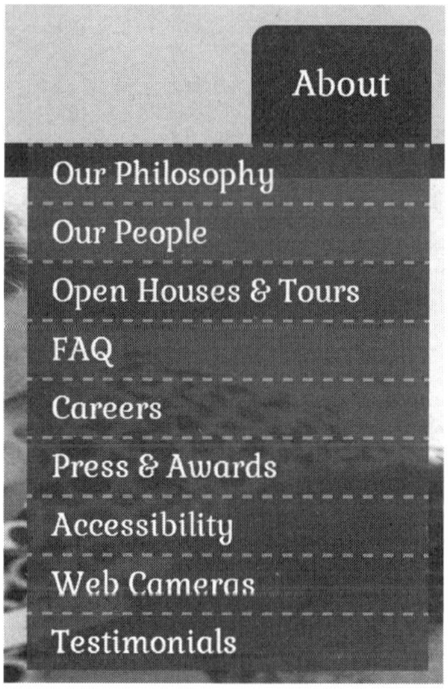

图 6-7 企业概况栏目

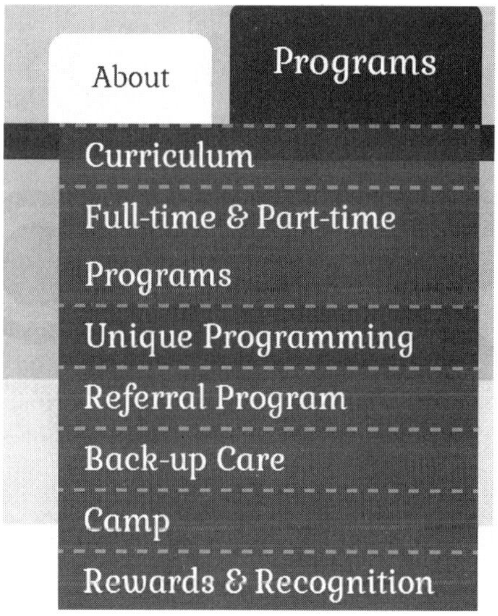

图 6-8 产品信息栏目

（3）荣誉证书和专家、用户推荐（Leadership）

如图 6-9 所示，荣誉证书和专家、用户推荐等这些资料可以增强用户对公司产品的信息，其中第三者做出的产品评价、权威机构的鉴定或专家的意见，更有说服力。

（4）公司动态和媒体报道（News）

如图 6-10 所示，通过公司动态可以让用户了解公司的发展动向，加深对公司的印象，从而达到展示企业实力和形象的目的。因此，如果有媒体对公司进行了报道，别忘记及时转载到网站上。

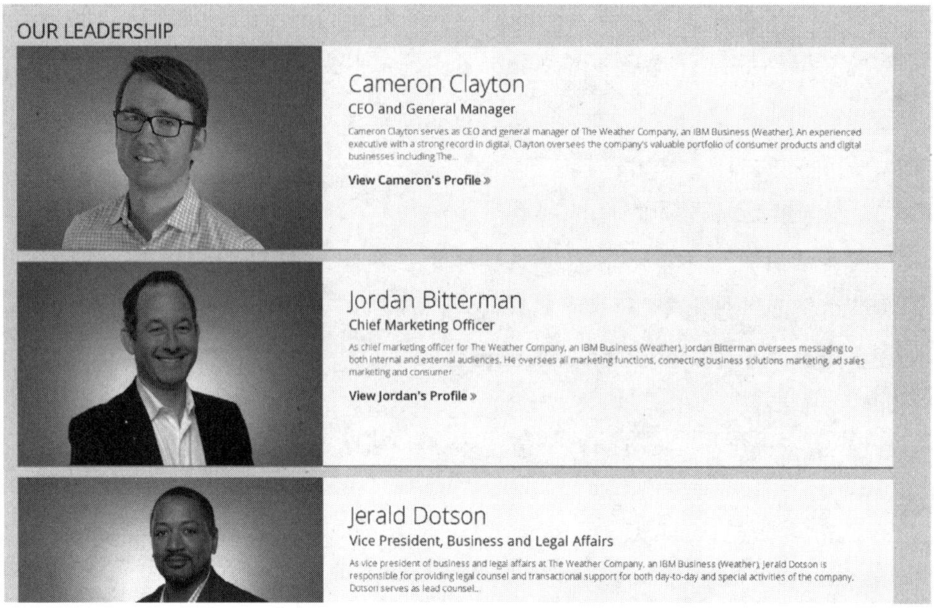

图 6-9　创始人信息栏目

图 6-10　新闻媒体栏目

（5）产品搜索（Search Line）

如图 6-11 所示，如果公司产品比较多，无法在简单的目录中全部列出，那么，为了让用户能够方便地找到所需要的产品，除了设计详细的分级目录之外，增加一个搜索功能不失为有效的措施。

图 6-11 搜索框栏目

(6)产品价格表(Price List)

如图 6-12 所示，用户浏览网站的部分目的是希望了解产品的价格信息，对于一些通用产品即可以定价的产品，应该留下产品价格；对于一些不方便报价或价格波动较大的产品，也应尽可能地为用户了解相关信息提供方便，比如设计一个标准格式的询问表单，用户只要填写简单的联系信息，单击“提交”按钮就可以了。

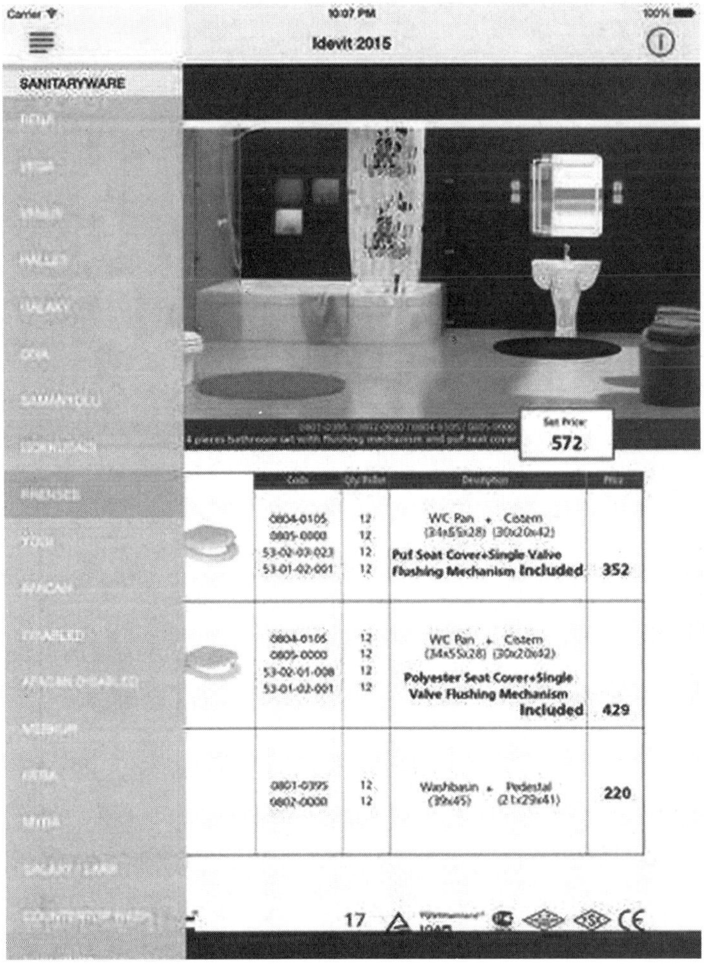

图 6-12 产品价格表栏目

（7）联系信息（Contact Us/Locations）

如图 6-13 所示，网站上应该提供足够的联系信息，除了公司的地址、电话、传真、邮政编码、E-mail 地址等基本信息之外，最好能详细地列出客户或者业务伙伴可能需要联系的具体部门的联系方式。对于有分支机构的企业，同时还应当有各地分支机构的联系方式，在为用户提供方便的同时，也起到了对各地业务的支持作用。

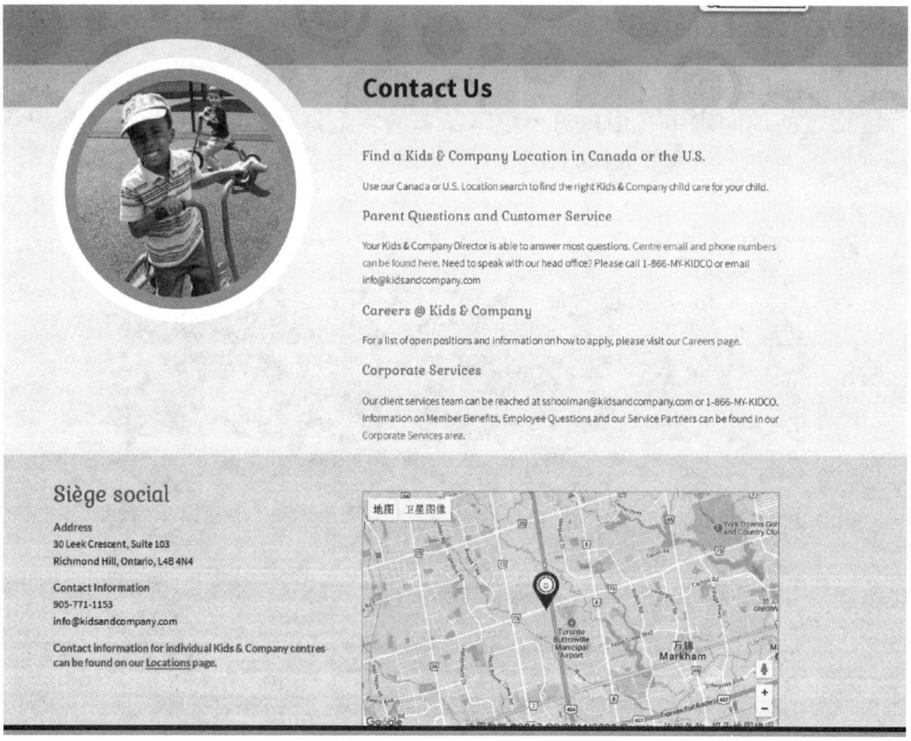

图 6-13　联系信息栏目

（8）辅助信息（For More）

如图 6-14 所示，有时由于一个企业产品品种比较少，网页内容排版起来显得有些单调，这时可以通过增加一些辅助信息来弥补这种不足。辅助信息的内容比较广泛，可以是本公司、经销商或用户的一些相关新闻、趣事，或者产品保养 / 维修常识以及产品发展趋势等。

（9）服务信息（Services）

有关质量保证条款、售后服务措施，以及各地售后服务的联系方式等都是用户比较关心的信息，而且，是否可以在本地获得售后服务往往是影响用户购买决策的重要因素，因此该信息应该尽可能的详细。图 6-15 所示为 Park Tavern 公司网站的一级栏目，由图 6-15 不难看出导航条的位置明显、突出，避免了客户点击进入了某个栏目，却找不到返回上一层页面导航的麻烦，并且栏目命名清晰、易懂，栏目结构层级分明，能使客户在众多网站内容中方便地找到所需要的内容。

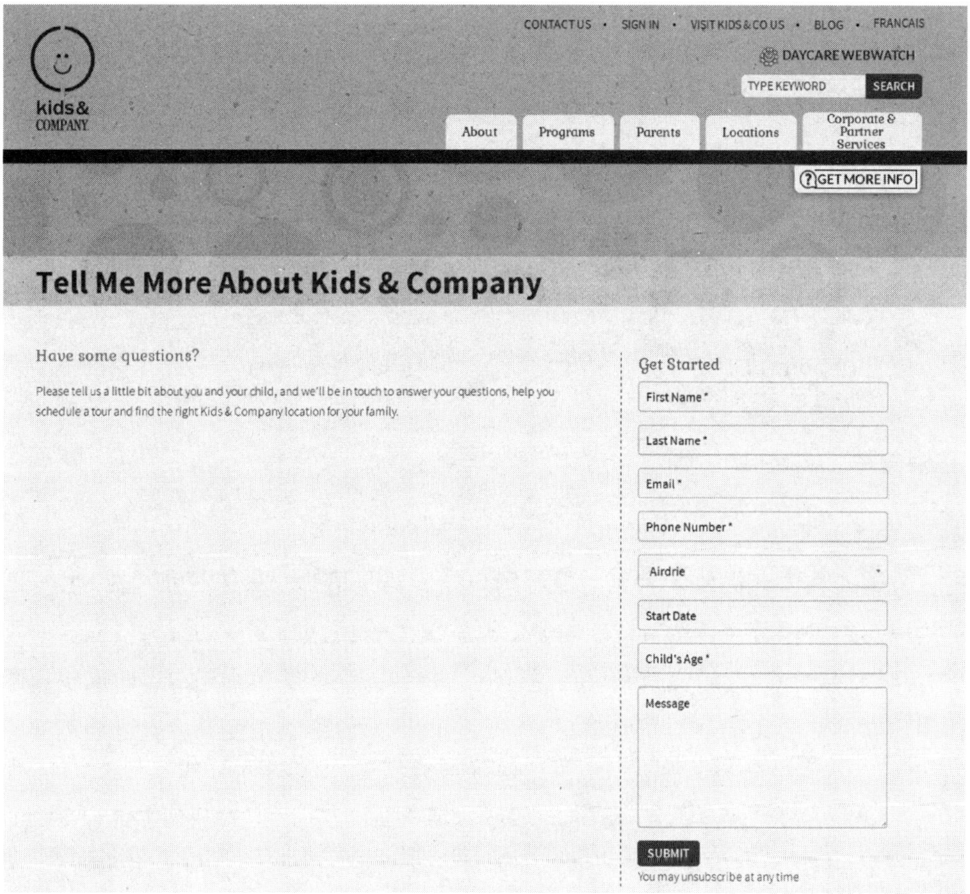

图 6-14 辅助信息栏目

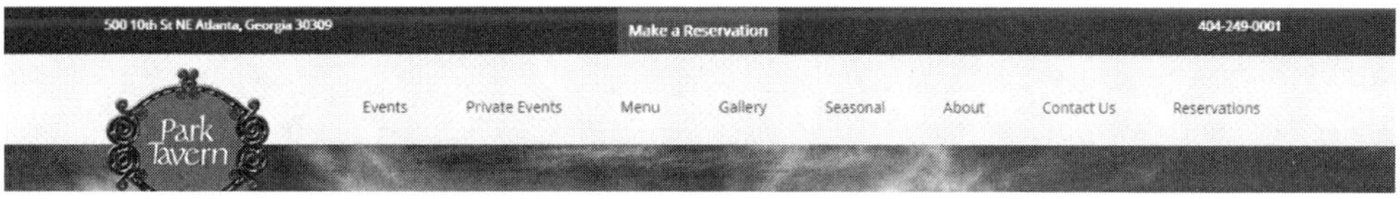

图 6-15 Park Tavern 公司网站的一级栏目

四、网站的内容提要

网站内容是整个网站的基础，一个具有良好内容的网站不仅仅利于用户体验，而且也对网站的优化起到重要作用。因此在网站优化过程中，网站内容的质量越高，网站就会越容易被收录，从而有效地提高网站排名。网站内容的重要性越来越高，内容的发布编辑也越来越规范。通常我们可以看到一些大型门户网站的内容都会很少出现，事实上网站内容提要是相当重要、不可忽视的。例如，图 6-16 所示为谷歌搜索 AMD 内容提要的截图。

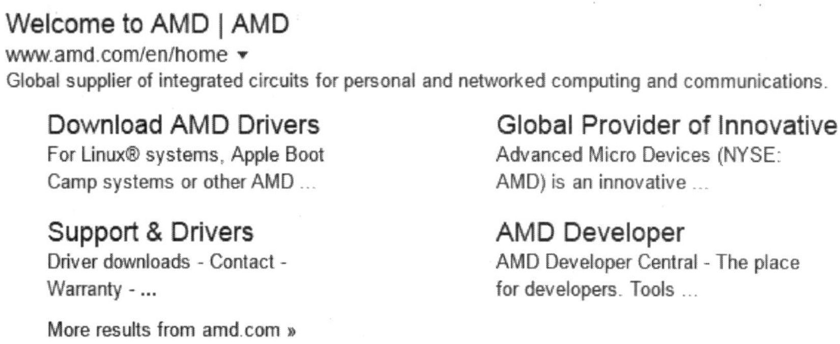

图 6-16　谷歌搜索 AMD 内容提要的截图

关键词在内容提要中，无论是对用户体验还是搜索引擎来说都是好的选择。从用户的角度来看，自然希望在内容的开头就能看到这篇文章的宗旨所在，而不是看到最后才知晓这篇文章到底在说什么，这样不只能够节约用户的时间，也能让用户立刻知晓文章是不是他想要的信息。从搜索引擎的角度来看，普通正文的前 50 到 100 字给的权重会大一点，这样更有利于关键词的排名。

任务实操

[任务描述]

“步大师 Bu Master”是一家专门经营男性皮鞋的公司，其所有的产品都是以优质的材质和精细的工艺制作出来的，其固特异手工皮鞋技术更是高端精湛的体现。公司力求将最优质、最舒适、最时尚的皮鞋产品带给全世界，为全世界的男性提供舒适的皮鞋。现公司决定建设一个网站来树立企业形象，加强产品的宣传。

请帮其分析和规划网站类型、调查和确立网站栏目设置，并针对网站栏目中的内容进行信息采集、编辑。

[任务实施步骤]

要完成该任务，我们按如图 6-17 所示步骤实施。

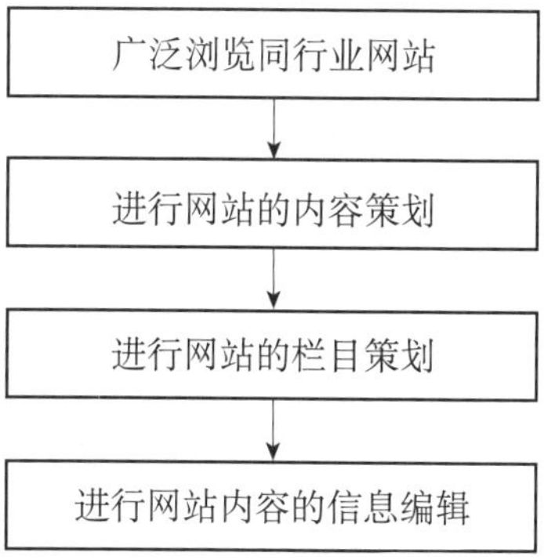

图 6-17 任务实施步骤

1. 广泛浏览同行业网站

浏览芬迪、菲拉格慕等皮鞋企业网站，结合相关知识内容，对这两家企业的网站进行内容分析，并将相关内容填入表 6-1 中。

表6-1 同行业网站调查分析表

公司名称	网站地址	业务分析	网站类型	网站主要栏目	网站内容提要	网站功能分析研究
FENDI	https://www.fendi.com/gb/					
ferragamo	http://www.ferragamo.com/shop/en/usa					

2. 进行网站的内容策划

根据任务中给定的背景资料，确定“步大师 Bu Master”公司的网站类型、网站目标客户、主题定位和网站主要栏目，并将结果填入表 6-2 中。

表6-2 “步大师Bu Master”公司网站内容策划表

项目	具体内容
网站类型	
网站目标客户	
主题定位	
网站主要栏目	

3. 进行网站的栏目策划

收集资料，确定公司网站各栏目的主要内容，并将结果填入表 6-3 中。

表6-3　“步大师Bu Master”公司网站栏目内容策划表

栏目名称	具体内容

4. 进行网站内容的信息编辑

根据任务描述中给定的背景资料，表 6-2、表 6-3 中所确定的网站内容和网站栏目内容，对网站内容信息进行编辑，完成表 6-4。

表6-4　“步大师Bu Master”公司网站内容信息编辑表

栏目名称	编辑内容
网站关键词（不少于 3 个关键词）	
内容提要（表达清楚；逻辑清晰；内容全面）	

拓展阅读

网站规划书的一般内容

根据不同的需要和侧重点，网站的功能和内容会有一定的差别，但网站规划的基本步骤是类似的。一般来说，一份完整的网站规划书应该包括下列内容。

1. 建立网站的目的

这是网站规划中的核心问题，需要非常明确和具体。建立网站的目的也是一个网站目标定位问题，网站的功能和内容，以及各种网站推广，策略都是为了实现网站的预期目的。建立网站可以有很多种目的，例如，从事直接网上销售、作为产品信息发布工具、信息中介服务、教育和培训等。不同类型的网站其表达方式和实现手段是不一样的。

2. 域名和网站名称

一个好的域名对网络营销的成功具有重要意义，网站名称同域名一样具有重要意义，域名和网站名称应该在网站规划阶段就作为重要内容来考虑。有些网站发布一段时间之后才发现域名或者网站名称不太合适，需要重新更改，不仅非常麻烦，而且前期的推广工作几乎没有任何价值，同时对网站形象也造成一定的伤害，这种现象在早期的一些网站中很普遍，例如亚马逊曾差一点被命名为Cadabra，因为和Cadaver（死人）相接近最终放弃了这个想法并有了后来我们所熟知的Amazon.com。虽然这些网站现在都已经发展成为国内外著名的门户网站，但是，从它们域名的演变也可以看出当初曾经走过的弯路，值得我们认真思考和借鉴。

3. 网站的主要功能

在确定了网站目标和名称之后，要设计网站的功能了。网站功能是战术性的设计，也是为了实现网站的目标。网站的功能是为用户提供服务的基本表现形式。一般来说，一个网站有几个主要的功能模块，这些模块体现了一个网站的核心价值。

4. 网站的技术解决方案

根据网站的功能确定网站技术解决方案，应重点考虑以下几个方面。

（1）网站方案是采用自建网站服务器，还是租用虚拟主机。

（2）操作系统选择用UNIX，Linux还是Window7/XP。分析投入成本、功能、开发、稳定性和安全性等。

（3）采用系统性的解决方案，如IBM、HP等公司提供的企业上网方案、电子商务解决方案，还是自行开发。

（4）网站安全性措施，如防黑、防病毒方案。

（5）相关程序开发，例如网页程序PHP、JSP、CGI、数据库程序等。

5. 网站内容规划

不同类型的网站，在内容方面的差别很大，因此，网站内容规划没有固定的格式，需根据不同的网站类型来制定。例如，一般信息发布型企业网站内容包括公司简介、产品介绍、服务内容、价格信息、联系方式、网上订单等基本内容。

电子商务类网站要提供会员注册、详细的商品服务信息、信息搜索查询、订单确认、付款、个人信息保密措施、相关帮助等。

综合门户类网站则将不同的内容划分为许多独立的或有关联的频道，一个频道的内容有时候就相当于一个独立网站的功能。

6. 网站测试和发布

在网站设计完成之后，应该进行一系列的测试。当一切测试正常之后，才能正式发布，主要测试内容包括以下几个方面。

（1）网站服务器稳定性、安全性。

（2）各种插件、数据库、图像、链接等是否正常工作。

（3）在不同接入速率情况下的网页下载速度。

（4）网页对不同浏览器的兼容性。

（5）网页在不同显示器和不同显示模式下的表现，等等。

7. 网站推广

网站推广活动一般发生在网站正式发布之后，当然也不排除一些网站在筹备期间就开始宣传的可能。网站推广的活动是网络营销的主要内容，可以说，大部分的网络营销活动都是为了网站推广的需要。例如，发布新闻、搜索引擎的登记、交换链接、网络广告等。

因此，在网站规划阶段就应该对将来的推广活动有明确的认识和计划，而不是等网站建成之后才考虑采取什么样的推广手段。由此也可以看出，网站规划并不仅仅是为了网站建设的需要，而是整个网络营销活动的需要。

8. 网站维护

网站发布之后，还要定期进行维护，主要包括下列几个方面。

（1）服务器及相关软硬件的维护，对可能出现的问题进行评估，制定响应时间。

（2）网站内容的更新、调整等，将网站维护制度化、规范化。

9. 网站财务预算

除了上述各项技术解决方案、内容、功能、推广、测试等内容应该在网站规划中详细说明之外，网站建设和推广的财务预算也是重要内容。网站建设和推广在很大程度上受到财务预算的制约，所有的规划都只能在财务允可的范围之内。财务预算应按照网站的开发周期，包含网站所有的费用明细清单。

问答题：

（1）结合实际，分析一下阿里巴巴国际站（http://www.alibaba.com/）的建站目的，和网站主要功能，它的网站结构是怎么样的，以及它是如何进行推广的。

（2）现在有一家外贸企业想自己搭建官网来进行营销，他应该经过哪些步骤来获得自己的网站？

任务6.2 跨境电子商务网站设计

知识链接

一、网站中图片的基本知识

1. 网站图片类型及格式

图片是网页中最直观的元素，也是最容易让浏览者了解某种内容的元素。生动的图片可以跨越语言和年龄的差异，清楚地表明网页制作者的意愿。随着宽带技术的发展，几乎所有的网页都通过大量图片来使网页的内容更加丰富多彩。那么了解图片的格式，有助于在设计网页时有针对性地选择使用图片的类型。与网页图片相关的图片类型主要包括以下几种。

（1）BMP 位图图片

BMP 是一种与硬件设备无关的图像文件格式，使用范围非常广，它采用位映射存储格式，除了图像深度可选以外，不采用其他任何压缩，因此，BMP 文件所占用的空间很大。BMP 文件的图像深度可选 1bit、4 bit、8bit 及 24bit。BMP 文件存储数据时，图像的扫描方式是按左到右，从下到上的顺序进行的。

典型的 BMP 图像文件由 3 部分组成，即位图文件头数据结构，包含 BMP 图像文件的类型、显示内容等信息；位图信息数据结构，包含 BMP 图像的宽、高、压缩方法，以及定义颜色等信息。

（2）JPEG 图片

JPEG 是 Joint Photographic Experts Group（联合图像专家组）的缩写，文件后缀名为“.jpg”或者“.jpeg”，是最常用的图像文档格式，由一个软件开发联合会组织指定，是一种有损压缩格式，能够将图像压缩在很小的储存空间，图像中重复或不重要的资料会被丢失，因此容易造成图像数据的损伤。

JPEG格式是目前网络上最流行的图像格式，是可以把文件压缩到最小的格式，在Photoshop软件中文件以JPEG格式储存时，提供11级压缩级别，以0～10级表示，其中，0级压缩比最高，图像品质最差。

（3）GIF图片

GIF是英文Graphics Interchange Format（图形交换格式）的缩写。顾名思义，这种格式是用来交换图片的。事实上也是如此，20世纪80年代，美国一家著名的在线信息服务机构CompuServe针对当时网络传输宽带的限制，开发了这种GIF图像格式。

GIF格式的特点是压缩比高，磁盘空间占用较少，所以这种图像格式迅速地得到了广泛的应用。目前Internet上大量采用的彩色动画文件多为这种格式的文件，也称为GIF89a格式文件。此外，考虑到网络传输中的实际情况，GIF图像格式还增加了渐显方式，也就是说，在图像传输过程中，用户可以先看到图像的大致轮廓，然后随着传输过程的继续而逐步看清图像中的细节部分，从而适应了用户的“从朦胧到清楚”的观赏心理。

（4）PNG图片

PNG（Portable Network Graphics）是一种新型的网络图像格式。PNG汲取了GIF和JPEG两者的优点，存储形式丰富，兼有GIF和JPEG的色彩模式。PNG的另一个特点能把图像文件压缩到极限以利于网络传输，但又能保留所有与图像品质有关的信息。PNG的第三个特点是显示速度很快，只需下载1/64的图像信息就可以显示出低分辨率的预览图像。第四，PNG同样支持透明图像的制作，透明图像在制作网页图像时很有用。可以把图像背景设为透明，用网页本身的颜色信息来代替设为透明的色彩，这样可让图像和网页背景很和谐地融合在一起。PNG的缺点是不支持动画应用效果的。Macromedia公司的Fireworks软件默认格式就是PNG。现在，越来越多的软件开始支持这一格式，而且在网络上也越来越流行。

（5）PSD图像文档

这是Photoshop图像处理软件的专用文件格式，文件扩展名是.psd，可以支持图层、通道、蒙版和不同色彩模式的各种图像特征，是一种非压缩的原始文件保存格式。扫描仪不能直接生成该种格式的文件。PSD文件有时容量会很大，但由于可以保留所有原始信息，在图像处理中对尚未制作完成的图像，选用PSD格式保存是最佳的选择。

但是，由于 PSD 图像文档体积巨大，因此网页浏览器不支持显示这种图像，通常都将 PSD 文档输出为 JPEG、GIF 或 PNG 格式。

2. 网站图片拍摄

电子商务网站与传统店铺最大的区别就是没有实物，网上用户对产品的第一印象就来自于企业放在网站上商品的照片。因此商品的图片对于企业来说至关重要。下面详细讲解如何用最低的成本拍出最好的照片。

（1）场所角度前期准备

● 准备好拍摄的场所。用白色或者纯色的东西作为背景，比如白纸、桌面等。照片内不适宜有其他与图片不相关的内容，以免喧宾夺主凸显不出主要物品。

● 研究好拍摄的角度。不同的物品通过不同的角度拍摄，效果也是完全不相同的。对一件物品要采用多个角度进行拍摄，最后挑选最能表现物品特质的照片作为上传的物品照片。如果有可能，把各个角度拍摄的照片全部上传，让企业的客户从不同角度查看物品。

（2）不同物品的拍摄

① 拍摄水晶等透明物品，这类物品本身最大的特点就是透明，因此在拍摄过程中要力求体现它透明的物品特质。背景要干净，否则会反射在物品上。在拍摄过程中最好戴上白色的手套，以免拍出来的物品上留有指纹。透明物品表面很光亮，容易造成反光，所以光线不直接照射物品。在肉眼看起来明显比较暗的部位打上反光板或者旁边用纸映衬下，使画面的光达到均匀的效果，增加透明物品的立体感觉。

② 拍摄首饰等反射物品。不言而喻，这类物品具有发射的特点，非常容易反映出四周的情形，尤其是在四周颜色与其本身颜色截然相反的情况下，更加容易造成这种情形的出现。在拍摄过程中，最好把物品放置到四周颜色都比较单调又与其本身颜色较近的环境里。另外一种解决的方法是事先找地方固定好相机的位置，利用相机自拍功能，避免自己的衣服颜色反射到物品上。

③ 拍摄食品。通常用“色、香、味”俱全来形容食品的好坏，“色、香、味”是食品的特点，那么如何用图片来表现食品这个特点呢？熟透了的食品往往颜色偏向于黑色，颜色太深导致图片缺乏美感，调动不了卖家的食欲。因此，拍摄熟的食品一般是在一做完就立马拍摄，保证食品处于最佳的状态，体现食品“色、

香、味”。如果在食品表面涂上一层油，“色”相会更加好看。

④ 拍摄衣服。据了解，这是所有物品中最容易拍摄的一类物品，也是最容易表现特点的物品。在拍摄过程中，手绝对不能颤抖，否则会抹杀了服装质感的表现。在用光方面，细腻质料的服装比较适合用柔和点的光；粗糙质料的服装比较适合直接打光，以挽回质料差的缺陷。刚进货衣服由于折叠会比较皱，可以先用熨斗把它烫平整再拍摄，图片的效果会更好。

3. 网站图片编排

一旦拍摄完成，图片就会以 JPEG 或者 GIF 文件格式存储于相机中，此时的图片基本定型，仅能通过 Photoshop 做一些简单的调整，比如，图片裁剪（去掉无用的背景，尽量将物品撑满整个图片）、图片光感度调整、对比度调整，或者为图片增加边框等。

因而图片是否足够吸引人基本取决于前期拍摄，找到物品与众不同的亮点并充分展现物品的亮点，例如某些物品会夜间发光，因而夜间拍摄能够更充分展现它的亮点。

另外，在编辑图片时，要谨慎使用一些效果功能，例如灯光效果、阴影效果，在增加美感的同时也需要注意与实物一致。

二、网站中动画的格式

网页作为一种多媒体的平台，它可以插入各种类型的媒体文件，比如动画，常见的动画格式有以下几种。

1. GIF 动画格式

GIF（Graphics Interchange Format）的原意是“图像互相格式”。GIF 文件的数据，是一种基于 LZW 算法的连续色调的无损压缩格式。其压缩率一般在 50% 左右，它不属于任何应用程序。目前几乎所有相关软件都支持它，公共领域有大量的软件在使用 GIF 图像文件。

2. AVI 格式

AVI 是对视频、音频文件采用的一种有损压缩方式，该方式的压缩率较高，并可将音频和视频混合到一起，因此尽管画面质量不是太好，但其应用范围仍然非常广泛。AVI 文件目前主要应用在多媒体光盘上，用来保存电影、电视等各种影像信息，有时也出现在 Internet 上，供用户下载、欣赏新影片的精彩片段。

3. SWF 格式

SWF（Shock Wave Flash）是 Macromedia（现已被 Adobe 公司收购）公司的动画设计软件 Flash 的专用格式，是一种支持矢量和点阵图形的动画格式，被广泛应用于网页设计、动画制作等领域。SWF 文件通常也被称为 Flash 文件。SWF 可以用 Adobe Flash Player 打开，浏览器必须安装 Adobe Flash Player 插件。

4. FLIC FLI/FLC 格式

FLC/FLI（FLIC 文件）是 Autodesk 公司在其出品的 2D、3D 动画制作软件中采用的动画文件格式，FLIC 是 FLC 和 FLI 的统称。FLI 是最初的基于 320×200 分辨率的动画文件格式，在 Autodesk 公司出品的 Autodesk Animator 和 3D Studio 等动画制作软件均采用了这种彩色动画格式。

由于 FLC 仅仅支持 256 色的调色板，因此它会在编码过程中尽量使用抖动算法（也可以设置不抖动），以模拟真彩的效果。这种算法在色彩值差距不是很大的情况下几乎是可以达到乱真的地步，例如，红色 A（R:255，G:0，B:0）到红色 B（R:255，G:128，B:0）之间的抖动。

5. MOV、QT 格式

MOV 即 QuickTime 影片格式，它是 Apple 公司开发的一种音频、视频文件格式，用于存储常用数字媒体类型。当选择 QuickTime（*.mov）作为“保存类型”时，动画将保存为 .mov 文件。

QT 是诺基亚开发的一个跨平台的 C++ 图形用户界面应用程序框架。它提供给应用程序开发者建立艺术级的图形用户界面所需的所有功能。QT 是完全面向对象的，很容易扩展，并且允许真正的组件编程。

6. 虚拟现实动画（VR）

VR 是一项综合集成技术，涉及计算机图形学、人机交互技术、传感技术、人工智能等领域，它用计算机生成逼真的三维视、听、嗅觉等感觉，使人作为参与者通过适当装置，自然地对虚拟世界进行体验和交互作用。使用者进行位置移动时，计算机可以立即进行复杂的运算，将精确的 3D 世界影像传回让人产生临场感。

三、网站中的音频与视频

1. 网站音频的格式和编排

（1）WAV 格式

WAV 格式的音频文件具有较好的声音品质，许多浏览器都支持此格式，并且不要求安装插件。可以用 CD、磁带、麦克风等获取自己的 WAV 文件。但是，WAV 文件容量通常较大，严格限制了可以在 Web 页面上使用的声音剪辑的长度。

（2）MP3 格式

MP3 格式的音频文件最大的特点就是能以较小的比特率，较大的压缩比达到近乎完美的 CD 音质。CD 是以 1.41Mbps 的数据流量来表现优异的音质的。而 MP3 仅需要 122kbps 或 128kbps 就可以达到逼真的 CD 音质。所以，可以用 MP3 格式对 WAV 格式的音频文件进行压缩，既可以保证音质效果，也达到了减小文件容量的目的。

（3）MIDI 格式

这种格式一般用于乐器类的音频文件。许多浏览器都支持 MIDI 格式的文件，并且不要求安装插件。尽管其声音品质非常好，但根据声卡的不同，声音效果也会有所不同。

（4）AIF 格式

与 WAV 格式类似，AIF 格式的音频文件也具有较好的声音品质，大多数浏览器都支持该格式，并且不要求安装插件，也可以从 CD、磁带、麦克风等获取 AIF 文件。但是，该格式文件的容量必须在计算机上进行合成。

2. 网站视频的格式与编排

（1）DV（Digital Video）

DV 格式是一种国际通用的数字视频标准，1996 年由 10 多个厂家联合开发而成。DV 视频的亮度取样频率为 13.5MHz，使用 4 ∶ 2 ∶ 0（PAL）数字分量记录系统。DV 使用 DCT（Discrete Cosine Transform）帧内压缩，允许 2 声道、48kHz、16 比特录音，或者用 4 声道、32kHz、12 比特录音。

（2）DV25 格式

DV25 是普通 DV 摄像机 Mini DV、DVCAM 和 Digital18 等视频格式所用的

视频压缩标准。DV25 格式采用 4 ：1 抽样视频，5 ：1 的压缩比。DV25 的视频数据比率是 25Mbps。

（3）AVI 格式

AVI 即音频视频交错（Audio Video Interleaved 的英文缩写）。在 AVI 文件中，运动图像的伴音数据是以交错的方式存储的，并独立于硬件设备。由于 AVI 本身的开放性，获得了众多编程技术研发商的支持，现在几乎所有运行在 PC 上的通用视频编辑系统，都是以支持 AVI 为主的。AVI 的主要特点就是兼容好、调用方便、图像质量好，但缺点就是文件过于庞大。

（4）MPEG 标准

MPEG 即动态影像专家组（Moving Pictures Experts Group 英文的缩写）。MPEG 当前的主要标准有 MPEG-1、MPEG-2、MPEG-4、MPEG-7 及 MPEG-12 共 5 个。

（5）RealVideo

RM（Real Media）是 RealNetworks 公司开发的流媒体文件格式。这类文件可以实现即时播放，即先从服务器上下载一部分视频文件，形成视频流缓冲区后实时播放，同时继续下载，为加载播放做好准备，适合在线观看影视作品。

RM 主要用于低速率的网上实时传输视频的压缩格式，它具有体积小而又比较清晰的特点。Real Media 可以根据网络数据传输时速率的不同来指定压缩比率，从而实现在低宽带的网络环境下载影音文件的传输和不间断播放。

RMVB 全称 Real Media Variable Bitrate，它的特点是对静止和动作场面采用较低的编码速率，这样可以留出更多的带宽空间为快捷运动画面场景所用。这样在保证了静止画面质量的前提下，大幅度地提高了运动图像的画面质量，从而使图像质量和文件大小之间达到了一种巧妙的平衡，因此 RMVB 在网络得到了广泛的应用。

（6）ASF 格式

ASF 是 Advanced Streaming Format 的缩写，是微软公司推出的流媒体格式，使用了 MPEG-4 的压缩算法，所以压缩率和图像的质量都很不错。

ASF 格式与 Real Media 一样，也可以进行网络广播，其原理与 Real Server 基本相同。其实 ASF 格式就是微软公司为了和 Real Networks 公司的 RM 格式竞争而发展出来的一种流媒体格式。

（7）WMV 格式

WMV 是 Windows Media Video 的缩写，是微软公司的视频格式。与 ASF 格式一样，WMV 也采用了 MPEG-4 编码技术，并在其规格上进行了进一步的开发，在可扩充的媒体类型、本地或网络回放、流的优先级化、多语言支持、扩展性等几个方面都进行了特殊优化，使得它更适合在网络上传输。

WMV9 是微软最新发布的流媒体编码标准，与 RMVB 格式一样引入了 VBR（Variable Bitrate）编码方式，其性能与编码质量与 RMVB 相近。

（8）MOV 格式

MOV（Movie Digital Video Technology）是 Apple 公司创立的视频文件格式，该格式早期只是应用在苹果电脑上。MOV 格式影音有跨平台、压缩率高、支持网络流媒体播放等特点。MOV 格式可以采用不同的压缩率进行转换，这样就能够针对不同的网络环境选择不同的转换压缩率。

（9）FLV 格式

FLV 流媒体格式是一种新的视频格式，全程为 Flash Video。由于它形成的文件极小、加载速度极快，使得网络观看视频成为可能，它的出现有效地解决了视频文件导入 Flash 后，使导出的 SWF 文件体积庞大，不能在网络上很好地使用等缺点。

目前各在线视频网站均采用此视频格式，如新浪博客、土豆、酷 6、Youtube 等，无一例外。FLV 已经成为当前视频文件的主流格式。

四、网页制作的基础

1. 网页的版式设计

网页版本的基本类型主要有骨骼型、满版型、分割型、中轴型、曲线型、倾斜型、对称型、焦点型、三角型、自由型 10 种。

（1）骨骼型

网页版式的骨骼型是一种规范的、理性的分割方法，类似报刊的版式。常见的骨骼型版式有竖向的通栏、双栏、三栏、四栏和横向的通栏、双栏、三栏、四栏等。一般以竖向分栏较多。这种版式给人以和谐、理性的感受。集中分栏方式结合使用，既理性、条理，又活泼而富有弹性，如图 6-18 所示。

图 6-18　骨骼型网页截图

（2）满版型

页面以图像充满整版，主要以图像为诉求点，也可以将部分文字压制于图像之上。其视觉传达效果直观而强烈。满版型给人以舒展、大方的感觉。随着宽带的普及，这种版式在网页设计中的运用越来越多，如图 6-19 所示。

图 6-19　满版型网页截图

（3）分割型

分割型版式把整个页面分成上下或左右两个部分，分别安排图片和文案。两个部分形成对比：有图片的部分感性而又具活力，文案部分则理性而平静。可以调整图片和文案所占的面积，来调节对比的强弱。例如，如果图片所占比例过大，文案使用的字体过于纤细，字距、行距、段落的安排又很疏落，则会造成视觉心理的不平衡，显得生硬。倘若通过文字或图片将分割线虚化处理，就会产生自然和谐的效果，如图 6-20 所示。

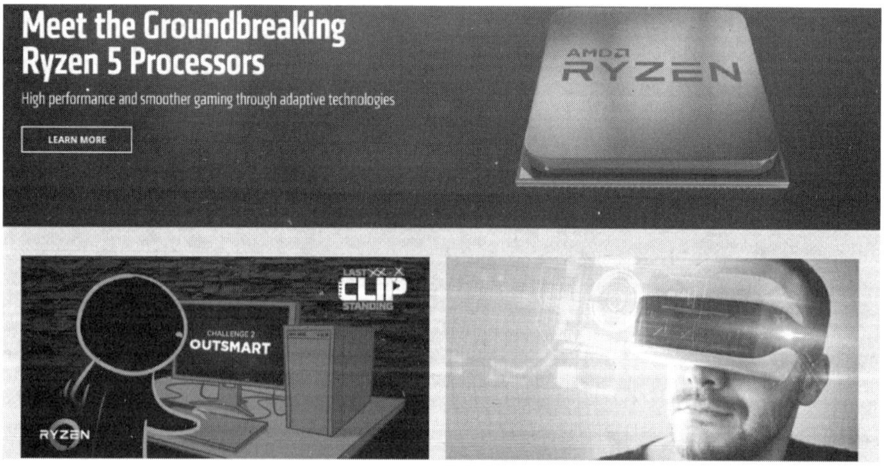

图 6-20　分割型网页截图

（4）中轴型

中轴型版式即沿浏览器窗口的中轴将图片或文字作水平或垂直方向的排列。

水平排列的页面给人稳定、平静、含蓄的感觉。垂直排列的页面给人以舒畅的感觉，如图 6-21 所示。

图 6-21　中轴型网页截图

（5）曲线型

曲线型版式将图片、文字在页面上做曲线的分割或编排构成，产生韵律与节奏，如图 6-22 所示。

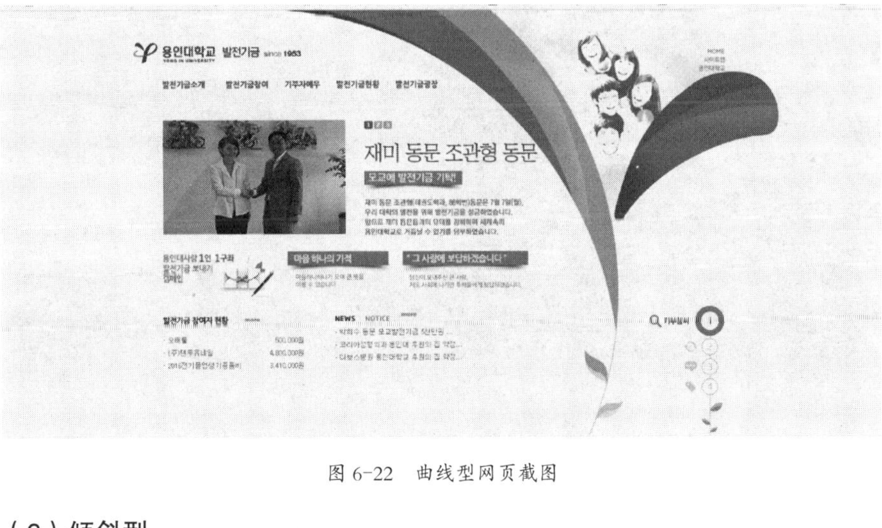

图 6-22　曲线型网页截图

（6）倾斜型

倾斜型版式页面主题形象或多幅图片、文字做倾斜编排，形成不稳定感或强烈的动感，引人注目，如图 6-23 所示。

图 6-23　倾斜型网页截图

（7）对称型

对称的页面，给人稳定、严谨、庄重、理性的感受。

对称分为绝对对称和相对对称，以避免呆板。左右对称的页面版式比较常见，如图 6-24 所示。

图 6-24　对称型网页截图

（8）焦点型

焦点型的网页版式通过对视线的诱导，使页面具有强烈的视觉效果，如图 6-25 所示。焦点型版式分以下 3 种情况。

①中心。以对比强烈的图片或文字置于页面的视觉中心。

② 向心。视觉元素引导浏览者视线向页面中心聚拢，就形成了一个向心的版式。向心版式是集中的、稳定的，是一种传统的手法。

③离心。视觉元素引导浏览者视线向外辐射，则形成一个离心的网页版式。离心版式是外向的、活泼的，更具现代感，运用时应注意避免凌乱。

图 6-25 焦点型网页截图

（9）三角型

三角型版式指网页各项视觉元素呈三角形排列。正三角形（金字塔型）最具稳定性，倒三角形则产生动感。侧三角形构成一种均衡版式，既安定又有动感。示例如图 6-26 所示。

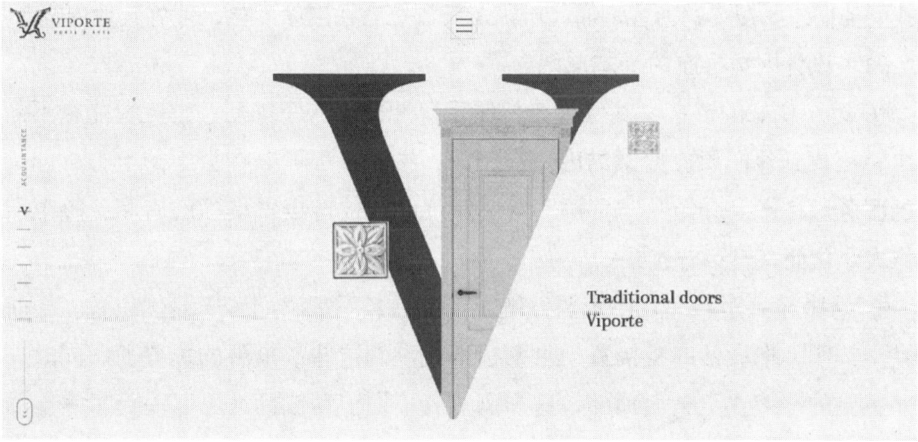

图 6-26 三角型版式网页截图

（10）自由型

自由型版式的网页具有活泼、轻快的风格，如图 6-27 所示。

图 6-27　自由型网页截图

2. 网页的导航设计

导航栏能让我们在浏览网页时很容易地到达不同的页面，是网页元素非常重要的部分。网页导航在一个网站中起着重要作用，它不仅仅让访客在网站上简单迅速地找到他们想要搜寻的内容，而且可以引导浏览者在网站上尝试搜寻其他内容。

（1）设计网页导航的基本准则

① 组织良好的链接。确保链接按照重要性进行有序排列。浏览者能在不同分类中轻松找到他们想要搜索的内容。例如，主链接都可以在页面的上方，如“我们的服务”、“产品介绍”、“资源”等。其他有趣的链接置页面的右侧，整个网页操作大众化而又贯穿着连续。

② 清晰且鲜明。一旦决定要做链接，必须考虑把它们置于最优位置。导航必须突出鲜明，把设计的链接置于页面顶部或左侧这些最抢眼的位置上。同时，把一些主要的链接置于页面顶部，这样浏览者不用滚动鼠标就可以一目了然。图片的链接应和谐地融入网站设计。避免将链接放置在页面的底部，这样的话，浏览者只有下翻到页底才能看到这些链接。可以将重要链接同时置于顶部与底部，以引起访客注意。

③ 连贯性。导航必须清晰且连贯。在网站每一页的相同位置都应没有相同顺序的重要链接。不要因为不同页面链接的顺序问题让浏览者感到困惑。

④ 易于理解。确保链接言简意赅。通常不会有很大的空间来设置长链接，要

确保空间的有效利用。访客点击链接的位置要一目了然，因此，链接的设置应易于理解，否则没人会点击链接，这将有悖于设计网页链接初衷。

⑤ DHTML 菜单。对于一大堆的分类栏和子栏，需要导航菜单来帮助组织链接。网上有很多粘贴脚本，可以借助它们创建强大的导航系统。

（2）几种常用的导航

① 顶部水平栏导航。顶部水平栏导航是当前两种最流行的网站导航菜单设计模式之一。它常用于网站的主导航菜单，且通常放在网站所有页面的网站头的直接上方或者直接下方。顶部水平栏导航设计模式有时伴随有下拉菜单，当鼠标移到某个方向上时会弹出它下面的子导航项。

如图 6-28 所示顶部水平栏导航一般具有以下特征：导航像是文字链接、按钮形状，或者选项卡形状；导航一般放在邻近网站 logo 的地方，通常位于折叠之上。

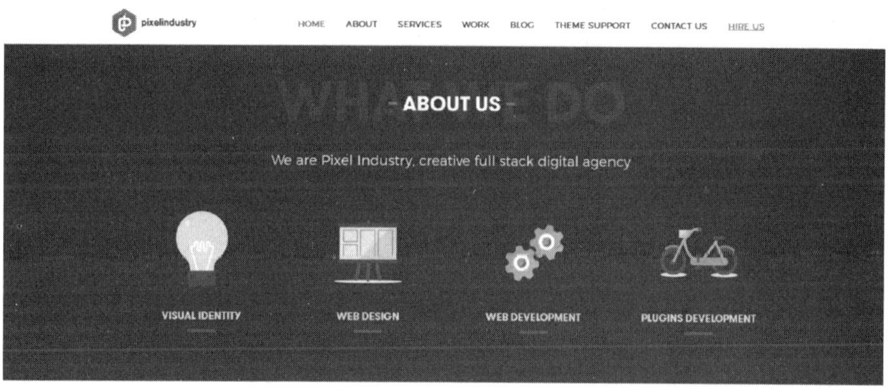

图 6-28　顶部水平栏导航截图

顶部水平栏导航对于只需要在主要导航中显示 5 ～ 12 个导航项的网站来说是非常好的。当它与下拉子导航结合时，这种设计模式可以支持更多的链接。

② 竖直 / 侧边栏导航。侧边栏导航的导航项常排列在一个单项，一项在另一项的上面。它经常在左上角的列上，在主内容区之前。根据一份针对读者习惯的导航模式可用性研究报告，左边的竖直导航栏比右边的竖直导航表现要好。

侧边栏导航设计模式随处可见，几乎存在于各类网站上。这有可能是因为竖直导航是当前最通用的模式之一。

侧边导航栏可以与子导航菜单一起使用，也可以单独使用。它更适合用于包含很多链接的网站主导航。侧边栏导航可以集成在几乎任何种类的多栏布局中。

侧边栏导航的一般特征有：文字链接作为导航项很普遍（包含或不包含图标）；

很少使用选项卡（除了堆叠标签导航模式）；竖直导航菜单经常含有很多链接。

竖直 / 侧边栏导航适用于几乎所有种类的网站，尤其适合于有一堆主导航链接的网站，如图 6-29 所示。

图 6-29　竖直 / 侧边栏导航截图

③ 出式菜单和下拉菜单导航。出式菜单（与竖直 / 侧边栏导航一起使用）和下拉菜单（一般与顶部水平栏导航一起使用）是构建健壮的导航系统的好方法。它会使网站整体上看起来很整洁，而且使深层章节很容易被访问，如图 6-30 所示。通常结合水平、竖直或选项卡导航一起使用，共同作为网站主导航系统的一部分。

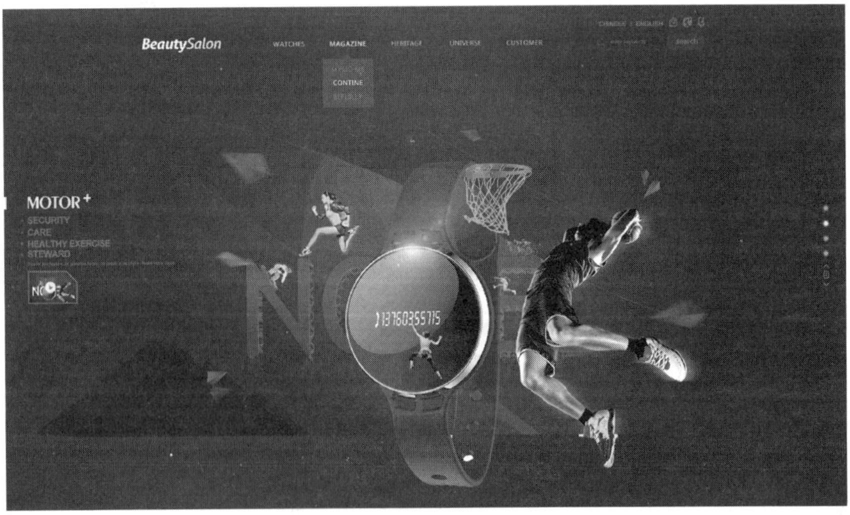

图 6-30　出式菜单和下拉菜单导航截图

出式菜单和下拉菜单导航的一般特征为：①用于多级信息结构；②使用 JavaScript 和 CSS 来隐藏和显示菜单；③显示在菜单中的链接是主菜单项的子项；

④菜单通常在鼠标悬停在上面时被激活，而有时候也可能是鼠标单击时被激活。

如果想在视觉上隐藏很大的或很复杂的导航层次，出式菜单和下拉菜单导航是很好的选择，因为它让用户决定他们想看见什么，以及什么时候可以看见它们。它们可以用来在不弄乱网页的情况下按需显示很大数量的链接。它们还可以用来显示子页面和局部导航，并且不需要用户点击打开新的页面。

大多数网站使用不止一种导航设计模式。例如一个网站可能会用顶部水平栏导航作为主导航系统，并使用竖直 / 侧边栏导航系统来做辅助。当选择导航系统所基于的导航设计模式时，我们必须选择支持该导航系统的信息结构以及网站特性的方案。导航是网站设计的重要部分，它的效果必须有坚实的基础设计。

3. HTML 语言

做网站离不开 HTML 语言，那么 HTML 语言到底是什么呢？计算机领域大部分名词都源于英文，HTML 也一样，它是“Hypertext Markup Language”这几个英文单词的首字母缩写，中文意思是“超文本标记语言”。它是用于描述网页文档的一种标记语言，是网页制作人员必须掌握的一门计算机语言。HTML 语言是一种解释性语言，也就是说它不需要通过编译就能够被计算机执行，只需要使用对应的查看程序就可以打开它们，HTML 文件我们可以使用 Web 浏览器打开，比如 Internet Explorer、Firefox 等。

（1）HTML 语言简介

超级文本标记语言（英文缩写：HTML）是标准通用标记语言下的一个应用，也是一种规范、一种标准，它通过标记符号来标记要显示的网页中的各个部分。网页文件本身是一种文本文件，通过在文本文件中添加标记符，可以告诉浏览器如何显示其中的内容（如文字如何处理、画面如何安排、图片如何显示等）。浏览器按顺序阅读网页文本，然后根据标记符解释并显示其标记的内容，对书写出错的标记将不指出其错误，且不停止其解释执行过程，编制者只能通过显示效果来分析出错原因和出错部位。但需要注意的是，对于不同的浏览器，对同一标记符可能会有不完全相同的解释。

下面来看一小段 HTML 语言的代码，来了解 HTML 语言的基本结构。

```
<html>
<head>
<title>HTML 语言的基本结构 </title>
```

```
</head>
<body>

HTML 是使用特殊标记来描述文档结构和表现形式的一种语言。

</body>
</html>
```

将这一小段代码粘贴至文本文件中，然后选择“另存为”，将文件的后缀名改为 .Htm 或者 .Html 即可，然后在所在的目录下就可看到一个 IE 的图标，名字就是刚才所存的文件名称。

（2）HTML 语言案例制作

用 HTML 语言为网站设计一个简单的留言板，程序如下。

步骤一：打开 Dreamweaver CS5，如图 6-31 所示。

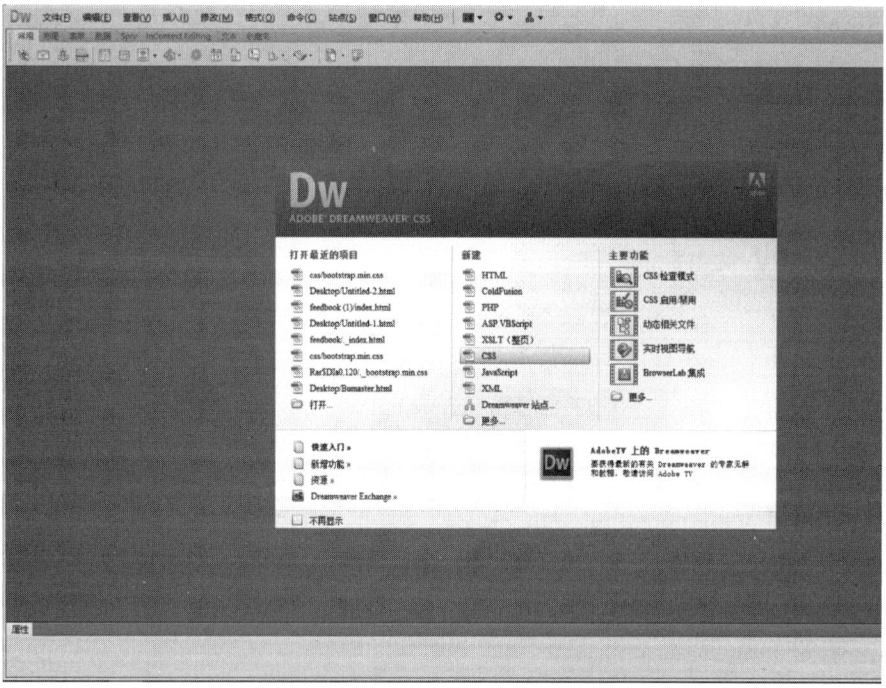

图 6-31　Dreamweaver CS5 界面图

步骤二：新建 HTML 文档，按快捷键 Ctrl+N，打开如图 6-32 所示的“新建文档”对话框。

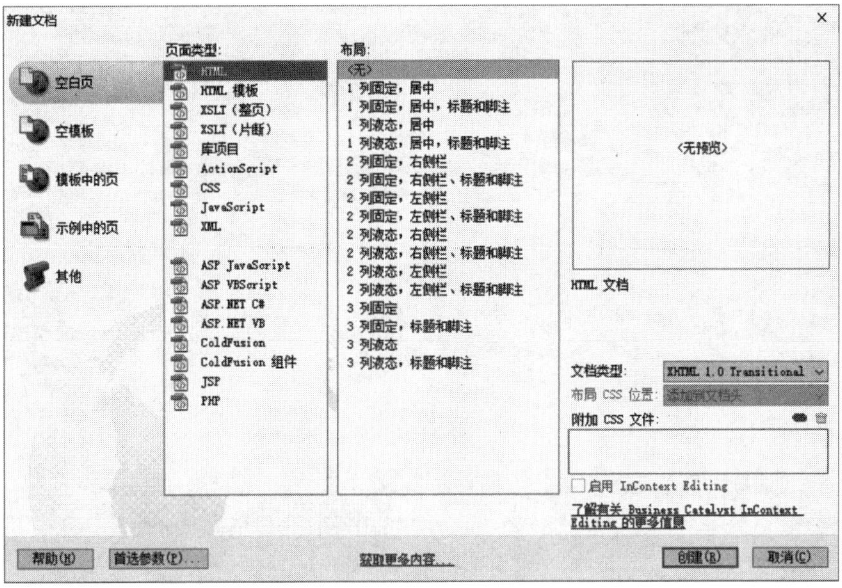

图 6-32 “新建文档”对话框

步骤三：单击右下方“附加 CSS 文件”的小锁链，在打开的“选择样式表文件”对话框中添加 CSS 文件，选中“bootstrap.min”，如图 6-33 所示，并单击“确定”按钮，然后创建 HTML 文档如图 6-34 所示。

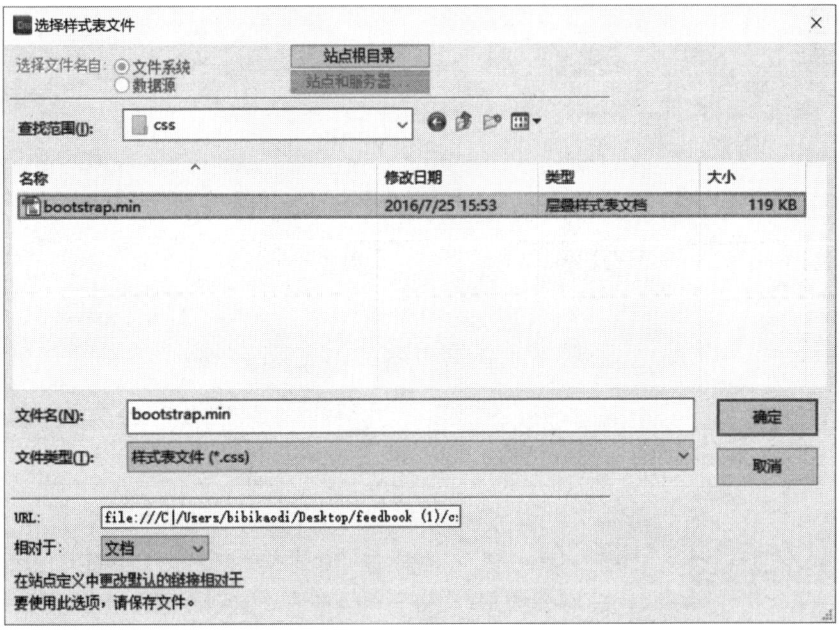

图 6-33 附加 CSS 样式表

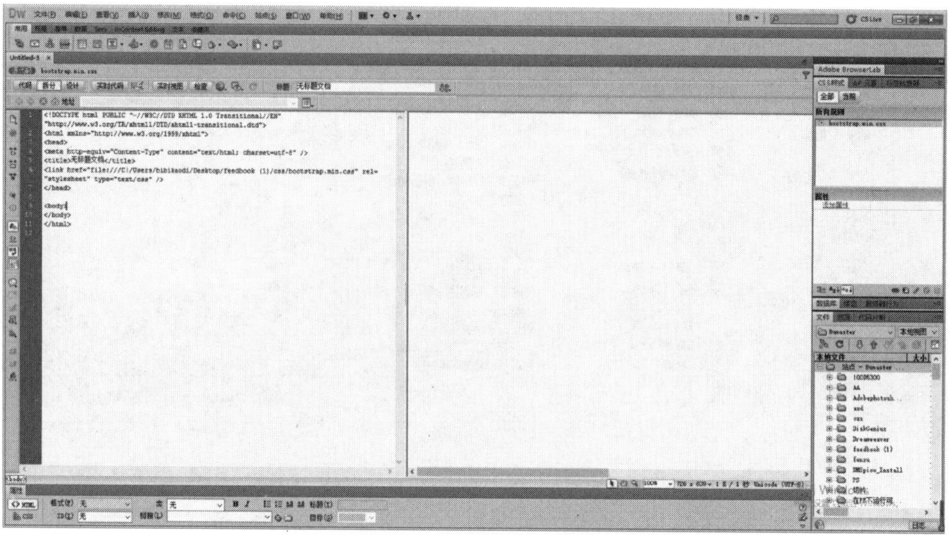

图 6-34　创建已添加 CSS 样式表的 HTML 文档

步骤四：复制以下代码至设计或代码窗口的 <body> 至 </body> 中间，如图 6-35 所示，得到的效果如图 6-36 所示。

```
<div class="container">
    <div class="row" style="margin-top: 50px;">
        <form>
        <div class="form-group">
        <label for="name">姓名</label>
        <input type="text" class="form-control" id="name" placeholder="请输入姓名">
        </div>
        <div class="form-group">
        <label for="phone">电话</label>
        <input type="text" class="form-control" id="phone" placeholder="请输入电话">
        </div>
        <div class="form-group">
        <label for="exampleInputFile">留言内容</label>
        <textarea class="form-control" rows="3" placeholder="请输入留言内容"></textarea>
```

```
                </div>
                <button type="submit" class="btn btn-primary">Submit</button>
                </form>
            </div>
        </div>
```

```
<body>
    <div class="container">
        <div class="row" style="margin-top: 50px;">
            <form>
              <div class="form-group">
                <label for="name">姓名</label>
                <input type="text" class="form-control" id="name" placeholder="请输入姓名">
              </div>
              <div class="form-group">
                <label for="phone">电话</label>
                <input type="text" class="form-control" id="phone" placeholder="请输入电话">
              </div>
              <div class="form-group">
                <label for="exampleInputFile">留言内容</label>
                <textarea class="form-control" rows="3" placeholder="请输入留言内容"></textarea>
              </div>
              <button type="submit" class="btn btn-primary">Submit</button>
            </form>
        </div>
    </div>
</body>
```

图 6-35 插入代码

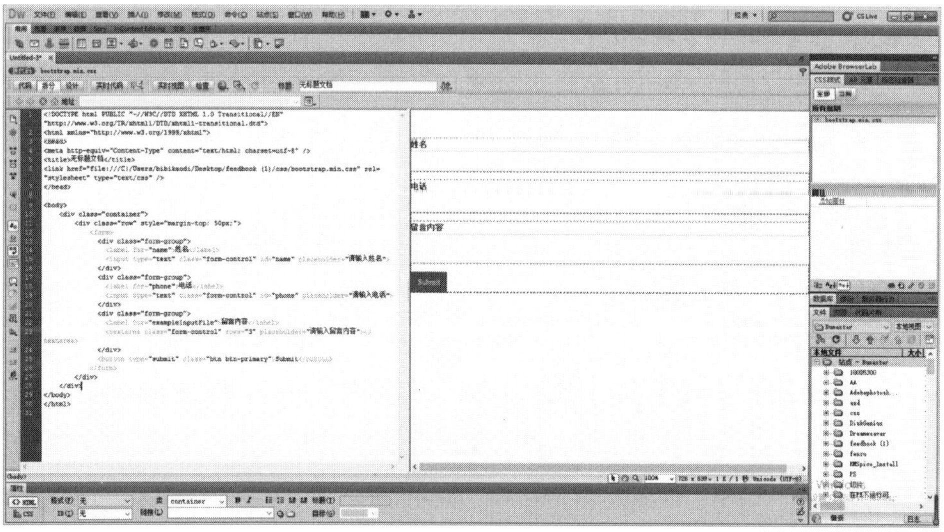

图 6-36 代码录入效果图

步骤五：按 F12 键保存，并预览，最终呈现的效果如图 6-37 所示。一个简单的留言板就完成了。

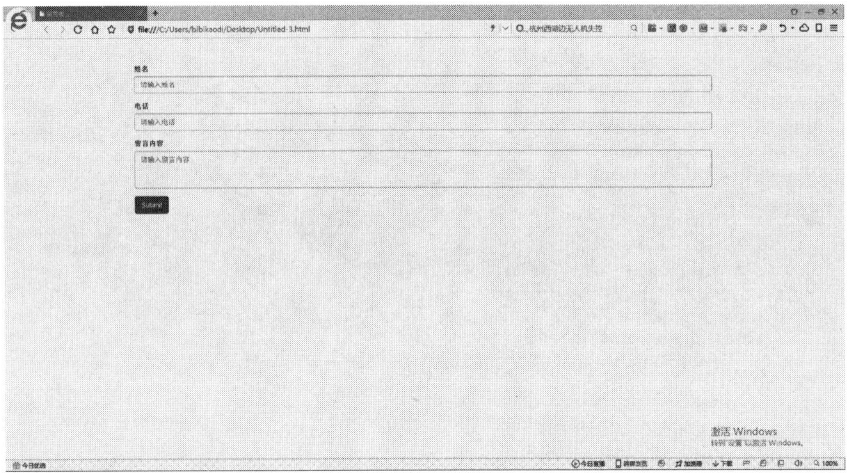

图 6-37　留言板最终效果图

任务实操

[任务描述]

通过 Photoshop 来处理图片素材并制作网站内容并切片，然后使用 Dreamweaver 软件进行网页排版、布局和上传预览。完成本任务的基本流程如图 6-38 所示。

收集与整理站点素材
↓
用Photoshop处理图片
↓
用Dreamweaver CS5制作网页
↓
讨论并制作好主页

图 6-38　任务基本流程

[任务实施步骤]

1. 收集与整理站点素材

收集与整理站点素材，是一项费时费力的工作，需要精心组织与筹备，包括图片的收集与处理，动画、影音文件的制作与编辑。准备好素材后，要确定站点在本地计算机上的存放位置，并在站点文件夹下分别建立用于存放站点文件和素材的子文件夹，如用于存放图像、动画、应用程序、插件等的文件夹，文件夹的命名最好与所存放的内容相关，以便查找，进行网页的编辑与制作。

2. 用 Photoshop 处理图片

Adobe 公司出品的 Photoshop 具有强大的图形图像处理功能，自推出之日起就一直深受广大平面设计者的好评。Photoshop CS5 版本功能强大、操作灵活，为使用者提供了更为广阔的使用空间和设计空间，使平面设计工作更加方便、快捷。

Photoshop CS5 作为专业的图形图像处理软件，可以使用户提高工作效率，尝试新的创作方式以及制作适用于打印、Web 图形和其他用途的最佳品质的图像等。通过边界的文件数据访问、流线型的 Web 设计、更快的专业品质照片润饰功能及其他功能等，可创造出无与伦比的影像世界。

接下来了解下 Photoshop CS5 软件的基础。

① 启动 Photoshop CS5。在桌面左下角单击“开始”按钮，在弹出的“开始”菜单中执行“所有程序”→“Adobe Photoshop CS5”命令，或者双击桌面的 Photoshop CS5 快捷方式图标即可启动 Photoshop CS5。

② 认识 Photoshop CS5 的工作界面。启动并打开图像界面，如图 6-39 所示，可以看到 Photoshop 的工作界面由标题栏、菜单栏、工具箱、图像窗口、工作区、控制面板和状态栏组成。

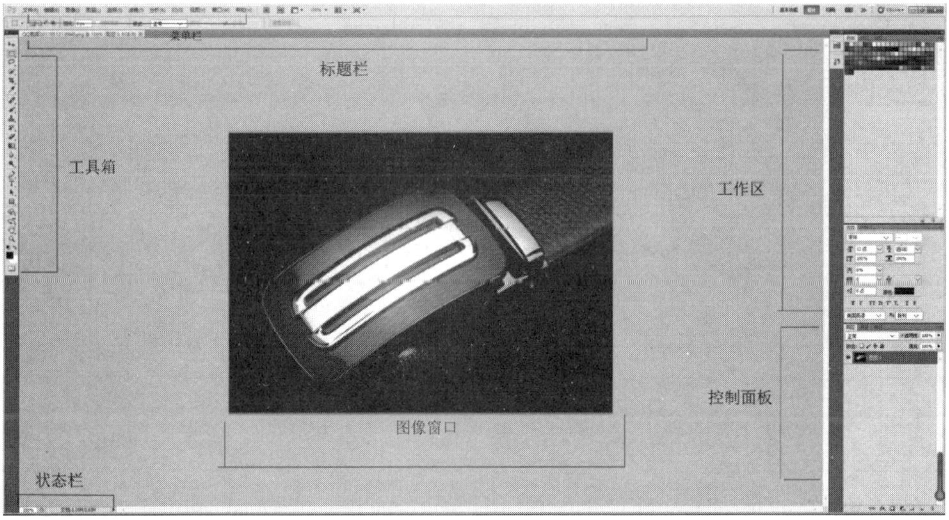

图 6-39　Photoshop CS5 工作界面截图

标题栏位于窗口的最上方，标志当前窗口打开的应用程序或窗口文档名称。

它的左边是控制菜单按钮，单击该图标可打开控制菜单。Photoshop 与

Windows 应用程序一样，根据编辑图像的各种需求，将所有的功能分类后，分别放在菜单栏的 9 个菜单中，每一个菜单都有属于自己的一组命令。在程序窗口的左侧有一个工具箱，它包含了用于图形处理的常用工具，每种工具以一种图标的形式表示，依照功能分为选择、绘图、图像编辑、辅助工具等。选择“窗口”→“工具”菜单可对该工具栏进行选择。按 Tab 键，可以切换工具箱的显示和隐蔽。双击最上边区域可缩小工具栏。工具栏按钮右下方的小三角，表示有扩展工具，在该按钮中按下鼠标左键不放，可弹出其隐藏的工具。拖动工具箱蓝条，可移动工具箱到桌面的其他位置。工作区是 Photoshop 操作窗口中的一个子窗口，用来编辑与处理图像文件的工作区域，又称文档窗口。每一幅打开的图像都有自己的编辑窗口，带有自己的标题栏，提供了文件的基本信息。控制面板是 Photoshop 特有的图像用户界面控件，利用控制面板设置工具参数、选择颜色、编辑图像以及显示信息等。

③ Photoshop CS5 案例制作，接下来通过一个实例的制作来熟悉 Photoshop CS5 软件的应用。

现有一款“步大师 Bu Master”护肤品公司的产品，在放入公司网站前，我们需要对其图片进行简单的处理，步骤如下。

步骤 1：打开 Photoshop CS5 软件进入工作界面，如图 6-40 所示。

图 6-40　Photoshop CS5 工作界面截图

步骤 2：新建一个文档，如图 6-41 所示设置相应参数。

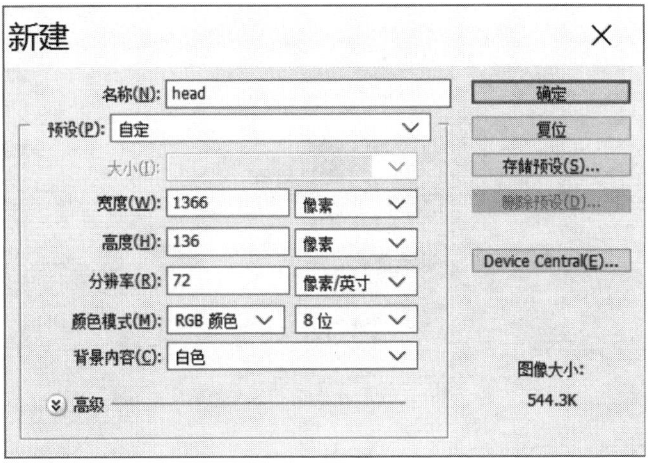

图 6-41 新建文档属性设置截图

步骤 3：通过“文件”→“打开”菜单命令，打开如图 6-42 所示对话框，打开素材 font.jpg。

步骤 4：利用移动工具将背景图片移至 water 文档中，效果如图 6-43 所示。

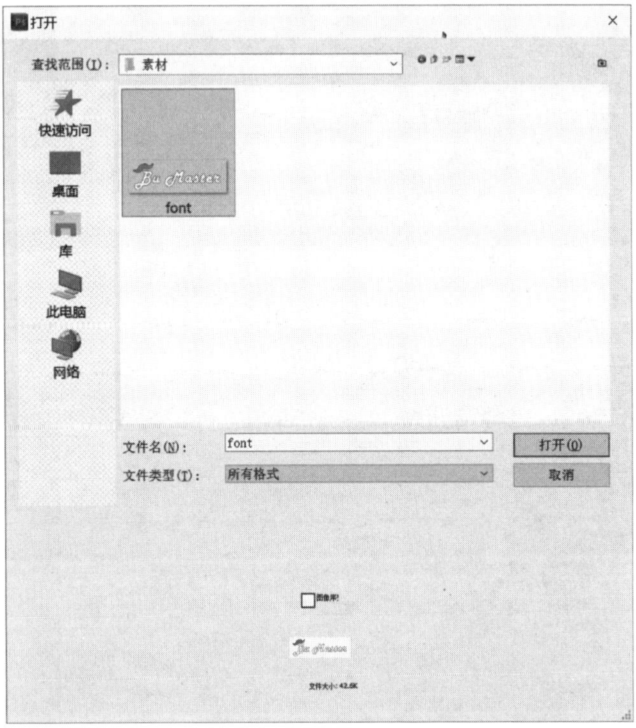

图 6-42 “打开”对话框

图 6-43 font 图片移至图层 1 效果截图

步骤 5：使用矩形选择工具（U），如图 6-44 所示，然后颜色选择为黑色，调整图层顺序，并按 Alt+Delete 组合键将前景色进行填充，最终效果如图 6-45 所示。

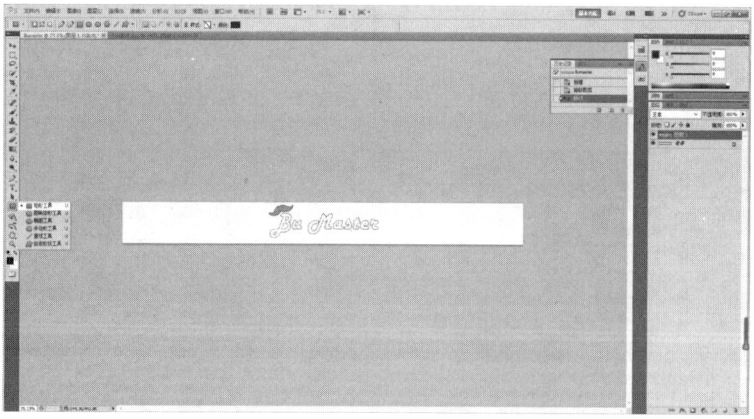

图 6-44 新建黑色矩形框

图 6-45 调整图层顺序后效果

步骤 6：接下来把制作好的文档命名为 head，新建一个新的网页文档如图 6-46 所示，并将 head 文档拖入新建的文档中如图 6-47 所示。

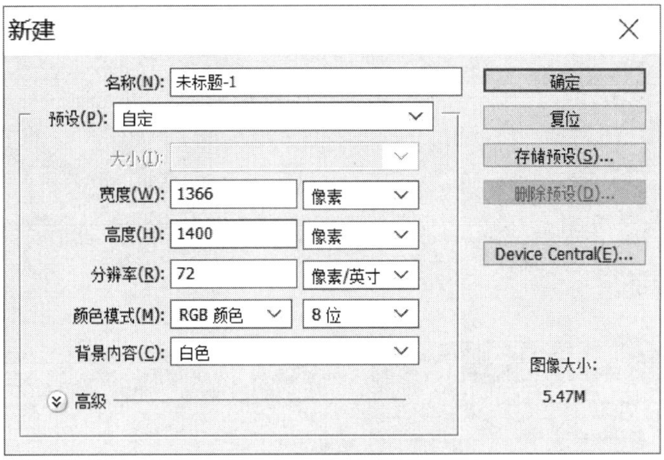

图 6-46　新建 web 文档截图

图 6-47　拖入后的效果

步骤 7：选择油漆桶工具，如图 6-48 所示，对背景图层进行填充，填充颜色为黑色 R（0）G（0）B（0），最终效果如图 6-49 所示。

步骤 8：接下来要做导航条，使用矩形选择工具，颜色设置为 R（206）G（158）B（96），效果如图 6-50 所示。

图 6-48　油漆桶工具选择

图 6-49　油漆桶填充后效果

图 6-50　导航条绘制

选择字体工具，如图 6-51 所示，将字体大小改为 12，字体样式改为 Arial 平滑，输入导航条文字内容，进行文字的输入编辑，最终效果如图 6-52 所示。

图 6-51　文字工具

图 6-52　文字编辑效果

步骤 9：对海报进行编辑，将图片 post.jpg 置入文档，效果如图 6-53 所示。按 Ctrl+T 组合键调整其大小到适当位置并选中 post 图层进行栅格化处理，之后对 post 图层使用蒙版工具（图层菜单栏下方），此时会在 post 图层旁出现白色的图层。选中该图层，使用画笔工具（B）将前景色设置为黑色，并在 post 图层周围进行涂抹，得到最终效果如图 6-54 所示。

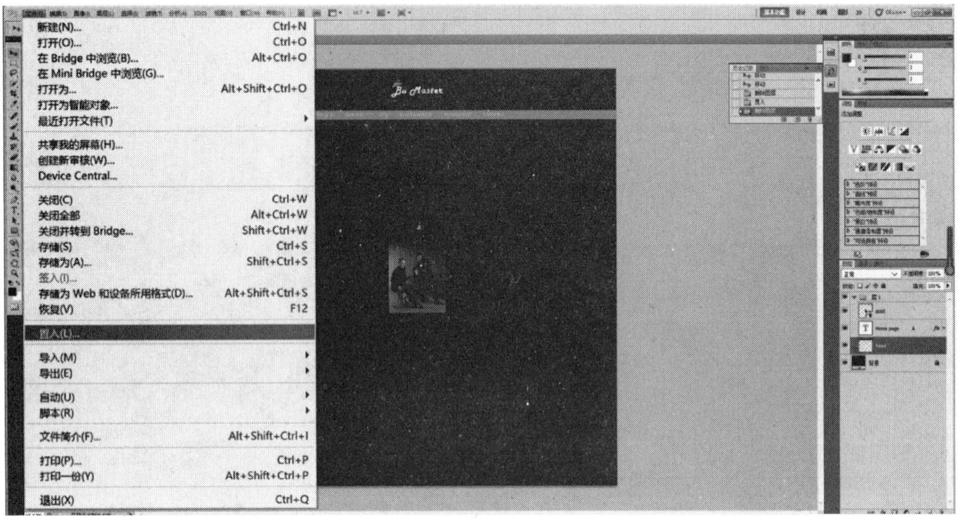

图 6-53　置入 post 文件

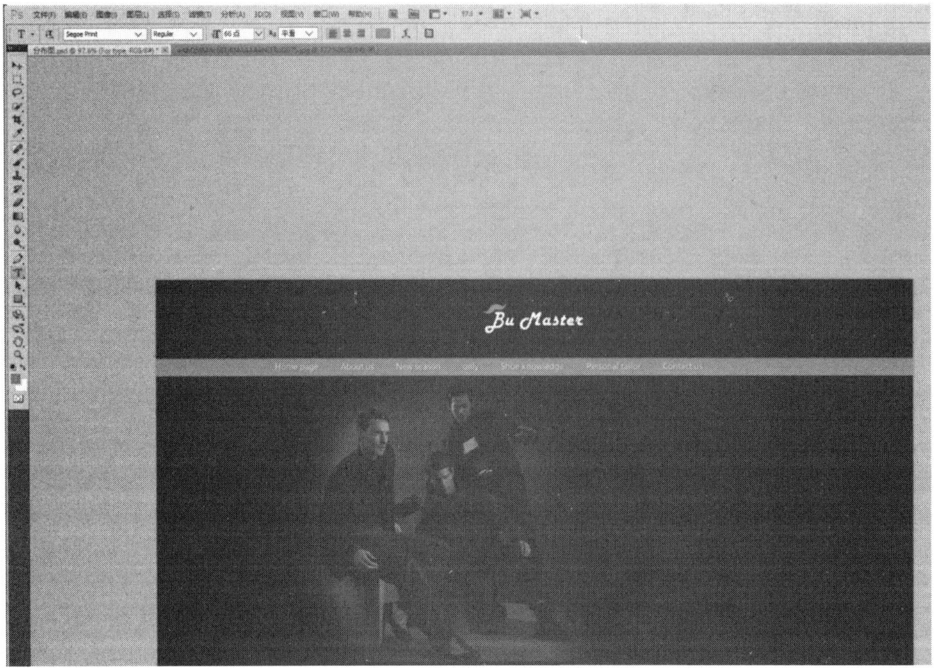

图 6-54　调整后效果

之后使用字体工具 T（T），输入“For type”并将前景色设置为 R（206）G（158）B（96）并填充，字体大小设置为 66，字体为 Segoe Print，调整位置。然后再次使用字体工具输入“More comfortable”，颜色为白色 R（255）G（255）B（255），字体同样为 Segoe Print，调整位置，得到最终效果如图 6-55 所示。

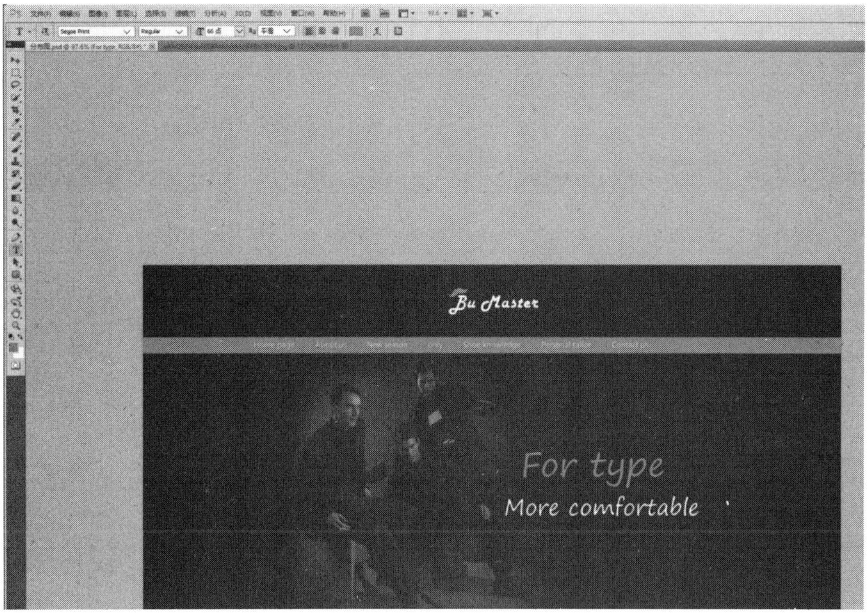

图 6-55 输入字体

步骤 10：从素材图片中将 shoes1.jpg 置入，调整其大小，将其位置摆放于 post 正下方，使用字体工具输入“New season”，字体为 Segoe Script，大小为 20，得到的效果如图 6-56 所示。

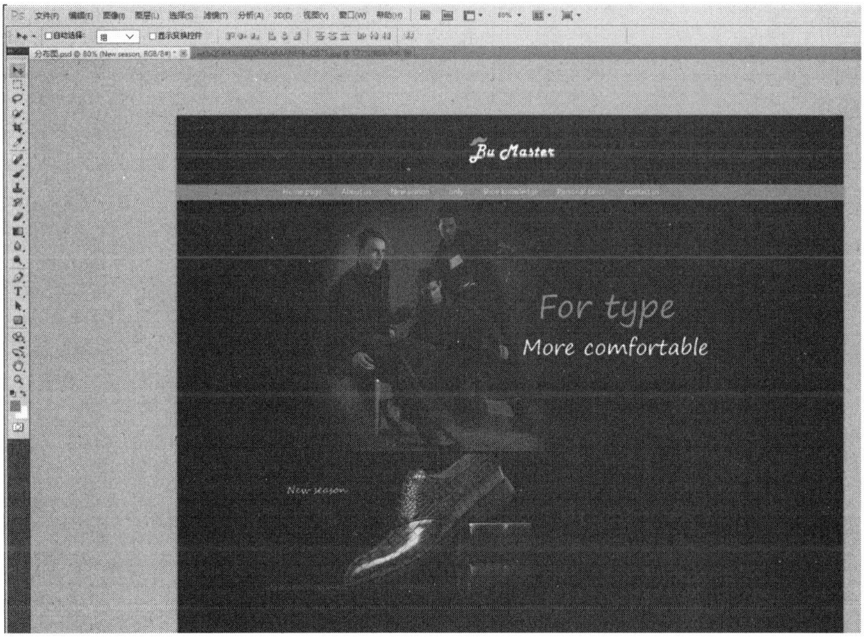

图 6-56 置入 shoes1 图片

接着将 leather.jpg 置入，位置摆放于 shoes1 的正下方，并调整大小使它们垂直对齐，利用字体工具输入“Leather shoes knowledge”，字体大小为 20。使用同样的方法将 shoes2 置入，利用字体工具输入“Private order”，将 shoes2 摆放于 leather 图层旁，并使用矩形工具以白色为前景色绘制矩形框，调整图层顺序，最终的效果如图 6-57 所示。

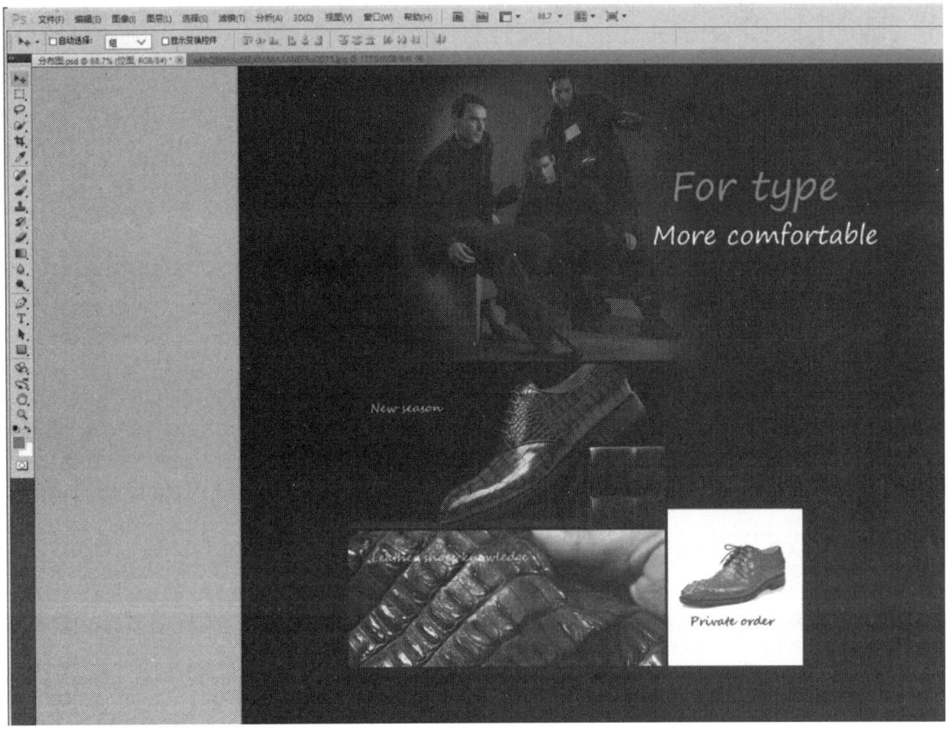

图 6-57　产品图片置入

步骤 11：对空白处进行绘制，使用矩形选择工具，填充与导航条一样的背景颜色，并再次将 font.jpg 置入，调整位置后的效果如图 6-58 所示。

依次将 design.jpg、shoes3.jpg 置入，将 design 摆放于浅棕色图层的旁边，shoes3 摆放于 design 下方，并在 shoes3 下方绘制相同颜色的矩形，调整各自大小，在 design 中间位置使用相同的字体及字体大小输入“About us”，在绘制的矩形中间输入“Contact us”，最终效果如图 6-59 所示。

然后在 design 图层和“Contact us”的浅棕色背景图层中绘制边框线，先将前景色设置为白色，design 图层中进行绘制矩形如图 6-60 所示。之后再用矩形选框工具（M）以稍小于该矩形的大小进行绘制，如图 6-61 所示，之后按 Delete 键进行删除，结果如图 6-62 所示。

图 6-58　绘制矩形

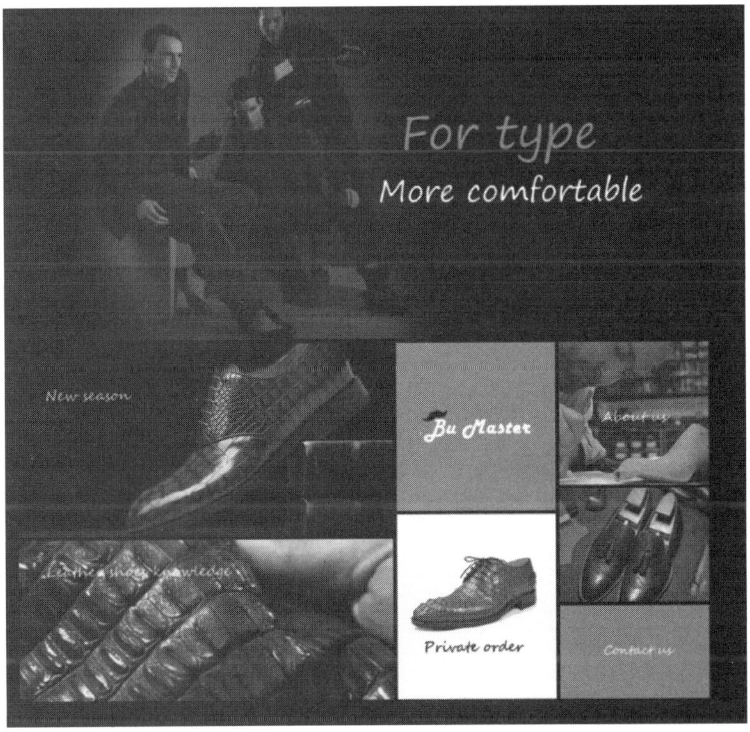

图 6-59　产品版面

图 6-60　绘制边线框

图 6-61　矩形选择框

图 6-62 最终效果

步骤 12：接下来绘制页尾，用导航条的颜色进行矩形绘制，并在矩形中输入以下内容“Step master Co.，Ltd. All Rights Reserved © 2000-2017 Address: No. 717 East Road，Wenzhou，China Tel: 0577-88332966 e-mail: zjets@mail.zjitc.net Zhejiang ICP 12044836”，最终效果如图 6-63 所示。

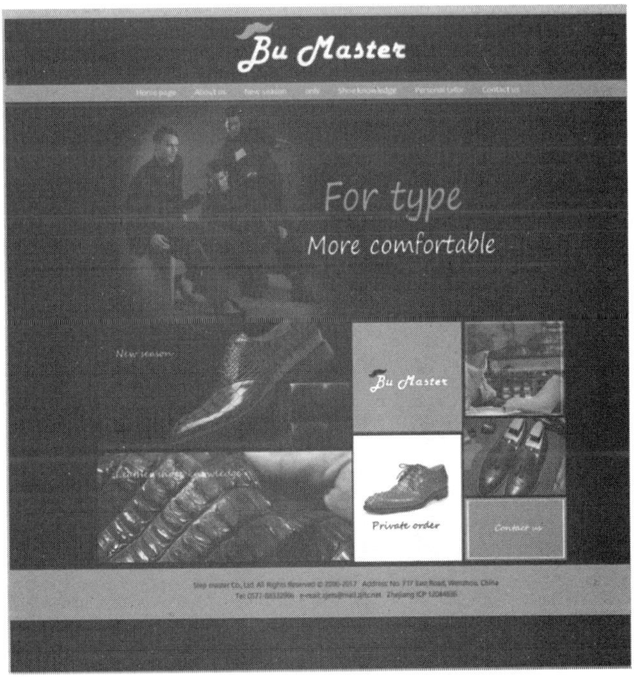

图 6-63 页尾绘制

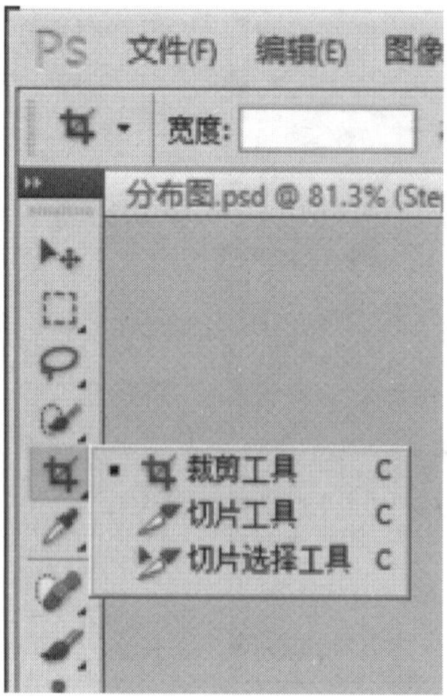

图 6-64 切片工具

步骤 13：接下来要进行切片工作，打开切片工具（C），如图 6-64 所示，依次将 logo、导航条、海报、产品页、页尾进行切片，方法同绘制矩形一样。最终得到如图 6-65 所示效果。

之后对切片进行保存，按快捷键 Alt+Shift+Ctrl+S，如图 6-66 所示，弹出的对话框如图 6-67 所示，单击“存储”按钮，并选择保存路径，最终在路径上会得到一个 image 的文件。

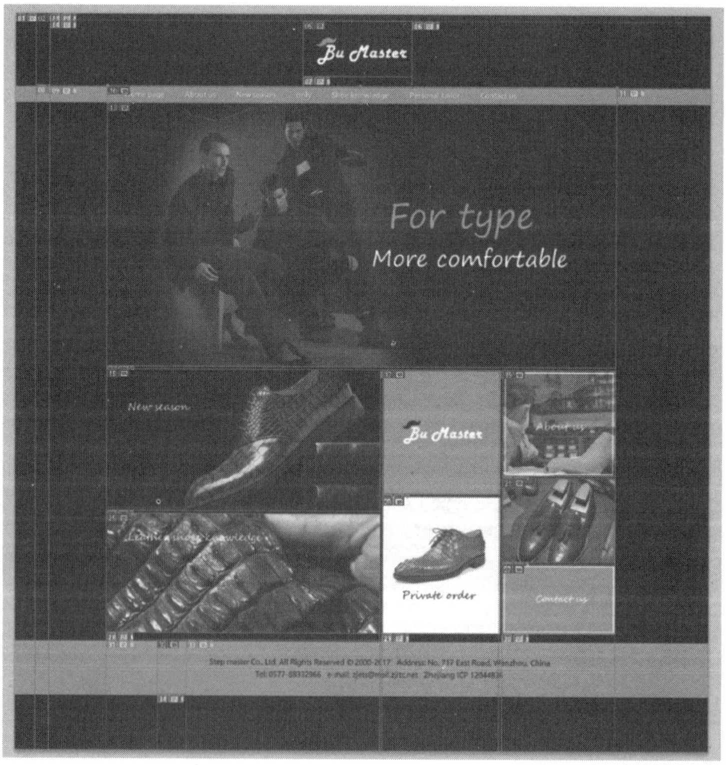

图 6-65 切片效果图

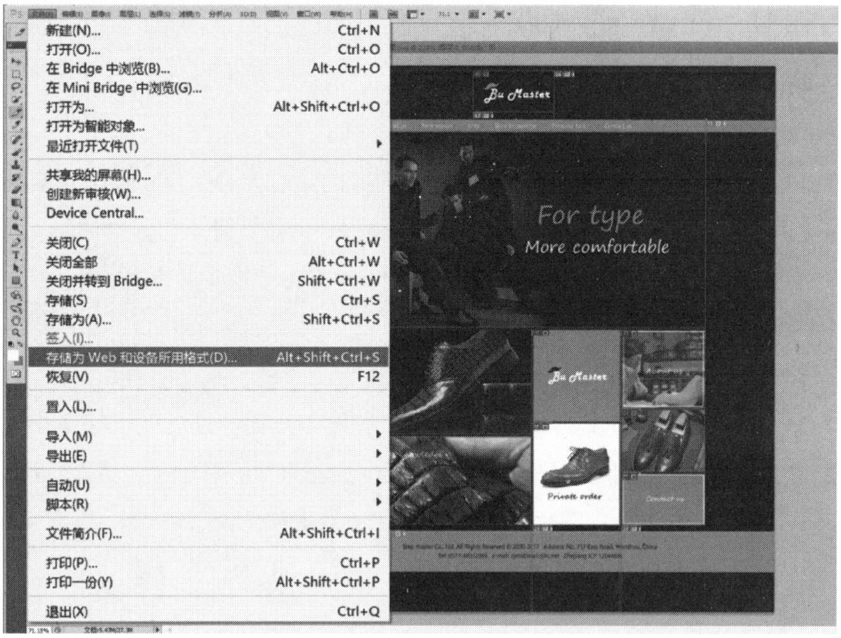

图 6-66 切片保存

图 6-67 “存储为 Web 和设备所用格式（100%）”对话框

3. 用 Dreamweaver CS5 制作网页

Dreamweaver 在网页设计领域具有强大的功能，且其 Web 站点架设可以方便地实现管理与维护，简单地发布站点至网站空间，实施远端维护等操作，故它不能简单地定位为网页设计软件。在所见即所得的工作环境中，Dreamweaver 可轻松地创建表格、层和框架，对网页内容和资料进行完美编排；可以通过简单的图像转换、动态行为、时间轴和层的结合来制作具有各种视觉特效的网页。

（1）Dreamweaver CS5 工作界面介绍

下面了解一下 Dreamweaver CS5 软件的基础。

① Dreamweaver CS5。在桌面左下角单击“开始”按钮，在弹出的“开始”菜单中执行“所有程序”→“Dreamweaver CS5”命令，或者双击桌面 Dreamweaver CS5 快捷方式图标即可启动 Dreamweaver CS5。

②认识 Dreamweaver CS5 的工作界面，如图 6-68 所示。

图 6-68　Dreamweaver CS5 的工作界面

由图 6-68 可以看出，Dreamweaver CS5 的工作界面主要由菜单栏、“插入”工具栏、“文档”工具栏、编辑窗口、状态栏、“属性”面板和各种面板组构成。

（2）Dreamweaver CS5 主要组成部分简介

① “插入”工具栏。Dreamweaver CS5 的“插入”工具栏中包含了 8 个标签，如图 6-69 所示。单击“插入”工具栏中的不同标签可以进行切换，每一个标签中包括了若干的插入对象按钮。单击“插入”工具栏中的对象按钮或者将按钮拖曳到编辑窗口内，即可将相应的对象添加到网页文件中，并可在网页中编辑添加的对象。

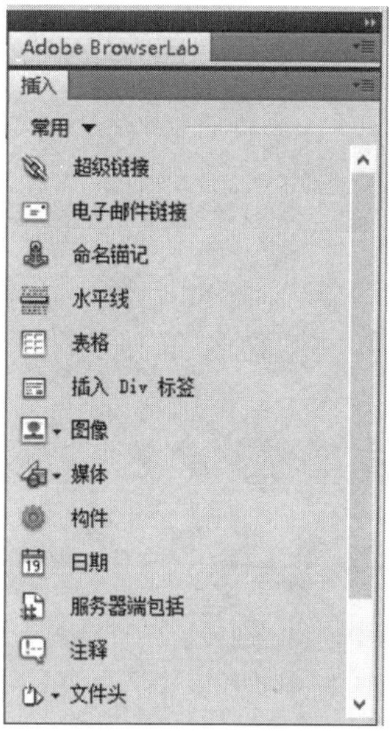

图 6-69 插入工具栏截图

②“文档”工具栏。“文档”工具栏包含了“代码”视图、“拆分”视图、“设计”视图、实时视图、实时代码、文档标题、文件管理、浏览器预览、可视化选项等按钮，如图 6-70 所示。

“文档”工具栏中的前三个按钮用于切换视图模式。单击“代码”按钮可以进入“代码”视图，这是一个用于编写和编辑 HTML、JavaScript、服务器语言代码（如 ASP 或 ColdFusion 标记语言）以及其他类型代码的手工编码环境。单击“拆分”按钮可以进入“代码”视图与“设计”视图。在该视图中，窗口被分成上、下两部分，顶部窗口用于编写 HTML 代码，底部窗口用于可视化编辑网页。单击“设计”按钮可以进入“设计”视图，这是一个用于可视化页面布局、可视化编辑和快速应用程序开发的设计环境。在该视图中，Dreamweaver 中显示的文档处于可视化编辑状态，页面效果类似于在浏览器中查看页面时看到的内容。

图 6-70 “文档”工具栏截图

③ 状态栏。在 Dreamweaver CS5 状态栏中可以显示当前光标所在位置的 HTML 标记，通过此标记可以确定所编辑的网页内容。状态栏上还可以显示当前网页的编辑窗口大小、当前网页文件的大小与网页的传输速度，如图 6-71 所示。

图 6-71 状态栏截图

另外，Dreamweaver CS5 的状态栏上新增了视图控制工具，其中选取工具用于选择页面中的操作对象；手型工具用于平移视图；缩放工具用于放大或缩小视图显示；而设置“缩放比率”选项框可以通过确切的数值控制视图的缩放。

④“属性”面板。“属性”面板用于显示或修改当前所选对象的属性。在页面中选择不同的对象时，“属性”面板中将显示出不同对象的属性。例如选择了文字，在“属性”面板中显示的是文字的属性；如果选择了图像，则“属性”面板中将显示图像的属性。另外，还可以直接在“属性”面板中修改所选对象的属性，

修改后效果可以在编辑窗口中反映出来。

在“属性”面板的右下角单击三角形的切换按钮，可以将“属性”面板切换为常用属性或全部属性模式，如图 6-72 所示。

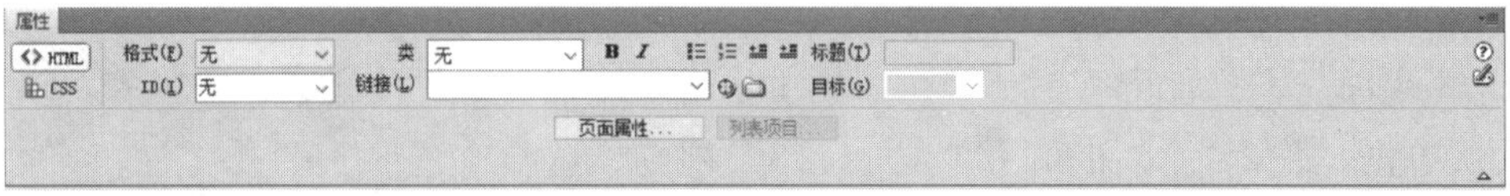

图 6-72 “属性”面板

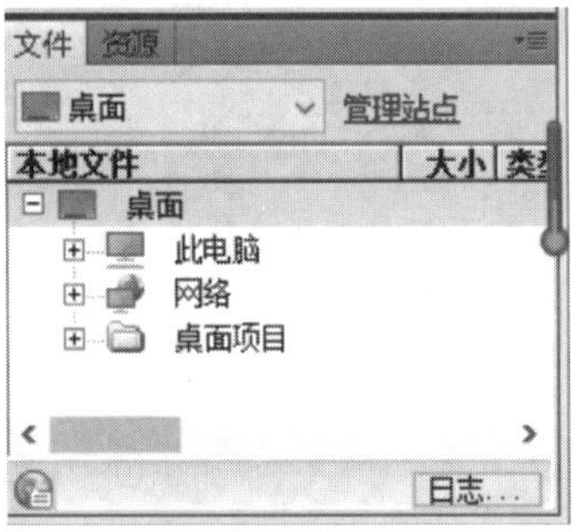

图 6-73 面板组

⑤面板组。面板组是指组合在一起的面板集合，它为我们编辑网页提供了既直观又快速的操作方法，是设计制作网页时不可缺少的工具。

单击“窗口”菜单下的相应命令，可以打开或者关闭面板。当我们打开一个面板时，与其成组的面板会同时出现，如图 6-73 所示。

单击面板组中的标签，可以在不同的面板之间切换。另外，将光标指向面板标签，按住鼠标左键向外拖动，可以把该面板从面板组中分离出来。分离出来的面板组还可以再放回去，只需拖动面板标签到面板组中即可。

（3）Dreamweaver CS5 案例制作

下面为“步大师 Bu Master”护肤品公司创建网站并进行主页面的设计。

①创建站点。Dreamweaver CS5 提供了两种创建站点的方法：一是在启动 Dreamweaver 时通过欢迎画面创建；二是在 Dreamweaver 工作环境下，选择菜单栏中的“站点”→“新建站点”命令。这两种创建站点的方法都是通过向导完成的，非常直观。

步骤 1：启动 Dreamweaver CS5，则弹出欢迎画面，如图 6-74 所示。

步骤 2：单击“Dreamweaver 站点”选项，新建一个站点，命名为 Bu master，如图 6-75 所示。

步骤 3：设置 Dreamweaver 右上角工作区为经典模式，如图 6-76 所示。

步骤 4：如图 6-77 所示，单击“新建表格”按钮，在打开的“表格”对话框中设置表格参数如图 6-78 所示。

步骤 5：按快捷键 Ctrl+J，或在上方菜单栏修改处找到“页面属性”设置，将“背景颜色”设置为“黑色”，上、下、左、右边距分别设置为 0，如图 6-79 所示。

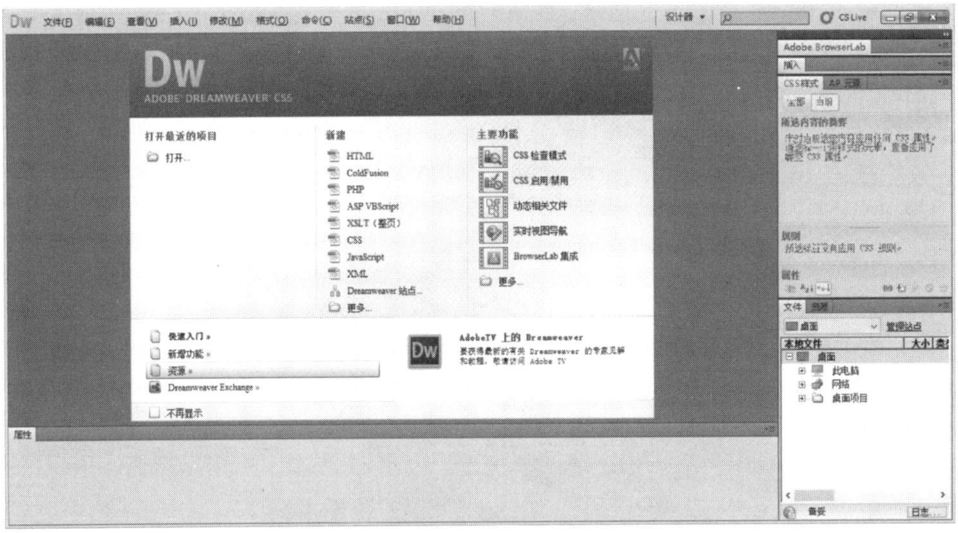

图 6-74 欢迎画面

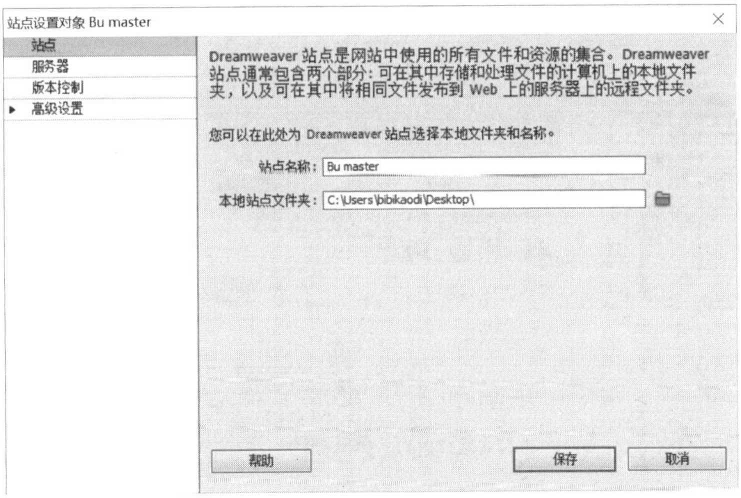

图 6-75 站点定义

图 6-76 工作模式设置

图 6-77 表格工具截图

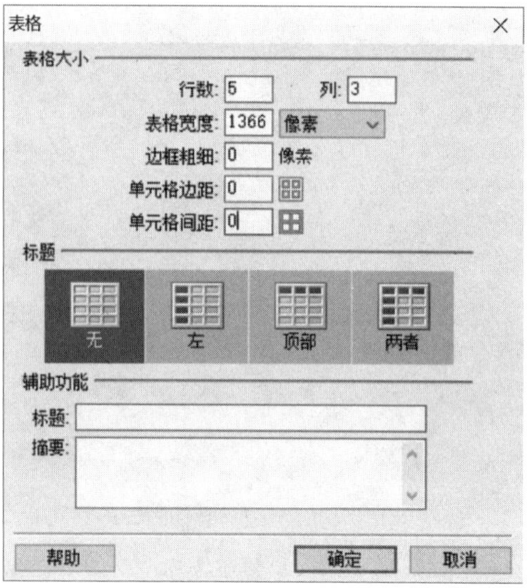

图 6-78 “表格”对话框

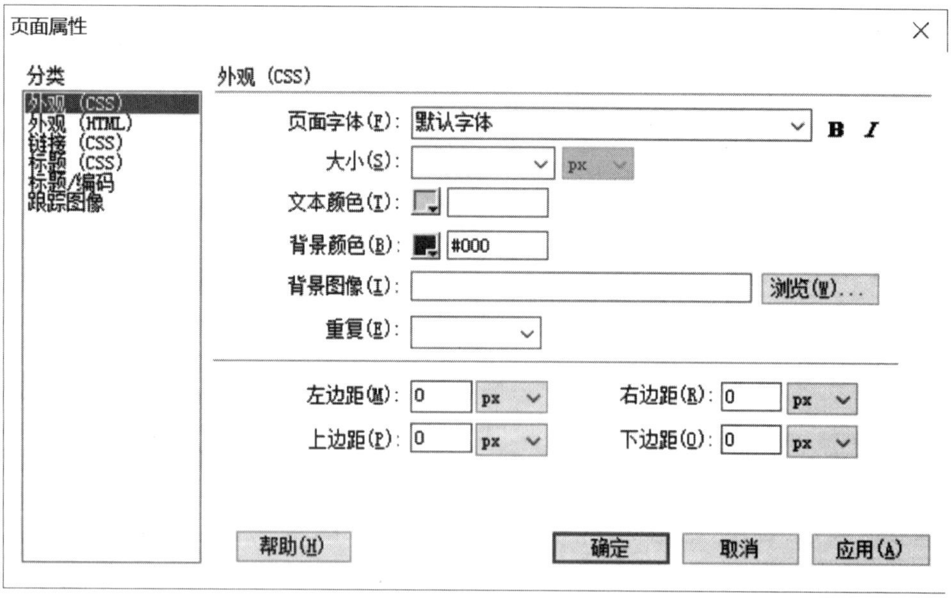

图 6-79 “页面属性”设置

步骤 6：应用后在表格第一栏中间插入已经切片好的页头图片，如图 6-80 所示。

然后在 TR 单元格标签中右击，在弹出的快捷菜单中选择“对齐方式”，并设置为“居中对齐”，得到效果如图 6-81 所示。

图 6-80 插入页头

图 6-81 居中对齐效果

步骤 7：插入切片好的导航栏，将导航栏分为 9 列，第 1 列和最后 1 列空余，在第 2～第 8 列插入切片好的图片，并在 TR 标签中右击，在弹出的快捷菜单中选择“编辑标签”，将“背景颜色”设置为 R（206）G（158）B（96）。在 TD 标签中右击，在弹出的快捷菜单中选择“编辑标签”，将单元格水平边距和间距设置为 0，完成的效果如图 6-82 所示。

图 6-82　导航截图

步骤 8：在第 2 栏的中间位置同样插入切片好的海报文件，设置“居中对齐”。第 3 栏中间列需要插入切片好的产品图片，要根据位置先切分单元格，选中 TD 标签，右击表格，在弹出的快捷菜单中选择“切分单元格”，切分单元格为 3 列，分别插入相应图片，完成后如图 6-83 所示。

第 4 列同上设置，切分 3 列，在插入第 3 列图片时需要先将其合并，再将其拆分成 3 行即可得到 3 行单元格。

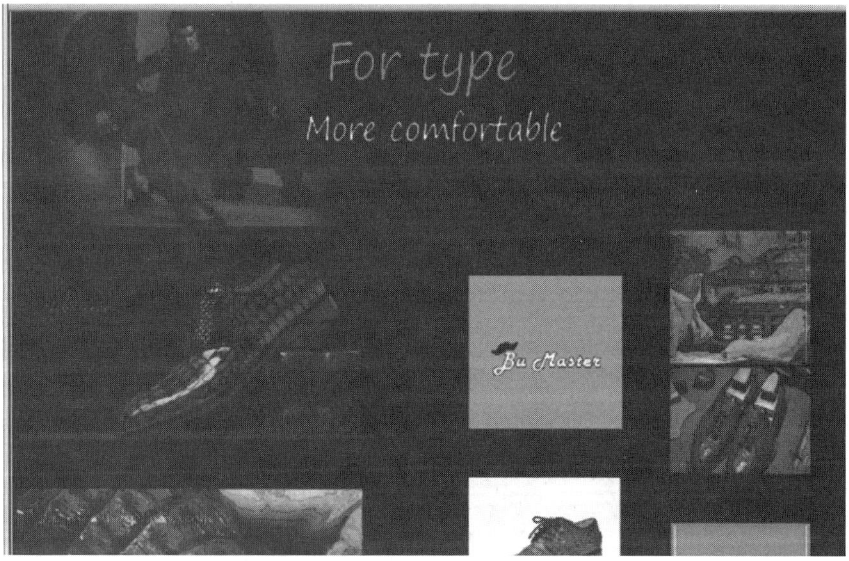

图 6-83　插入图片

步骤 9：设置对齐方式，通过拉蚂蚁线对齐图片，最终得到的效果如图 6-84 所示。

步骤 10：页尾制作的原理同导航栏，拆分为 3 列单元格，设置背景颜色 R（206）G（158）B（9），并将图片插入到单元格中，最终完成如图 6-85 所示。

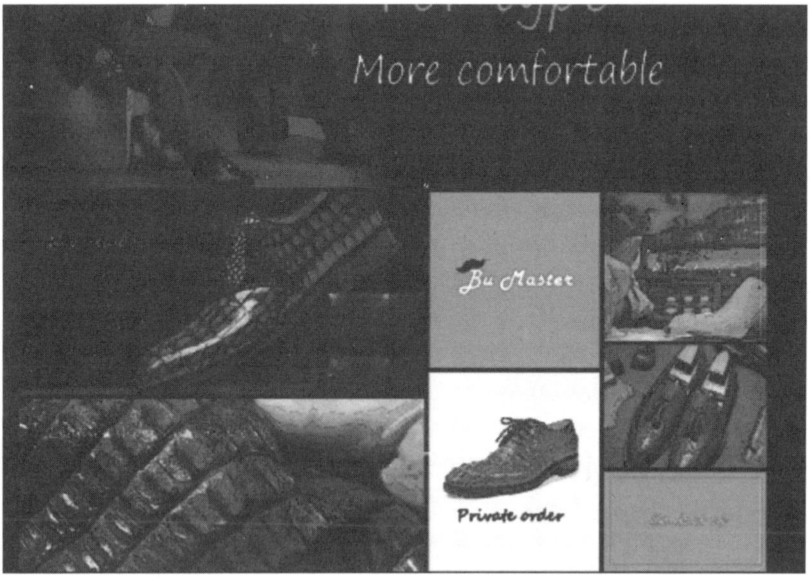

图 6-84 对齐后效果

图 6-85 页尾插入

最后保存文件，按 F12 键预览效果，得到的效果如图 6-86 所示。

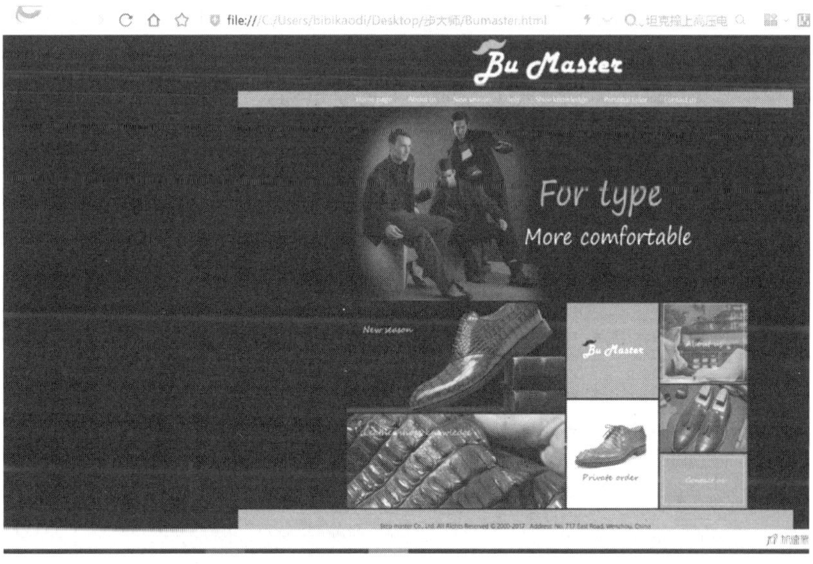

图 6-86 最终制作完成效果缩放预览

能力拓展

根据任务 6.1 中任务实操中为“步大师 Bu Master”皮鞋公司所写的网站规划书，这里再为“步大师 Bu Master”皮鞋公司设计网站主页和各栏目网页页面，并将设计好的网页用 Dreamweaver 软件进行布局和上传。

拓展阅读

优化电商网站提升客户体验感

创建更加专业的电商页面，能帮卖家赢取最大限度的投资回报率。刊登高清图片（见图 6-87）、撰写相关描述、制作视频甚至是添加几条产品评论，这些并不需要太多时间，却能为网站吸引更多访客量。但这还不够，了解一些店铺优化方法，有助于提高转化率。为此，卖家可关注网站外观、用户体验和整个购物流程。下面介绍些电商网站的优化方法。

图 6-87　高清图片

1. 整理网站主页

在投资任何展示广告或付费搜索活动之前，最好先重整下自己的网站结构，甚至是撤换主页。一个好的电商网站通常具备一些能让人们快速记住的特征。也许广告能带来更多访客，但如果不好好优化网站，卖家并不能获得更高的投资回报率。故应采取一些措施，将访客转化为买家。

2. 进行简单测试

网站设计是否成功，卖家可以站在客户的角度，诚实地回答以下 2 个问题：

购物者能很快（3 秒内）明白你在卖什么吗？购物者是否能放心在你的网站使用信用卡或借记卡消费？如果答案是肯定的，那设计的网站就是成功的。如果答案是否定的，卖家最好立即开始优化网站，如图 6-88 所示。

图 6-88　优化网站

3. 设计简洁是必要因素

在做任何改变之前，卖家需要专注于创建一个简单而清晰的网站设计。知名电商网站开发公司也许能帮卖家实现这个目标。当访客来到网站时，最好用一个简单的网站结构，让他们立即知道你在卖什么。为此，卖家的电商网站设计必须简洁而专业。可以尝试使用大幅高清图片，这样可以更好地帮助人们了解网站。混乱繁杂的设计会分散购物者的注意力。

4. 解决一些痛点

痛点是必须首先解决的问题。大多知名电商公司都提供一些有趣的特征，比如退货政策或免运费。它们可以很好地化解可能会有的质疑，让人们更放心地在网站购物。尝试把消费者关心的这些痛点解决方案放在网站顶部，清晰醒目，有助于提高人们购物信心，吸引到更多访客。

5. 鼓励访客采取行动

另一个方法也能提高访客转化率，那就是在每一个页面都显示卖家联系方式，可以放在页面顶部，这样当买家遇到问题时能随时得到解答，提高人们购物的信心。

6. 清楚展示价格和运费

没人愿意被运费或产品价格欺骗，如果被骗一次，他们可能再也不想访问这个网站了。这会对卖家辛苦经营的网站信誉带来沉重打击。因此卖家最好在一开始就标清收费情况，不要让消费者有机会批判网店。网站设计要体现价格透明这个特征。专业的电商开发团队会帮助你展示出加分点，在首页大方地展示免运费或价格保证，如图 6-89 所示。

图 6-89 清楚展示价格和运费

7. 创建网站安全标志

近期调查发现，76.5% 的购物者决定下单前都会查看网站的可信任标志。卖家可以借助有信誉的公司来提升公信力，或者添加一些网站安全认证标志。这些简单的小细节能帮助卖家赢得更多客户。

（编译 / 雨果网 杨雪平）

项目评价

网站常用软件的使用是必须掌握的基本技能，本任务应以每个同学独立完成的 4 个作品及各组提交的“步大师 Bu Master”护肤品公司网站设计的竞标作品为主要评价依据。

评价表

（在□中打√，A. 理解，B. 基本理解，C. 未理解）

评价指标		自测结果		
个人产品图片处理质量评价	1. 矢量图设计效果	□ A	□ B	□ C
	2. 位图处理效果	□ A	□ B	□ C
个人动画效果评价	1. 动画制作元素	□ A	□ B	□ C
	2. 动画运用合理性	□ A	□ B	□ C

续表

评价指标		自测结果
个人主页面的设计质量评价	1. 主页整体美观度 2. 主页布局合理性 3. 主页技术实现	□A □B □C □A □B □C □A □B □C
留言板设计评价	1. 留言板代码设计情况 2. 留言板数据连接情况	□A □B □C □A □B □C
任务综合评价		□A □B □C

项目7

社交平台信息编辑

学习目标

知识目标

- ▶掌握社交电商时代的发展以及特点。
- ▶掌握社交平台隐私信息设置方法。
- ▶掌握社交平台信息的选取与编辑技巧。

技能目标

- ▶能够熟练地对业务主页信息进行编辑。
- ▶能够熟练地对营销内容进行编辑。
- ▶能够熟地对隐私信息进行设置和创建组群。

项目导入

ViralNova——制造分享时代的奇迹

www.ViralNova.com（网站页面见图7-1），一个个人博客式的网站，在Facebook

上创造了营销和传播的奇迹。ViralNova.com 成立于 2013 年 5 月，仅靠 3 个人（其中 2 名还是兼职人员）维护的网站成立仅 8 个月后，网站单日独立用户访问量达到 200 万以上，月收入达到了几十万美元。在没有吸收任何风险投资的条件下，ViralNova 做到了在全世界所有网站中排名第 376 位、月访问用户超过 Facebook 上粉丝 110 万人，可以说 ViralNova 创造了个人博客式网站的营销奇迹。

图 7-1 ViralNova 网站页面

ViralNova.com 将自己定位为讲故事的网站，每天的任务就是转载和发布世界各地有爱的、有趣的、有价值的故事，主要传播途径就是通过 Facebook。ViralNova60.7% 的流量来自于 Facebook（见图 7-2），只有不到 5% 来自于谷歌搜索，剩下的流量是忠实的粉丝直接输入域名进入网站的。

Site	Percent of Unique Visits
1. facebook.com	60.7%
2. google.com	4.9%
3. youtube.com	1.3%
4. yahoo.com	0.6%
5. twitter.com	0.5%

图 7-2 ViralNova 流量来源

在选择传播渠道上，ViralNova 精准地抓住了 Facebook 上用户的痛点，通过 Facebook 用户将自己网站上的内容进行广泛的传播。因为 Facebook 上的粉丝圈都是由朋友、同学、熟人或者朋友的朋友组成的，每一个在 Facebook 上的用户的关系网基本由熟人组成，因此，这些用户希望能够保持自己有趣、有爱心和博学的形象，因此 ViralNova 分享的内容全部都是各地有趣的故事，例如《你可能见过前后对比照，但肯定没人能像这两兄弟一样》（见图 7-3）；有爱的故事，《特殊的婚礼》；有趣的、给人以启示性的故事，例如《设计精巧的集装箱房子，让人看起来非常想住到里面》。

图 7-3　各地有趣的故事

ViralNova 不是简单的转载，而是在转载的同时对每一篇文章都加入自己的评论并且每天都有多次的更新，很快就能形成一帮忠诚粉丝，然后这帮粉丝会进行再次的扩散和分享。随着对 ViralNova 内容认可的人越来越多，分享的次数越来越频繁，ViralNova 也在 Facebook 上积累了大量的流量，然后将流量导入到自己的网站，创造了分享经济下的奇迹。

由此可见，社交网站聚合和推广模式下蕴藏了巨大的消费潜能和社会与消费者接触的机会。那么，这种社交＋电子商务形式的定义和特点是什么？针对这些特点如何准确地编辑跨境社交网站信息？如何通过跨境信息发布和分享起到为跨境商务引流的作用？这些都是跨境社交电商平台操作者应该深思的问题，也是本项目主要探讨的内容。

任务7.1　社交电商时代产生的条件以及特点

知识链接

一、社交电商时代产生的条件

2014 年被称为跨境电子商务的元年，随着互联网经济的飞速发展，越来越多的企业开始通过各种平台接触到终端的消费者。3 年后的今天，各种跨境电子商务平台日趋成熟，企业也逐渐掌握了跨境交易的各种规律。在跨境电子商务发展过程中，各个企业日益发现，流量来自于终端消费者，而能够直接接触到终端消费者最直接的渠道就是各个社交平台，所以随着企业度过了最初的熟悉平台规则和运营期后，跨境电子商务进入了社交电商时代。社交电商时代体现了人们对互联网的依赖程度，不少企业开始利用网络社交来做电商，达到了社交和电商的完美融合。以下为从跨境电子商务向社交电商时代转变的几大条件。

1. 电子商务的迅速繁荣

电子商务的迅速发展为社交电商奠定了坚实的基础。传统零售商业模式的中间环节过多，中间成本基本上转嫁到了消费者的身上，因此在传统零售商业模式下，产品的价格往往居高不下。电子商务的出现使得商品能够从生产商或者批发商手中直接达到最终消费者，简化了中间的交易环节，最直接的作用是降低了销售价格，给消费者带来了福利以及电子商务的迅速发展也促进了物流业的繁荣。更重要的是，新型业态下催生出了许多互联网行业的优秀电商企业，例如阿里巴巴、京东、唯品会及聚美优品。2015 年整个电子商务的交易总额超过了 4 万亿元人民币，占整个零售业总额的 12% 以上，电子商务的繁荣将更多的消费者聚集在一起，更容易形成互联网联结下的具备共同爱好的消费者社群。

2. 跨境电子商务模式的升级

跨境电子商务经过近几年的发展，从初级的卖货模式升级到了以社交为基础的社交电商模式。初级模式中的跨境电子商务简化了购物流程，利用各种平台的集货特点将消费者和供应商连在一起，但是这种模式是卖家为了熟悉跨国界零售而将线下渠道线上化，所以不管是什么商品，在跨境电子商务初级阶段，卖家都是将标准品和非标准品以同一种形式进行销售的。随着跨境电子商务模式的成熟，卖家更加关注消费者的体验，于是社交模式应运而生，这种依托于跨境电子商务消费者购买行为产生的模式也可以看做社交电商。

3. 社交平台的沟通渠道优势

社交平台成为人们沟通的主要渠道，社交平台商业化之路也得到了迅猛的发展。例如 Facebook，除了本身能够提供给用户展示自己的日常生活外，企业还能够开通公司主页展示自己的商品和服务，并且能够通过 Facebook 独有的购物功能进行商品出售，或者可以将第三方平台上的商品直接转发到Facebook的公司界面，通过“朋友圈”进行扩散和分享。除了Facebook外，由于跨境电子商务的普及，大部分著名的社交平台也都在进行着商业化之路。

随着社交模式与人们的生活关系越来越紧密，社交与电商之间的界限也越来越模糊，新的自媒体形式应运而生。随着社交与跨境电子商务的完美结合，外贸微商、自媒体以及网红等新兴的附加商品及商业模式应运而生，商家通过对社交平台的深入挖掘，依托于社交平台本质和特点的商业形态也日趋成熟，跨境电子商务与社交平台相结合的推广能够加强与现有和潜在消费者的互动，加强消费者对商家的信任程度以及黏度。

二、社交电商时代的特点

1. 消费行为过程化

将消费行为过程化是社交电商最核心的特点，虽然互联网时代我们能够随时随地地进行购物，但是任何购物方式在驱动消费者做出购买决策的过程中，消费者都要经历一个决策过程或者列出清单。例如大的跨境电子商务平台上都具备购物车的功能，就是为了让购买者进行思考和留出做决策的时间。在这个层面，购物并不是一时的行为，而是具备过程性的特点。在社交电商模式中，当我们还没有做出购买决策或者还没有购买打算时，社交平台会通过推送或者好友分享的功能将商品信息渗透到消费者生活中。

社交电商将社交与购物功能相结合，我们可以通过好友的分享来获取更多的产品信息以及使用心得，通过碎片化的社交场景传递信息，同时我们也可以将我们喜欢的产品分享到朋友圈，并且分享使用心得，在好友圈中建立一定的威信。社交电商时代将纯粹的购物属性人性化，将单纯的购物行为分享化，使得购物从行为变为一种可以持续24小时以上的过程。用户任何时间都可以在社交平台上进行实时的体验，并且能够进行分享。

2. 流量的二次分配

社交平台对于跨境电子商务最大的贡献就是能够将购买流量引入到商家自己的“朋友圈”，因为当消费者变成“好友”后，对于好的商品以及有用的信息，会被他们进行多次转发，能够帮助商家获得低成本的流量。另外，由于社交平台社交属性的特性，为了获取好的口碑和更多的流量，商家愿意投入更多的服务和提升产品的使用属性，当商品获取更多好评时，能够形成“良币驱逐劣币”的功能。当消费者获得的体验达不到预期时，他们也会将不好的体验在社交平台上进行分享，所以在社交电商时代，“一锤子买卖”已经行不通了，商家在社交平台上更希望把产品和服务做到极致以获取更多的流量。

3. 注重购物体验

社交电商时代更注重购物体验并且有助于建立购物生态圈。传统的跨境电子商务购物模式依靠平台来引入流量，完全没有任何生态圈，而社交电商通过人与人交往为基础，是建立在人性关系的生态圈基础上的，Twitter、YouTube 等社交平台都有自己的独特朋友圈，是巨大的社交入口，通过这些入口进入社交平台的人已经不仅仅是一种购物行为的，更多的是“晒商品”、“晒行为”，甚至可以通过社交平台发放优惠券。社交电商时代，取代了原有的单纯购买行为产生朋友圈流量→口碑分享→大规模推广→获取流量的商业逻辑，而一切基于社交端的模式，都是具有体验性和更有人气的。

4. 精准把握用户需求

社交平台除了能够吸引足够的流量外，还能够促进更多推广形式的产生，例如 Instagram 最早是基于图片分享的社交平台，但是随着互联网经济的飞速发展以及用户对于可视化要求的发展，Instagram 从开发小视频开始一直到目前长视频上线，也充分说明了用户对于社交需求的“垂直化”，从长期来看，社交平台对于用户需求把握最为精准，反应也最快，因此能够在社交平台上掌握先机的企业能够获得更大的成长空间。

三、社交电商使用需要注意的事项

首先，社交电商的本质是社交，而不是电商。社交电商之所以被看做跨境电子商务的发展方向，是因为其聚合和推广模式下蕴藏的巨大的消费潜能和与消费者接触的机会，企业能够通过推广和传播消化实际线下库存、缓解企业周转的资金压力。分享经济和粉丝经济是社交平台本质的社交属性带来的巨大红利，这些都是依赖于社交平台的社交属性。跨境电子商务平台本身对于用户和粉丝的黏度比较小，而社交平台，由于其本质并不具备电商的自然属性，企业在进行推广过程中，不能将社交平台作为纯粹引流的渠道，而应该首先考虑社交平台的社交属性。

其次，社交的基础是精准地对用户进行分组。消费者一般不会只在一个领域进行购物，通常会交叉跨界关注很多不同的主题领域，而且每个领域基本上不是互相关联的。而与消费者的这种爱好相类似，每个社交平台都具备各自不同的属性，能够满足不同用户的社交传播爱好，因此社交平台结合跨境电子商务平台更加容易培养出满足各种不同需求的社区环境。

最后，与传统的跨境电子商务相比，社交电商更多的是进行分享。目前商家需要解决的问题是将商业化与社交平台的社交属性紧密地相结合，不管是亚马逊还是 eBay，都在寻找平台社交化的方法，因为社交平台大部分是相对封闭的，仅仅针对于好友之间相互传播，过于生硬的商业化植入容易使用户产生逆反心理。因此在跨境电子商务商家将产品植入社交属性时，必须要关注社交平台的分享和传播性。

任务实操

[任务描述]

Listia（listia.com），是一个在线竞拍市场，用户在这里用虚拟货币交换实物。Listia 除了具有一般在线市场的功能，还有一些别的功能，比如：用户可以对待售的物品进行评论，以及通过 Facebook Connect 通用登录和 Twitter 与朋友分享，如图 7-4 所示。

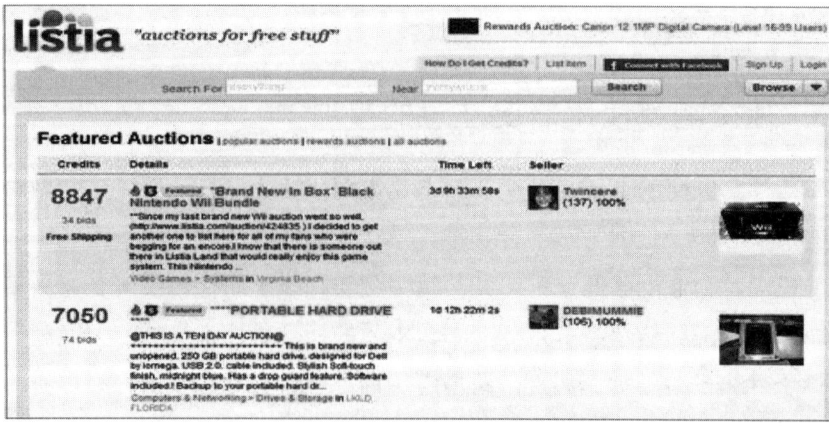

图 7-4　Listia 网站首页

在现实生活中，购物社区就相当于一个酒吧，人们在那里花时间和消费，与思想接近的人谈论书、毛衣编织、酒，等等。鉴于现实生活中的此类酒吧形式多样，成功的也很多，可以预计很多购物社区也将会涌现出来，主题将包括旅游、体育，等等。

请分析，为什么社交购物如此“火”？

［任务实施步骤］

1. 分析社交网络的属性，因为基本上社交网络都是建立在彼此熟悉的“好友”或者有共同兴趣爱好的基础之上的，而且网络能够加速信息的传播。

2. 购物性的社交平台一般拥有 API 接口，便于购物平台和社交网站完美的接入，方便消费者第一时间分享自己的购物体验和使用体验，并方便进行互动和交流。

3. 通过分析社交平台和购物的特性对社交电商的前景以及目前的形势进行分析。

能力拓展

（一）选择题

1. 社交平台的基本属性是（　　）。

A. 分享性　　B. 购物性　　C. 交往性　　D. 发布性

2. 社交购物的基础是（　　）。

A. 商业交流　　B. 好友交往　　C. 消化库存　　D. 购物辅助

3. 社交需求的（　　）加速了社交电商的发展。

A. 扁平化　　B. 扩散化　　C. 垂直化　　D. 去平台化

4. 目前商家需要解决的问题是将（　　）紧密地相结合。

A. 人本化与分享化的属性　　B. 商业化与传播化的属性

C. 传播性与扩散化的属性　　D. 商业化与社交平台的社交属性

5. 社交电商时代更注重（　　）。

A. 社交体验　　B. 购物体验　　C. 分享体验　　D. 用户体验

（二）思考题

思考：请运用社交平台的属性对饰品进行推广。

任务7.2　编辑主流社交平台的信息

知识链接

美国零售联盟和福雷斯特研究机构调查发现，截至 2016 年年底有 92% 的美国零售商参与了社交媒体营销。这份报道还称，55% 的美国零售商正在增加今年的线上营销预算，其中 44% 的零售商正加大内容营销的花费，拓宽社交媒体营销渠道，改善顾客在社交媒体上的体验。无独有偶，根据东南亚咨询公司 Bain&Co. 的统计，2016 年东南亚社交电商占当年该地区电子商务销售额的 30%。不难看出，这种低成本易操作的社交平台和电商平台的结合已成为了一种全球趋势，那么，如何通过对这类社交媒体信息的编辑，引流电商平台，实现客户成交的第二次转换呢？本节任务将以 Facebook、LinkedIn、Pinterest 为例，根据社交平台特点对销售内容编辑和主页信息编辑进行阐释。

一、社交奇迹——Facebook

Facebook 是全球第一大分享类社交网站，是世界排名领先的照片分享站点。截至 2017 年 4 月，Facebook 拥有超过 18 亿用户，有超过 6000 万活跃的业务主业，每月有超过 10 亿用户使用自动集成的 Messenger 与其他用户和商家联系，每天有超过 11 亿用户使用移动设备访问 Facebook。2015 年 8 月 28 日，Facebook 网站 CEO 马克・扎克伯格在个人 Facebook 账号上发布消息声称 Facebook 本周一的单日用户量突破 10 亿。2016 年 6 月 8 日，《2016 年 BrandZ 全球最具价值品牌百强榜》公布，Facebook 排第 5 名。Facebook 以一种非侵扰的方式与消费者交流，用户每天的营销效果以及广告收益均逐年增加，因而对跨境电子商务企业来说，Facebook 是营销首选。

1. 业务主页信息编辑

Facebook 业务主页承载着与用户建立联系和传递业务信息的作用，通过对主页信息的编辑在桌面端和移动端打造完美再现业务形象。业务主业的编辑主要分以下几步。

第一步：明确业务主业的目标与定位

在建立业务主页前，需要明确建立主页的目的是什么？是宣传企业、店铺还是宣传产品？是想与粉丝互动还是想吸引新的粉丝？社交网站的建立不仅仅是为了推广产品和服务受众，更在于共创价值，企业应凭借自身优势和特点选择相应的业务主页类型，宣传品牌、业务或理念，与目标受众建立联系，Facebook 可供选择的类型有 6 种：地方性商家或地点（Local Business or Place），公司、组织或机构（Company，Organization or Institution），品牌或商品（Brand or Product），艺人乐队或公众人物（Artist，Brand or Public Figure），娱乐（Entertainment）和理念倡议或社区（Cause or Community），如图 7-5 所示。对希望在社交平台引流的跨境电子商务操作者来说，宣传产品时建议选择品牌或商品类型（Brand or Product）主页，若宣传店铺或者公司，建议选择地方性商家或地点（Local Business or Place）这一类型，若以吸纳粉丝为主，也可选择艺人乐队或公众人物（Artist，Band or Public Figure）类型，借助网红角色推销产品、店铺、价值理念等。

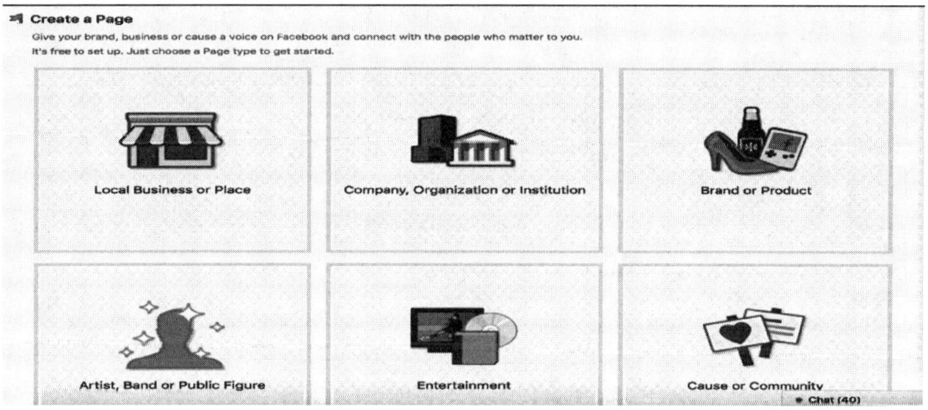

图 7-5 Facebook 提供的 6 种类型主页

第二步：完善业务主页信息

业务主页信息的编辑主要分为业务主页名称、业务简介、商家信息的编辑以及头像和封面照片的设置。通过这一系列的编辑，营造目标客群的情感认同，传递店铺或产品的价值，产生有效转换率。

（1）业务名称可以选择商家名称、产品名称或者带 SEO（搜索引擎优化）关键词的名称。

（2）业务简介要求通过 15 ～ 20 个字符的撰写，凸显特色、传递价值。以珠宝业为例，如图 7-6 所示，Jstyle Jewelry 的业务简介为开门见山式：We sell on

Amazon. We have thousands of products（我们在亚马逊上销售，我们有充足商品供选择）；如图 7-7 所示，Soufeel Jewerlry 的业务简介为：Free shipping order $49+，Free gift for Order $99+，S925 Sterling Silver Bracelet Order $99+http://t.cn/RUevN8R（超过 49 美元免邮费，超过 99 美元获赠礼品，纯银手镯 99 美元起售，购物地址：http://t.cn/RUevN8R）；而图 7-8 所示的 Himo Jewelry 则用了语气较为委婉的简介：Handcrafted Jewelry to make sure you Shine Everyday.（手工珠宝让你的生活每天都闪亮）。可见，业务简介形式多样，无论是开门见山式的，优惠促销式的还是价值认同式的，只要得到客户人群的认同，提高有效转换率均值得尝试。

图 7-6　Jstyle Jewelry 的业务简介

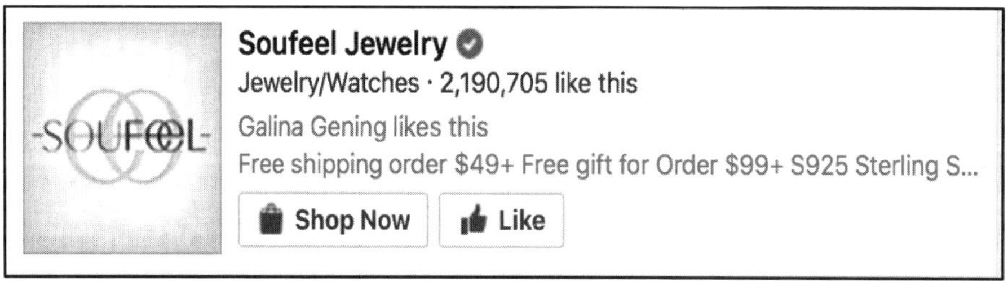

图 7-7　Soufeel Jewelry 的业务简介

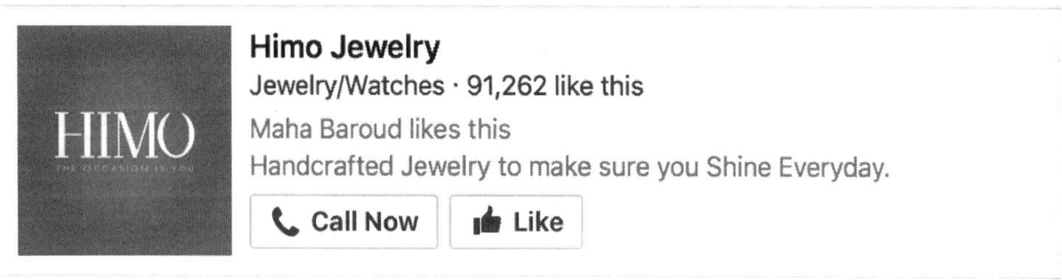

图 7-8　Himo Jewelry 的业务简介

（3）除了业务简介外，商家信息（About us）的编辑也十分关键，其内容编辑应尽可能详尽。以 Himo Jewelry 为例（见图 7-8），该主页详尽列出了公司网站地址、经营范围、品牌故事、门店地址和联系方式，增加了目标客户的忠诚度和信任度，为后续营销活动打好基础。其中品牌故事尤为重要。如图 7-9 所示，HIMO 的品牌故事简介但却体现了品牌质感：At HIMO，Jewelers find inspiration in the unforgettable Moments of Life. Every piece celebrates special moments and brings Smile Laughter and Joy.（在 HIMO 珠宝的灵感来自于生命难忘的瞬间；每一件珠宝都是为了特殊瞬间庆祝，带来欢声笑语）。再例如，用优质的服务诚意来提升品牌好感度的品牌故事可以这么撰写：We have our own factory，so we can offer you the best price and the best service. We can offer you wholesale price if you want to purchase items in bulk. We can send products to anywhere in the world. Believe us and contact us.（我们拥有自己的工厂。我们可以给你最好的价格和最好的服务。如果你想批量购买商品，我们可以给你批发价。世界任何地方我们都可以发货，请相信我们并和我们建立业务联系）。

图 7-9 HIMO 的商家信息

（4）头像和封面照片的设置上，一般选择最能代表业务的高清图片设置为头像，例如徽标、重推商品等，而封面照片一般选取主打商品、主推活动或者结合节日特点的图片。以 LacyLea 珠宝为例，头像设置为品牌徽标，封面照片则根据不同时期的特点进行变化，如图 7-10 所示，LacyLea 2017 年春季的封面以当季主推的商品为主，而图 7-11 所示则为 LacyLea 2015 年圣诞节的封面，它应景地增加了圣诞节元素。

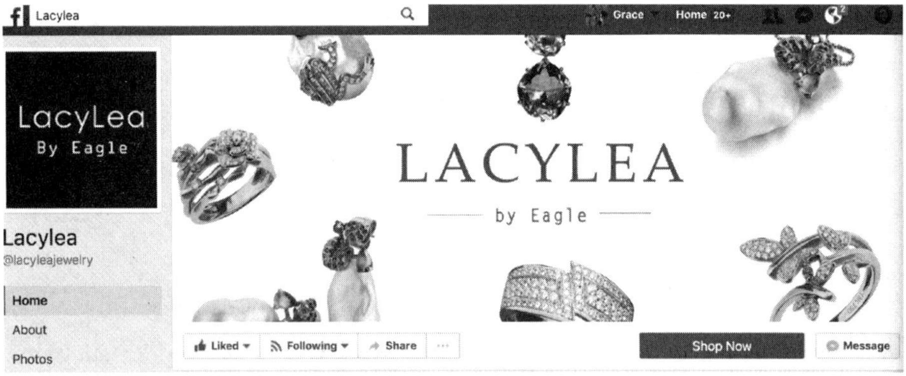

图 7-10　LacyLea 品牌徽标

图 7-11　LacyLea 2015 年圣诞节期间的封面

第三步：为业务构建活跃受众群

设置好 Facebook 主页后，根据不同用户的需求，将对某一类型商品或服务感兴趣的用户分组。然后通过各种营销手段，吸引目标用户接收内容更新通知，从而使操作者覆盖用户，加深业务在用户心中的印象。构建活跃的受众群的方式如下：①邀请好友。可以邀请现实生活中真正对你业务感兴趣的好友点赞你的 Facebook 主页。他们可以与帖子互动以及分享内容，对你表示支持。他们将成为你的第一批受众，助你快速建立信誉和声誉，同时为你传播业务信息。②邀请现有客户。邀请现有客户点赞你的主页非常方便。只需上传他们的电子邮箱或通过 iCloud、Outlook 和 Yahoo 等主流电子邮件服务提供商导入联系人即可。③借助 Messenger 建立联系。用户可以通过 Messenger 与你交流，这为你开展客户服务提供了一种灵活、便利的方式。④经常交流。回复帖子评论，让主页保持活跃。用户如果知道你在与他们互动，会更有可能与你的业务建立情感联系。

2. 营销内容的编辑

建立完业务主页后，最重要的就是经营客户群以及扩大影响力，这就对营销内容提出了很高的要求。在现在的营销观念中，开始强调 Inbound 这个概念，即“入境”，指的是平台操作者要在网络上想办法把客户群吸引进来，并且要留住客户群，让他们成为该平台的真正客户群。它和传统广告宣传式的 Outbound（出境）最大的不同，就在于后者过度在意曝光和大量流量，却没有真正地留住客户，吸引并留住客户是任何商务经营的本质。Facebook 的经营以关系链作为根本，直接插入广告，大多数人很难直接买单。平台操作者需要先营造一种客户群的情感认同，那么，当其他相关内容出现在客户群眼里时，他们会愿意主动推荐，或是主动产生兴趣并搜寻内容，形成正向循环。通过朋友推荐的内容可以产生更高的转换率，而通过用户自己搜寻关键字后找到内容的，也一样可以产生很高的转换率，这些方法都比广告曝光更能带来真正的购物行为。那么，如何生产有价值的内容，从而使客户群认同，进而提高客户群流动率与回流率，最终产生有效的转换率呢?

第一步：触动人心的营销内容

如何经营客户群的共情，营销内容的编辑是重中之重。内容的表现形式多种多样，如图片、视频等视觉内容配简单文字或新闻、故事等，文字营销匹配相应图片等。2015 most liked post on Facebook（2015 年脸谱网最受欢迎帖子）根据积累的点赞、评论、关注量评选出了前 10 位最受欢迎的帖子，其中排名前 10 的有 7 个是图片营销加简单文字描述，3 个是视觉营销加简单文字描述。此外与 2014 年、2016 年两年的情况雷同，由此可见，视觉营销的效果更容易获得互动量，得到群体的情感认同。从内容角度看，King Redd 的“Can I get 1 million likes? I beat Cancer”（我可以获得 100 万个赞吗？我打败了癌症），如图 7-12 所示，以 1170 万互动量排在第一位。其中排名第 8 位的这个帖子当年获得了 722 万的互动量，其内容却和中文微博、微信中常常被转发的图文类似，文字内容和图片如下：It's

图 7-12 King Redd 发布的帖子

daughter week. If you have a beautiful daughter share this（这是女儿周，如果你有一个漂亮女儿，请分享这个帖子），如图 7-13 所示。可见，营销内容没有具体范围，甚至部分内容没有文化边界，只要根据受群年龄、教育背景、爱好所编辑的内容，呈现积极理想信念，促发读者相同情感体验的图片文字都容易获得互动量。但要注意回避政治敏感性问题。

图 7-13　排名第 8 位的帖子

在 Facebook 上按照内容创造方式可以将编辑分为三类：第一类是门户时代很会复杂粘贴加排版的编辑也叫 CV 工程师（Ctrl+C 复制 /Ctrl+V 粘贴）；第二类是新媒体时代能够根据用户需求挖掘优质内容，并对内容进行二次加工的编辑；第三类是非常能写，拥有足够原创能力的编辑。在国内拥有优质自媒体账号的号主有吴晓波频道、咪蒙、深夜发嗤、一条等。第三种方式对跨境电子商务平台操作者的语言驾驭能力和本土化水平要求较高，建议使用第一、第二种。根据受众的实际情况，准确定位、甄别内容都应放在首位，然后结合定位分拆出几个方向的内容。比如以女性白领为受众的业务主页可以编辑的内容方向有个人护理、彩妆、零食等；以中学生为受众的主页内容可以包含课业、游戏、个人健康知识等。并且，在方向的寻找上，可以经常对内容进行数据分析，提升内容运营效率。具体来说，运营者须根据数据分析做出产品的内容更新、结构的调整，重新梳理出编辑需要重点投放精力的内容方向。比如，Ling Ling Dress 是一家婚纱定制公司，紧扣婚纱婚礼这一主题，平台操作者将内容进行整合编辑以和客户想要获得什么样的婚礼为题，以 Ling Ling Dress 婚纱宣传照为图片信息，做出了如图 7-14 所示的帖子。

What Kind of Wedding Do You Want?
To determine your wedding style, there are also essential queries that you need to deal with such as:

- What is your ideal setting and period?
- What is your ideal wedding date?
- What is that one best word to describe your sense of style?
- What is your ideal wedding dress?
- What fabric do you prefer?
- What is your taste for jewelries or wedding accessories?

Discover ways on how to express your style on your special day. Browse the finest collections of LingLing Dress and you can surely choose one that perfectly suits your style and your preference. A LingLing Dress stylish wedding dress allows you to walk down the aisle with confidence.

图 7-14 Ling Ling Dress 婚纱宣传照的帖子

第二步：增加互动内容，提高粉丝参与感

如果单一靠营销内容进行被动营销，是很难让消费者参与进来的。因此，增加必要的互动性内容，如谜语、brackets 游戏、问卷调查、投票等，更能够让更多消费者参与进来，产生品牌意识。互动性营销内容允许双向交流，让用户能表达自己对宣传活动的喜好、感受以及体会。根据 Demand Metric 调查显示，就营销效果而言，互动性内容比静态内容好 2 到 3 倍。粉丝之所以愿意互动，就是因为活动提供了诱人的奖励和简介的参与方式，而活动达到的最终目的是让客户来对页面进行推广。在推广前，需要确定活动的主题、起止时间、参与对象、获胜方式以及奖品，可以将细节在文本中描述清楚，还可以加入对产品的展示和品牌的宣传。例如，图 7-15 所示，这是 2016 年 Go Gym 组织的一次母亲节竞赛，浏览量达到 1791 人次，平台操作者首先通过拍摄前期推广视频吸引客人，然后组织文字材料如下：

Mother’s Day Competition

COMPETITION CLOSED!!!!

To celebrate Mother’s Day and to show all the wonderful mammy’s how much they mean to us we are holding a MASSIVE competition.

Here at Go Gym we are offering a sensational makeover that will help transform their lives!

We want to give one mammy a whole MONTH of FREE Personal Training sessions PLUS a makeover at the very end of the month which will include:Hair Styled，Manicure，Makeup，A New Outfit and even a massage!

All you have to do to enter your mammy is tell us in a comment below why she should win our fabulous prize（and if your mammy is on Facebook tag her in the post too!!）If you ARE a mammy and want to enter for yourself-that's perfectly acceptable too!! Tell us why you would love this amazing prize.

Winner announced Monday! Happy Mother's Day to all the amazing mammy's，we hope you all have a very special day.

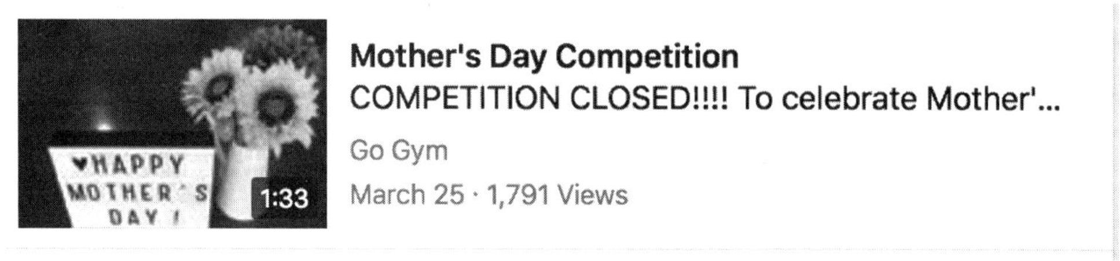

图 7-15　2016 年 Go Gym 组织的一次母亲节竞赛活动

活动的参与方式非常简单，只要在视频下评价自己的母亲，或者自己是母亲的话就告诉主办方自己为什么想获奖，即可有机会获得奖励。而奖励比较丰富，1 个月免费的个人训练 + 改造（包含头发样式、修指甲、化妆、新装、按摩等），于是这一活动吸纳了不少粉丝的互动，甚至吸引了一批新的粉丝的关注。

二、职脉精英——LinkedIn

LinkedIn（领英）创建于 2002 年，致力于向全球职场人士提供沟通平台，作为全球最大的职业社交网站，LinkedIn 会员人数在世界范围内已超过 3 亿，美国《财富》世界500强公司均有高管加入。LinkedIn的使命是连接全球职场人士，使他们事半功倍，发挥所长；更长远的愿景则是为全球33亿劳动力创造商业机会，进而创建世界首个经济图谱。以下分三个方面简介领英网信息编辑和互动的重点。

1. LinkedIn ≠在线履历表

LinkedIn平台可以便捷地制作、管理、分享在线职业档案、企业档案，全面展现经营者和企业素质。虽然LinkedIn定位职场社交，受众会参考个人企业主页的信息，但是勿把LinkedIn等同为在线履历表。一个优秀的LinkedIn信息页编辑须以价值为导向，展现解决问题的能力和递送价值的诚意。例如，我（企业）通过技能、产品、服务帮助目标客户达成了客户的目标；相比同行，我（企业）出众的能力或独特的卖点；我（企业）得到的评价，如客户同行评价、上下游企业的推荐、报刊杂志的业内评价等。

要特别注意LinkedIn的概要部分（Summary）编辑。在2000个字符内，可以提供关于公司的更多信息，确保Summary直指重点，能解决客户的痛点。顾客一般喜欢先和人交流，而不是和整个机构，这也是为什么他们大多数人在访问公司网站前，更喜欢访问公司的LinkedIn页面。例如，一个中小企业业主迫切需要更新计算机，看到下面两种不同的LinkedIn主页个人介绍：① Serve as a chief sales officer in ABC Computer Company（担任ABC计算机公司销售总监）；② Serve as Sales Consultant who will provide personalized solutions for computer replacements and windows upgrades（担任销售顾问，提供计算机换新、系统升级的个性化解决方案）。很显然客户会选择第二个，因为其展现了个人价值，以及解决问题的能力。

2. 优化资料 = 破冰人际关系

营销LinkedIn内容上有很多种方式引导流量，优化关键词就是其中之一。将个人（企业）资料与热词、媒体内容、演示文稿、文档、书籍挂钩，可以让你更容易被发现。个人资料内容侧重于展现专业素养，表现出乐意交往的意愿。优化资料时要把握几个要点：

第一，使用“Highlights”为人际交往破冰。LinkedIn的新功能之一就是“Highlights”（位于“Me”的下方）。通过这个功能，可以更轻易地在潜在客户的个人资料里发现重要信息，并利用这些信息开始交流。“当你看某个人的资料时，在‘Highlights’中找一找你们之间有没有共同之处，”LinkedIn 指出，“你可能会发现你们之间有着相互的联系、你们在同一家公司工作甚至在同一个小组，等等。”

第二，使用“Skills”让潜在客户搜到你。关键词同样重要。在 LinkedIn 的“Skills”中，可以填写提供的服务类型。如填写的内容符合关键词搜索，LinkedIn 将会在结果显示你的个人资料。比如说，如果你是业务教练（business coach），你要把“Business Coaching”作为最重要的 LinkedIn skills 之一。然后，当某个用户搜索“business coaching”时，LinkedIn 知道你的资料与用户的搜索词匹配，就会显示你的个人资料。（注意：LinkedIn 会将“Skills”列表中的前面 4～5 个 Skills 作为重点。所以要好好考虑 Skills 的排列顺序。）LinkedIn 强调，Skills 发挥着重要的作用。“如果用户在个人资料页面罗列出 5 种 Skills，那么资料的浏览量将成倍增长。”

第三，使用“Views of Your Share”来开发潜在客户。“点击‘Views of Your Share’，你就会知道具体是谁浏览了你的内容。点击帖子下方的‘Views of Your Share’，就可以看到对方的具体信息，包括所在公司、职位名称、地址，等等。”LinkedIn 建议。企业可以在 LinkedIn 创建和分享产品或服务内容，而通过展示这些内容，企业可以快速地获取客户信任，并引起他们对产品或服务的兴趣。当潜在客户分享、评论或表示对帖子的喜爱时，你要抓住机会，联系他们，比如发送类似邀请函：“Hi Joe – I noticed you liked my post on [NAME OF POST], and thought I'd reach out to connect. Curious to hear what you found most helpful about the post, and excited to connect!”从对方喜欢的内容入手，与他进行交流，并建立关系。

3. 创建和设置 LinkedIn 的群组

在 LinkedIn 领英可以寻找同学、同事、合作伙伴，搜索职位、公司信息，挖掘无限机遇。建立并拓展人脉网络，掌握行业资讯，让机会主动与你相连，助你开发职业潜力。而向客户展示企业的最好办法是创造一个群组。在群组里，可以发起讨论，为顾客创造一个开放性论坛，分享他们的意见、建议。然而不能创建完群组以后就把它放在那什么也不做了。必须要积极参加这些讨论，处理顾客的意见，消除客户的忧虑。除了创建群组，也可以考虑加入符合企业定位的其他群组和社区，这样可以了解目标客户在讨论什么，以及他们面临的问题，为他们提供这些问题的解决方案。如果和群组里的潜在客户建立起了联系，就可以用 LinkedIn InMail 给他们发送信息，然后开始和你的客户建立更紧密的联系。

三、图片展示厅——Instagram

Instagram 是一款支持 iOS、Windows Phone、Android 平台的移动应用，提供在线照片共享、视屏共享和社交网络服务。允许用户在任何环境下抓拍自己的生活记忆，选择图片的滤镜样式，一键分享至 Instagram、Facebook、Twitter、Flickr、Tumblr、foursquare 或者新浪微博平台上。不仅仅是拍照，作为一款轻量级但十分有趣的 APP，Instagram 在移动端融入了很多社会化元素，包括好友关系的建立、回复、分享和收藏等，这是 Instagram 作为服务存在而非应用存在最大的价值。据了解，美国 53% 的年轻人在使用 Instagram，年龄主要分布在 18 ～ 29 岁，其中女性使用的时间较长。全球活跃用户 15 亿。这个以视觉营销为主的社交平台是如何引流的呢？（注：Pinterest 与 Instagram 类似都是视觉类社交平台，本节以 Instagram 为例）。

1. 视觉内容的编辑——图片、视频的使用

随着数字技术飞速改变，消费者现在更喜欢看简短的文章，于是视觉宣传就变得越来越重要。视觉媒体现在愈加成为促进流量增长、品牌意识增加的有效方法。根据数字营销公司 HubSpot 研究显示，65% 的营销人员相信，像照片、视频等能更好地展示品牌故事，而且有 55% 的营销相关人员表示会增加更多视觉营销内容。预计到 2018 年，84% 的营销内容都是视觉图像。视觉营销做得比较成功的品牌有 Volkswagen、星巴克、Bud Light、Kate Spade New York、Target、耐克、可口可乐等。以下谈谈在两种社交平台是如何通过视觉内容的编辑与粉丝互动，以达到引流的目的的？

步骤 1：统计图片的喜好数量。

通过统计粉丝单击“喜欢”（心型图形）按钮数量，可以更好地了解粉丝的喜好。这不仅可以帮助我们决定以后要发布的图片类型，还可以为产品做一个小的市场调研。例如发布同一个产品的两种不同色彩的图片，并询问粉丝更喜欢哪一张，得到喜欢更多的那张就是应该生产的产品（注：不要提供太多选择，那样用户们会无法选择出我们所要的结果）。

步骤 2：塑造品牌内涵。

在上传视觉内容时，视觉冲击力往往更能吸引人关注。例如婚纱，上传美好的婚

礼照片和展示别人对它们的喜爱，比上传照片或者讲述公司品牌故事更能吸引人关注。

步骤 3：重视视频的上传。

Instagram 允许用户上传视频，当然必须保证视频简短而有趣，因为观众的注意力不超过 1 分钟。由于 Instagram 上传的视频不超过 15 秒，需要用到 Hyperlapse，这是 Instagram 的独立应用。利用该应用可以拍摄出延时视频，将很长时间的视频压缩在短时间里，从而让人体会到时间的流逝感，例如在 15 秒内观看一次完整的日落。

步骤 4：有规律地更新信息。

就像所有的社交网站一样，坚持规律更新是成功的关键，这会让受众知道该在什么时间期待新内容。

步骤 5：与其他社交平台账户链接。

将 Instagram 账户和其他社交平台账户链接，那么，在发布视觉内容的同时，将自动发布到其他社交媒体上。其他社交媒体受众可以对其进行评价或者关注你的品牌，获得有效客户转化。

2. 文字内容编辑——# 标签的使用

后台根据 # 标签的热门程度来排序图片搜索顺序，因此标签（#）可以帮助你吸引到新粉丝和卖家，但是要注意以下这些事项：第一，每条 Instagram 可以用 30 个左右的标签；第二，标签要与产品、品牌和客户群有关；第三，不要用一些意思含糊的标签，比如 #fun、#happy 或者 #life，容易给人一种含义不明确感觉；第四，标签一定要与你的 feed（订阅）相关。而不是内容说的是万圣节，图片也与万圣节有关，可是标签却与万圣节无关，这样就不好了；第五，不要在图片标题中贴标签。正确的做法是标题 + 图片 + 评论（在评论里附上标签）；第六，把标签进行分类，把一些常用的标签单独列成一个表格，保存在计算机和手机里；第七，可以交替使用标签。不要每次都是使用那么几个标签。应想想一些新的、热门的标签；第八，标签可以跟店铺的活动有关。比如在做“giveaway”时，可以写“# 店铺名 giveaway”；第九，可以到 explore（搜索）、feed（订阅）找那些热门标签。热门标签一般跟近期或当天发生的事有关，比如 #bestfriendsday、#donutday，等等；第十，可以把那些意思比较宽泛的以及具体的标签混合使用，这样涵盖的范围就广了。比如 #clothing 和 #t-shirts ;第十一,# 标签中在 # 后面的文字不能存在空格，例如，#weddingdress，不能写成 # wedding dress。

3. 粉丝互动的编辑

努力提升自己在 Instagram 的活跃度。加入一些社区，多结交朋友。最好这个社区的用户跟你有相同的爱好，或者卖类似的产品，这样才有话题可聊，这也可以给创作和销售带来灵感。多参与一些热门话题，时不时地推荐好友，点赞 + 评论。可以在 Instagram 上告诉粉丝店铺正在做特殊活动，比如 Giveaway 和 Contest。教他们怎么获得 Giveaway，努力让他们的好友也参与进来，这个就增加了用户的参与度，让产品被更多的人知道。

任务实操

[任务描述]

美国芝加哥，这是一个以当地景点闻名全球的城市，当地有 40 多个公共博物馆以及两个世界级动物园。2009 年，尽管全美国都处于经济衰退期，但是芝加哥的博物馆和动物园的观看人员却比 2008 年增长了 7%。2009 年芝加哥著名的谢德水族馆（Shedd Aquarium）（见图 7-16）有 190 万游客，而林肯公园动物园（见图 7-17）更是吸引了 300 万游客。

观众增长的原因当然有很多，但是最主要的原因，是这两家游乐场所在互联网社交媒体上所做的努力。芝加哥谢德水族馆和林肯公园动物园已经完全覆盖了社交网站 Facebook、Twitter 和博客，并继续在这些网络渠道上努力宣传，利用这些网络渠道增加访客人数。他们的成功秘诀是什么呢？答案是很棒的内容，加上温柔的人性化讲述。

图 7-16　芝加哥博物馆

图 7-17　芝加哥林肯公园动物园

“内容为王”是他们最为信奉的守则。林肯公园动物园的Facebook页面主要是为它的观众和忠诚的访问者提供各种及时的、有教育性的内容。网页的主要特征是提供大量的专题的信息，从动物的动作视频（见图7-18），到相册，到各种提示和相关事件等，应有尽有。丰富的内容引发观众前往实地观察的欲望。

从内容分析，可以看出他们的一丝不苟。林肯公园动物园在发布有关节日的帖子上，从未放过一丝机会。例如，在“动物的情人节”的分类栏里，他们邀请孩子们为自己最喜爱的动物制作卡片。网页上的季节性内容也非常丰富。用户可以通过视频展示，观看水獭如何冒着严寒在雪中嬉戏，并能从中学到一些有关该物种的知识，和它们各种有趣的典型行为。谢德水旅馆发布的图片如图7-19所示。

图7-18　动物的视频

图7-19　谢德水族馆发布的图片

林肯公园动物园很清楚它的受众主要是各种大小家庭，为此他们创建了受众喜欢的Facebook页面，这些页面既能迷住孩子，又能吸引家长。由于进入该动物园是全年免费的，那么为了创造一些额外收入，帖子发布的内容也会公布各种需要付款的产品和服务，比如礼品店的销售信息，或者领养一只动物作为情人节礼物的机会等。

林肯公园动物园在自己的官方网站首页上推荐它在Facebook的页面，以及其YouTube和Twitter的页面。更妙的是，首页上还包括一个网上调查的链接，询问用户他们使用最多的是哪个社交网站。这进一步证明，动物园非常清楚地知道社交媒体它的成功的重要性，并认真使它有效地发挥更多的作用。

谢德水族馆的社交媒体战略也表现出自己贴近用户的特点。谢德水族馆利用社交媒体将馆里的动物和游客结合起来。这家水族馆将自己的博客作为营销的重心，他们通过Twitter、Facebook的网页更新，以及辅以电子邮件发送相关信息等方式，将大量流量带入博客。还有，谢德水族馆将博客嵌在自己的官方网站中，网站也为博客带来了流量。

请分析林肯公园和谢德水族馆是如何利用社交媒体抓住观众的心的。

［任务实施步骤］

1. 分析社交网站的属性：社交网站上有大量的粉丝，他们都喜欢分享和发布各种有趣的事情和新闻，而且当符合他们的趣味后还会帮助传播。

2. 对这两家景点的内容进行分析：社交平台上分享的内容不能太商业化，必须创造有情节的故事，而且还要和目标客户的工作生活相关，故事最好是具有人性化的、真实的，能让目标群体真正触摸到的故事。这样才是有效的沟通，才能捕获目标用户的心。

能力拓展

（一）选择题

1.LinkedIn 创始之初的定位是（　　）。

A. 游戏网　　B. 金融网

C. 职脉网　　D. 聊天工具

2.LinkedIn 专门为中国市场开发的 APP 是（　　）。

A. 赤兔　　B. 白兔

C. 玉兔　　D. 流氓兔

3.（　　）以上的国际知名品牌已经在 Instagram 上开设了营销账号。

A. 80%　　B. 70%　　C. 60%　　D. 90%

4. 创造新时代 Facebook 营销奇迹的网站是（　　）。

A. LinkedIn　　B.Ray-Ban　　C. Apple　　D. ViralNova

5. 社交网络的缩写是（　　）。

A. SEM　　B.SOP　　C.SNS　　D.SQL

（二）思考题

如果你是做太阳镜跨境销售，请为你的产品选择合适的社交平台进行推广，并阐明理由。

拓展阅读

跨境电子商务广告投放的方式及发展趋势

跨境电子商务行业竞争已经过了产品之争的时代，进入了一个需要靠精细运营的时代，流量运营与广告投放则尤为重要。大数据时代流量运营与广告投放带来的数据不再只是数字的大小变化，而是直接影响变现情况。

一、跨境电子商务广告投放的主要方式和特点

1. 谷歌广告

（1）谷歌广告有以下三种类型：

● 产品广告（Product Listing AD）（见图 7-20）。

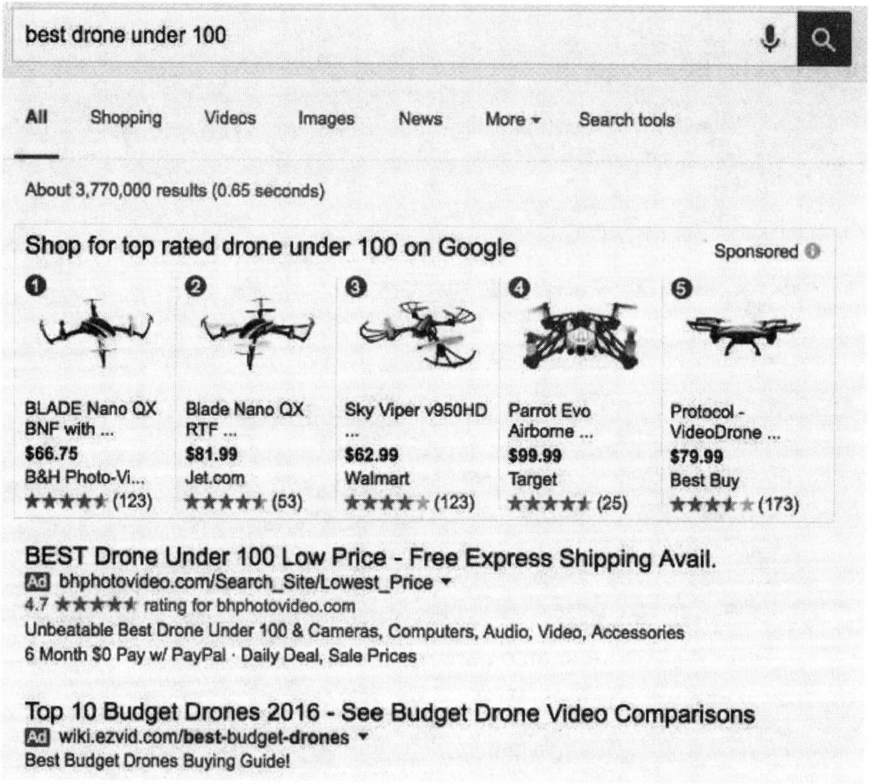

图 7-20　谷歌产品广告

● 关键词广告（Keyword Search AD）。

● 展示广告（Display AD）（见图 7-21）。

图 7-21 谷歌展示广告

（2）谷歌广告的优缺点

优点：广告投放精准；灵活控制预算；衡量广告效果。

缺点：点击费用高；操作复杂；多平台效果不易确定。

2. 脸书广告

（1）脸书广告的形式

脸书广告有以下 4 种形式：

- 主页面（News Feed）。
- 右边栏（Right Column）（见图 7-22）。

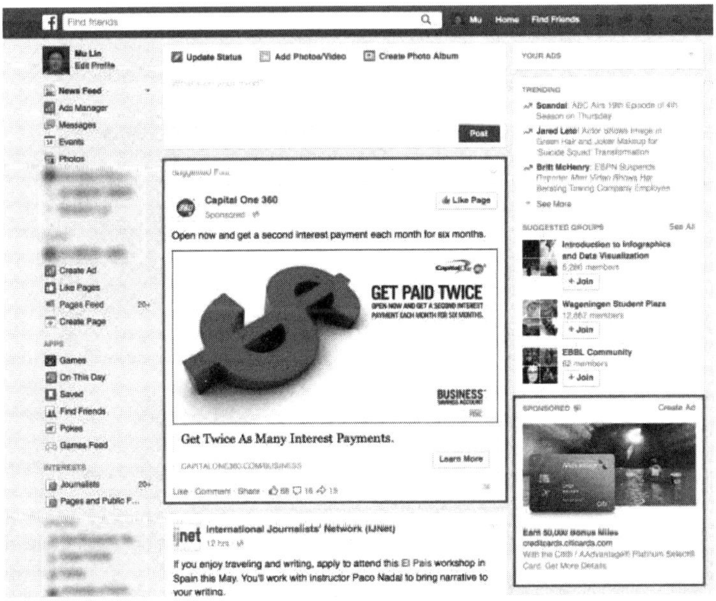

图 7-22 脸书广告右边栏形式

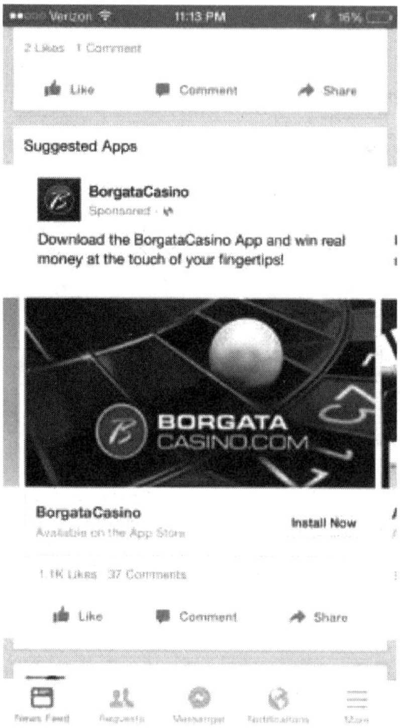

图 7-23　脸书广告手机版形式

● 手机版（Mobile View）（见图 7-23）。

● 帖子推广（Boost Post）（见图 7-24）。

（2）脸书广告的优缺点

优点：用户基数大（16 亿）；点击费用低；精准投放广告；可以灵活控制预算；可以衡量广告效果。

缺点：转换率低；多平台效果不易确定。

3.Twitter 广告

（1）Twitter 广告的形式

Twitter 广告的形式有以下几种：

● 推广帖子。

● 推广账号。

● 推广话题。

图 7-24　脸书广告帖子推广形式

（2）Twitter 广告的优缺点

优点：用户基数大（3 亿）；点击费用低；可以灵活控制预算；可以衡量广告效果；大数据目标人群定位方式；hashtag（主题标签）多次传播效果。

缺点：内容多，注意率低；目标人群定位准确度。

4. 网络社区广告

网络社区，在中国有天涯社区，而美国的“天涯”社区是 reddit.com（见图 7-25），还有很多的专业社区，如 droidforums.net，cnet forums。

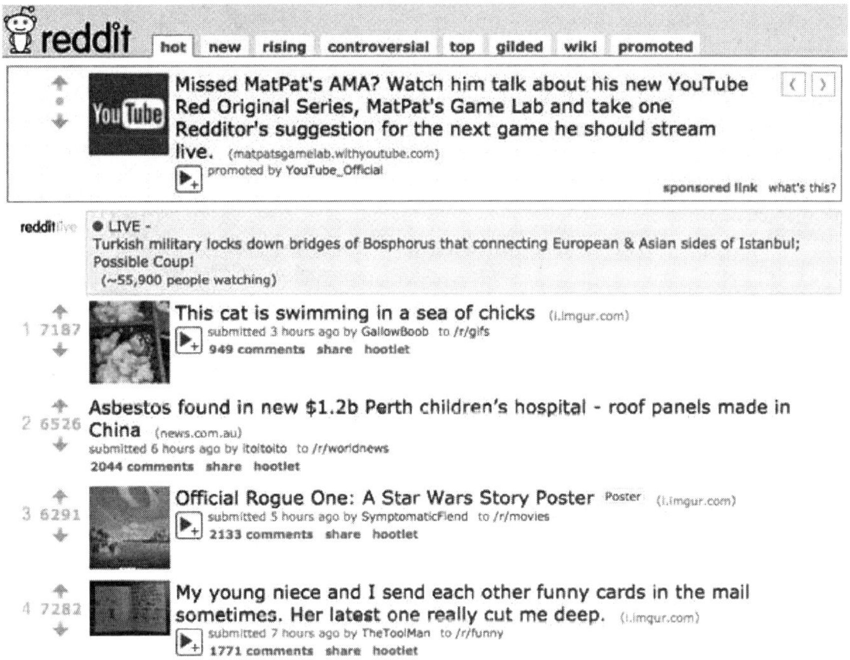

图 7-25 reddit 社区

5. 其他社交媒体推广

社交媒体营销从来没有百分之百通用的推广渠道，只有适合自己受众人群精准流量所在的推广渠道。跨境电子商务如果销售的是工业用品，那么去 Instagram 推广的话，很明显不会有好的效果，因为客户不会出现在那里。如果销售的是女性时尚产品，那么 Google plus 不是一个好地方，因为 Google plus 的人群以 IT 男为主。所以说根据各位跨境卖家的品类的不同，做好社交媒体营销的选择也不相同。

全球排名靠前的几十名社交网站大致如表 7-1 所列。

表7-1 全球排名靠前的社交网站

社交媒体	上线时间	活跃用户数	用户特征	营销转化率
Facebook	2004.2.1	16.5 亿	Facebook 的用户群体差异性巨大，来自世界各地从事各行各业的各年龄段人群都会使用 Facebook，美国的 80 后与青少年群体中 84% 在使用 Facebook，女性用户比例大于男性用户。企业可以使用付费的 Facebook 推广（将你的消息加入别人的新鲜事）与 Facebook 广告（在 Facebook 上精确选择用户后投入广告），用来弥补不足的自然流量	Facebook 的营销转化率（1.08%）
Instagram	2010.10	2 亿 +	9 成 35 岁以下用户，6 ～ 7 成女性用户。使用人群在年龄、性别、消费习惯等特征高度集中，同 Instagram 本身掌握大量的用户数据，再加上大家对精美的图片广告的抵触小于文字广告，使得 Instagram 的商业价值潜力巨大	Instagram 上的用户参与度高，一个较成功的营销计划能够达到 5% ～ 7% 的转化率
Twitter	2006.3	3.2 亿	Twitter 的用户大体上是这样两个群体：职场用户群和青少年用户群。对于职场用户群而言，Twitter 是个高效的实时客服平台，还可以用来联系其他企业，做市场体量调查等	Twitter 的转化率为 0.22%
Pinterest	2010	1 亿 +	Pinterest 是一个图片社交应用，女性用户人数是男性的 4 倍，用户的年龄分布也非常广泛，每一个年龄段占比也较为平均	Pinterest 的转化率的是 0.36%
Youtube	2005.2	10 亿 +	主流的视频网站，大多是喜爱视频的青少年。用户年龄段：3 ～ 11 岁占 3%，12 ～ 17 岁占 19%，18 ～ 34 岁占 35%，35 ～ 49 岁占 23%，50 岁以上占 19%	Youtube 的转化率高达 16%
Google+	2011.6	600 万	五大功能分别是圈子、视频群聊（Hangouts）、移动功能、资料下载和灵感话题（Sparks），活跃用户不多，以 IT 男为主	待查证
LinkedIn	2003.5	1 亿	LinkedIn 作为全球最大的职业社交网站，致力于向全球职场人士提供沟通平台，并协助他们事半功倍，发挥所长。所以用户多是一些职业人士，且学历较高，38% 的 LinkedIn 用户拥有 bac+5 文凭	待查证

二、跨境电子商务流量运营与广告投放发展趋势

（1）社交媒体成为广告投放的主流方向。

社交媒体凭借其擅长作为首个或唯一触点，降低消费者的防范心理。同时社交媒体能够提供其他人的意见，引起消费者冲动购买。借助社交媒体营销直接获取用户，也有利于树立品牌形象。

（2）移动端流量是大势所趋，流量聚集在移动端，使用习惯也在移动端，APP 或成为电商广告投放的重要平台。

（3）前端流量获取与后端业务联系更加紧密。在前端流量获取上，依托于当地主流媒体推广、网盟及社交网络广告投入、优化的页面编辑和线上产品运营，有助于建立并强化跨境电子商务在当地市场的品牌知名度与美誉度。后端商品（包装、文字表达的呈现特点）以及物流体验（海外仓、退换货）等业务要进一步提高服务质量。做好基于本地渠道的高质量服务，前端与后端要两手抓，进一步推动业务的渗透。

传统几大 B2C 综合平台的优势在于，PC 端的流量投递相对容易直接转化成订单。而在移动端的战场，流量的投递只带来用户对 APP 的下载，而营收的转化以及增长有赖于 APP 的精细运营、内容展示，从品控和物流上不断优化用户的购买体验。所以，无论是 PC 端还是移动端，精细运营的同时做好广告投放和流量运营在很大程度上能帮助营收的转化。

改编自：马帮 ERP

项目评价

评价表

（在□中打√，A. 理解，B. 基本理解，C. 未理解）

评价指标	自测结果
对业务主页信息进行编辑	□ A　□ B　□ C
对营销内容进行编辑	□ A　□ B　□ C
对隐私信息的设置和组群的创建	□ A　□ B　□ C
了解社交电商时代的发展以及特点	□ A　□ B　□ C

附　录

跨境电子商务信息编辑常用商品名称中英文对照

Category 1 Apparel & Accessories 服饰和配件

1. Apparel Accessories 服饰配件

(1) Eyewear & Accessories 眼镜配件

Chains & Lanyards 眼镜链

Ear Hook 眼镜防滑套

Eyeglasses Frames 眼镜架

Eyeglasses Lenses 眼镜片

Eyewear Cases & Bags 眼镜盒 / 眼镜袋

Lens Clothes 擦镜布

Nose Pads 眼镜鼻托

Reading Glasses 阅读镜

Sunglasses 太阳镜

(2) Hats & Caps 帽子

Baseball Caps 棒球帽

Berets 贝雷帽

Bomber Hats 雷锋帽 / 护耳帽

Bucket Hats 渔夫帽

Cowboy Hats 牛仔帽

Fedoras 礼帽 / 桶帽

Military Hats 军帽

Newsboy Caps 报童帽

Skullies & Beanies 无檐便帽 / 套头帽 / 蒙面帽

Sun Hats 太阳帽

Visors 鸭舌帽

(3) 其他

Arm Warmers 手臂套

Belts 腰带 / 皮带

Cummerbunds 腰封

Earmuffs 耳罩

Gloves & Mittens 手套
Handkerchiefs 手帕
Headwear 头饰（非首饰类头发饰品）
Scarf，Hat & Glove Sets 多件套（围巾帽子手套）
Scarves & Wraps 围巾 / 披肩
Suspenders 吊裤带
Ties 领带

2. Costumes & Accessories 演出服及配件

（1）Accessories 配饰

Boas 围巾
Costumes Badge 动漫徽章
Gloves & Handwear 手套
Hats 帽子
Headwear 头饰
Masks & Eyewear 面具和眼镜
Sashes 腰带
Stockings，Tights & Socks 长筒袜，连裤袜和短袜
Ties 领带
Weapons 武器

（2）动漫服饰

Clothing 服装
Shoes 鞋子
Lolita Dresses 洛丽塔裙装
Mascot
Scary Costumes 恐怖扮演服
Sexy Costumes 性感扮演服
Zentai 紧身衣

3. Men's Clothing 男装

（1）Coats & Jackets 外套 / 大衣

Down & Parkas 羽绒服 / 棉服
Jackets 夹克
Leather & Suede 皮衣
Trench 风衣
Vests 外套背心
Wool & Blends 呢子大衣

（2）Men's Sleep & Lounge

Onesies 连体睡衣
Pajama Sets 睡衣睡裤套装
Robe Sets 睡袍睡裤套装
Robes 睡袍
Sleep Bottoms 睡裤
Sleep Tops 睡衣

（3）Suits & Blazer 西服

Blazers 休闲西服
Suit Jackets 正装西服外套
Suit Pants 西装长裤
Suits 西服套装

Vests 西装马甲

(4) Tops & Tees 上衣、T 恤

Polo Shirts Polo 衫
T-Shirts T 恤
Tank Tops 背心

(5) Underwears 内衣

Bikinis 比基尼裤
Boxers 平脚裤
Briefs 三角裤
G-Strings & Thongs 丁字裤
Long Johns 长内衣裤套装
Shapers 塑身衣
Undershirts 内穿汗衫

(6) 其他

Hoodies & Sweatshirts 卫衣帽衫
Jeans 牛仔裤
Men's Sets 男士套装
Pants 长裤
Shirts 衬衫
Board Shorts 沙滩短裤
Casual Shorts 休闲短裤
Socks 袜子
Sweaters 毛衣

4. Novelty & Special Use 新奇特及特殊用途服装

(1) Exotic Apparel 情趣服装（不要发布日常穿着的性感内衣）

Babydolls & Chemises 性感睡裙（短、露、透）
Bras 文胸
Exotic Dresses 情趣连衣裙
Exotic Pants 性感裤
Exotic Tanks 性感背心
Lingerie Sets 性感内衣套装
Panties & Briefs 内裤
Socks & Hosiery 袜子
Teddies & Bodysuits 连体衣 / 全身连体袜

(2) Stage & Dance Wear 舞台表演服和舞蹈服

Ballet 芭蕾舞服
Ballroom 摩登舞服
Belly Dancing 肚皮舞服
Chinese Folk Dance 中国民族舞服装
Flamenco 弗拉门科舞服
Latin 拉丁舞服

(3) Work Wear & Uniforms 工作服 / 制服（不要发布 cosplay/ 情趣制服）

Food Service 厨师服装
Medical 医学 / 实验室服装
Military 军装
School Uniforms 校服
Scouting Uniforms 童子军制服

5. Women's Clothing 女装

（1）Blazer & Suits 休闲西装 / 正装西服

Blazers 单件西装
Dress Suits 连衣裙 + 西服套装
Pant Suits 长裤 + 西服套装
Skirt Suits 半身裙 + 西服套装

（2）Coats & Jackets 外套 / 大衣

Down & Parkas 羽绒服 / 棉服
Fur & Faux Fur 假皮草及混合皮草
Jackets 夹克 / 短外套
Leather & Suede 皮衣
Real Fur 真皮草
Trench 风衣
Vests 外套背心 / 马甲
Wool & Blends 呢子大衣

（3）Intimates 贴身衣物

Bra & Brief Sets 文胸套装
Bras 文胸（不要发布哺乳 / 情趣文胸）
Bustiers & Corsets 紧身胸衣
Camisoles & Tanks 吊带 / 背心（仅内穿）
Garters 吊袜带
Intimates Accessories 内衣配件（乳贴 / 乳垫 / 肩带等）
Long Johns 长内衣裤
Panties 女士内裤
Safety Short Pants 安全裤
Shapers 塑身美体内衣
Slips 衬裙
Tube Tops 裹胸 / 抹胸

（4）Socks & Hosiery 袜子

Leg Warmers 暖脚套
Peds & Liners 袜垫
Sock Slippers 船袜
Socks 短袜
Stockings 长筒袜
Tights 连裤袜

（5）Tops & Tees 上衣，T 恤

Polo Shirts Polo 衫
T-Shirts T 恤
Tanks & Camis 背心，吊带

（6）Women's Sleep & Lounge 睡衣，家居服

Nightgowns & Sleepshirts 普通睡裙
Onesies 连体睡衣
Pajama Sets 睡衣裤套装
Robe & Gown Sets 睡袍睡裙套装
Robes 睡袍
Sleep Bottoms 睡裤
Sleep Tops 睡衣

（7）其他

Blouses & Shirts 雪纺衫 / 衬衫
Dresses 连衣裙

Hoodies & Sweatshirts 卫衣帽衫
Jeans 牛仔裤
Jumpsuits，Playsuits & Bodysuits 连体裤
Leggings 打底裤
Pants & Capris 长裤 / 九分七分五分裤
Shorts 短裤
Skirts 半身裙
Sweaters 毛衣
Women's Sets 女士套装

Category 2 Automobiles & Motorcycles 汽车、摩托车用品

1. Auto Replacement Parts 专业零配件

(1) Air Conditioning & Heat 空调和加热器

A/C & Heater Controls 空调和加热器控制
A/C Compressor & Clutch 空调压缩机及离合器
A/C Hoses & Fittings 空调软管及配件
Blower Motors 风机电机
Car Air Conditioning 汽车空调
Condensers & Evaporators 冷凝器和蒸发器
Heater Parts 加热器部件

(2) Air Intake System

Air Cleaner Assemblies 空气滤清器总成
Air Intakes 进气系统
Chokes 扼流圈
Intake Manifold 进气歧管
Throttle Body 节气门体

(3) Brake System 刹车系统

ABS/EBS System Parts & Accessories
ABS/EBS 系统部件
Brake Booster Pump 刹车助力泵
Brake Fluid 刹车液
Brake Hoses & Accessoires 制动软管及附件
Caliper & Parts 刹车钳及配件
Discs，Rotors & Hardware 刹车盘，转子及五金
Drums & Hardware 刹车鼓及五金
Handbrakes 手刹头
Master Cylinders & Parts 刹车总泵
Pads & Shoes 刹车片和刹车蹄
Parking Brake 驻车制动器

(4) Car Lights 车灯

Base 底座
Car Light Source 车灯光源
External Lights 车外灯
Interior Lights 车内灯具

Shell 外罩
Wire 线材

(5) Charging & Starting Systems 电源及启动系统

Alternator & Generator Parts 交流发电机及发电机组配件
Alternators & Generators 交流发电机及发电机组
Batteries & Accessories 汽车电池及附件
Battery Cables & Connectors 电池电缆及连接器
Battery Charging Units 充电器
Battery Measurement Units 电瓶测量
Battery Trays 电池托盘
Starters 启动器
Voltage Regulators 电压调节器

(6) Computer，Chip，Cruise Control 电脑，芯片，自动巡航控制

Cruise Control Units 自动巡航单元
Engine Computers 引擎电脑
Performance Chips 性能芯片

(7) Cooling System 冷却系统

Antifreeze/Coolant Water 防冻液 / 冷却液
Fans & Kits 风扇总成
Hoses & Clamps 软管及夹具
Oil Coolers 油冷
Radiators & Parts 散热器及配件
Thermostats & Parts 温控器及配件
Water Pumps 水泵

(8) Engines & Components

Belts，Pulleys，& Brackets 皮带，皮带轮和支架
Camshafts，Lifters & Parts 凸轮轴，挺杆及配件
Crankshafts & Parts 曲轴及零件
Engine 引擎
Engine Bonnets 发动机罩
Key Shell 汽车钥匙改装壳
Timing Components 正时系统

(9) Exhaust Systems 排气系统

Mufflers 消声器
Vehicle Check Valve 车用单向阀

(10) Exterior Parts 车外部件

Aerials 天线
Air Dams 气坝
Body Kits 车身套件
Bras 前端罩
Bug Shields 引擎盖饰条
Bumpers 保险杠
Chassis Components 底盘零件
Chromium Styling 高光镀铬装饰
Door Hinge Conversion Kits 门铰链转换套件
Emblems 车标

Exterior Door Handles 车外门把手
Exterior Door Panels & Frames 外门面板和框架
Front & Radiator Grills 前包围 / 散热器护栏
Front Skirt 前裙板
Hoods 引擎盖
Lamp Hoods 车灯保护
Locks & Hardware 锁具五金
Mirror & Covers 车外后视镜 / 外壳
Mudguards 挡泥板
Nerf Bars & Running Boards 迎宾踏板
Protective Frames 防护架
Racing Grills 中网
Roof Racks & Boxes 车顶行李架
Spoilers & Wings 尾翼
Styling Mouldings 防撞胶 / 装饰条
Sunroof，Convertible & Hardtop 天窗，敞篷和顶棚
Tank Covers 外油箱盖
Towing & Hauling 牵引
Trunk Lids & Parts 行李箱盖及配件
Trunk Trim 后备箱装饰条
Vehicle Stabilizer Shaft 平衡杆胶套

（11）Filters 滤清器

Air Filters 空气滤清器
Cabin Filter 空调滤清器
Frequency-separating filters 变频分离过滤器
Fuel Filters 燃油滤清器
Oil Filters 机油滤清器
Transmission Filters 传动滤清器

（12）Interior Parts 车内部件

Armrests 扶手
Cigarette Lighter 点烟器
Fascias 音响面板
Gear Shift Knob 排挡头
Glove Boxes 手套箱
Interior Door Handles 车内门拉手
Pedals 脚踏板
Sun Visors 遮阳板

2. Car Electronics 汽车电子

（1）Accessories 汽车电子附件

Bluetooth Car Kit 车载蓝牙免持听筒套件
Cables，Adapters & Sockets 电缆 / 适配器 / 插座
Car Chargers 车载充电器
Car Inverters 车载逆变器
FM Transmitters 调频发射机
Head-up Display 抬头显示器
Remote Controls 车载遥控器
Speaker Boxes 扬声器机箱
Speaker Line 音箱线
Speaker Mounts 扬声器托架

Subwoofer Boxes and Enclosures 低音炮机箱 / 外壳

TV-Tuners 电视调谐器

（2）GPS & Accessories GPS 及配件

GPS Accessories GPS 配件

GPS Trackers GPS 跟踪器

Sport & Handheld GPS 手持 / 户外 GPS（非车上使用）

Vehicle GPS 车载 GPS 设备

（3）Mounts & Holder 车载支架

Car Coat Hanger 车载衣服架

DVR Holders 行车记录仪支架

Drinks Holders 饮料架

GPS Stand GPS 支架

Laptop Stand 笔记本支架

Phone Holders 手机座

Roll-over Bars & Cages 防滚架

Shelves 杂物架

Tablet Stand 平板支架

Universal Car Bracket 通用支架

3. Motorcycle Accessories & Parts 摩托车配件

（1）Frames & Fittings 摩托车框架 / 配件

Covers & Ornamental Mouldings 机壳 / 装饰框条

Engine Guard 引擎保险盖

Falling Protection 落地保护

FanCover 风扇罩

Foot Rests 脚踏板

Full Fairing Kits 整流罩套件

Grips 握把

Handlebar 手把

Headlight Bracket 大灯支架

Locks & Latches 锁 / 插销

Registration Plate Holder 车牌架

Seats & Benches 座椅 / 长凳

Side Lining 边衬

Side Mirrors & Accessories 侧镜 / 配件

Stands 停车架

Windscreens & Wind Deflectors 挡风玻璃 / 导风板

（2）Protective Gears 摩托车防护用具

Bags & Luggage 摩托车包

Boots For Motorcycle 摩托车防护靴

Combinations 防护套装

Glasses 眼镜 / 风镜

Gloves 手套

Helmets 头盔

Jackets 夹克

Motorcycle Protective kneepad 防护护膝

Motorcycle Face Mask 摩托车保暖面罩

Motorcycle Luggage Net 摩托车行李网

Pants 长裤

Shirts & Tops 衬衫 /T 恤

Category 3 Beauty & Health 美容健康

1. Bath & Shower 沐浴用品

Bath 泡澡用品
Bath Salts 浴盐
Bathing Accessories 沐浴工具
Scrubs & Body Treatments 身体磨砂 / 修复
Shower Gels 沐浴乳
Shower Oils 沐浴油
Soap 香皂

2. Hair Care & Styling 头发护理 / 造型

（1）Hair care 护发

Conditioners 护发素
Hair & Scalp Treatments 头发头皮修复
Hair Care Sets 护发套装
Hair Color 染发剂
Hair Loss Products 防脱发
Hair Perms & Texturizers 烫发剂
Hair Relaxers 直发膏
Shampoos 洗发水

（2）Styling Products 造型用品

Braid Maintenance 编发造型用品
Curl Enhancers 弹力素
Hair Sprays 造型喷雾
Mousses & Foams 摩丝
Pomades & Waxes 发蜡
Styling Cream 发膏
Styling Gel 造型啫喱
Styling Lotion 造型乳液

（3）Styling Tools 造型工具

Applicator Bottles 洗头瓶
Braiders 编发工具
Brushes 扁梳 / 圆梳
Cap 帽子
Combs 梳子
Curling Irons 电卷发棒 / 卷发器
Diffusers 烘发筒
Foil 箔纸
Hair Clips 发夹
Hair Color Mixing Bowls 调色碗
Hair Coloring Sets 调色套装（工具类）
Hair Dryers 吹风机
Hair Pins 发针
Hair Rollers 造型发卷
Hair Scissors 美发剪刀
Hair Trimmers 头发修剪器
Straightening Irons 直发夹板
Styling Accessories 造型配件

3. Makeup 彩妆

（1）Body 身体彩绘

Body Glitter 闪光粉
Body Paint 身体彩绘
Concealer 遮瑕
Foundation 身体粉底

（2）eyes 眼部彩妆

Concealer & Base 底妆 / 遮瑕
Eye Shadow 眼影
Eye Shadow & Liner Combination 眼影眼线笔
Eyebrow Enhancers 眉粉 / 眉笔 / 眉膏
Eyelash Growth Treatments 睫毛增长液
Eyeliner 眼线

（3）Face 面部彩妆

Glitter & Shimmer 闪粉
Mascara 睫毛膏
BB & CC Creams BB 霜 &CC 霜
Primer 隔离 / 妆前 / 打底
Blush 胭脂
Bronzers & Highlighters 高光 / 阴影
Concealer 遮瑕
Powder 粉饼 / 蜜粉 / 散粉

（4）Lips 唇部彩妆

Lip Balm 润唇膏
Lipstick 口红
Lip Gloss 唇彩
Lip Liner 唇线笔

（5）Makeup Tools & Accessories 化妆工具 / 附件

Cosmetic Puff 化妆扑
Eye Shadow Applicator 眼影棒
Eyebrow Stencils 眉模具
Eyebrow Trimmer 修眉刀
Eyebrow Tweezers 眉钳
Eyelash Curler 睫毛夹
Eyelash Glue 睫毛胶
Eyelid Tools 双眼皮及工具
False Eyelashes 假睫毛
Makeup Brushes & Tools 化妆刷
Makeup Scissors 化妆剪
Makeup Tool Kits 彩妆用具套件

4. Nail Art & Tools 美甲用品及修甲工具

（1）Nail Art 美甲艺术

Acrylic Powders & Liquids 水晶粉
Base Coat 底油
False Nails 假指甲
Multi-Use Top & Base Coat 多功能底油盖油
Nail Gel 指甲胶
Nail Glitter 美甲闪粉

Nail Polish 彩色指甲油

Rhinestones & Decorations 水钻 / 装饰物

Sculpture Powder 雕花粉

Stickers & Decals 指甲贴

Top Coat 盖油

(2) Nail Tools 修甲工具

Buffers 抛光块

Callus Shavers 斜口死皮指甲刀

Callus Stones 浮石

Clippers & Trimmers 指甲刀

Cuticle Pushers 死皮推

Cuticle Scissors 死皮剪

Dotting Tools 点笔

Electric Manicure Drills & Accessories 打孔器

Foot Rasps 脚锉

Hand Rests 手枕

Nail Art Equipment 美甲设备

Nail Brushes 指甲刷

Nail Dryers 指甲烘干器

Nail Files 指甲锉

Nail Form 美甲指托

Nail Glue 指甲胶水

Sets & Kits 套装

Toe Separators 分趾器

Category 4 Computer & Office 电脑和办公

1. Computer Peripherals 电脑外设

(1) Mice & Keyboards 鼠标键盘及配件

Digital Tablets 数位板

Keyboard Mouse Combos 键盘鼠标套装

Keyboards 键盘

Mouse 鼠标

Mouse Pads 鼠标垫 & 衬垫

Touch Pads 触摸板手写板

(2) Laptop Accessories

Keyboard Covers 键盘保护膜

LCD Hinges LCD 转轴

Lapdesks 笔记本桌和支架

Laptop Adapter 笔记本电源适配器

Laptop Bags & Cases 电脑包和壳

Laptop Batteries 笔记本电池

Laptop Cooling Pads 笔记本散热器

Laptop Docking Stations 扩展坞

Laptop Skins 笔记本美容贴纸

Laptop lock 笔记本锁

Screen Protectors 笔记本电脑屏保贴膜

(3) Memory Cards & Accessories 存储卡 & 配件

Card Readers 读卡器

Memory Card Adapters 存储卡卡套

Memory Card Cases 内存卡盒

Memory Cards 储存卡

2. Office Electronics

Cartridge Chip 墨盒 / 粉盒芯片

Fuser Film Sleeves 定影膜

Fuser Roller 定影辊

Ink Cartridges 墨水盒

Ink Refill Kits 填充墨水组

OPC Drum 光导鼓

Photo Paper 照相纸

Printer Parts 打印机部件

Printer Ribbons 打印机色带

Printer Trays 托盘

Toner Powder 墨粉、碳粉

Toner Cartridges 墨粉盒、碳粉盒

Category 5 Consumer Electronics 消费电子

1. Accessories & Parts 零配件

3D Glasses/VR Glasses 3D 眼镜 /VR 眼镜

CD Bags & Cases CD 包、CD 盒

Cable Winder 绕线器

Camera Strap 相机背带

Chargers 充电器

Data Cables 数据线

2. Camera & Photo 摄影摄像

Camera Filters 相机滤镜

Camera Lens Hoods 镜头遮光罩

Digital Photo Frames 数码相框

Flash Diffuser 柔光罩

Instant Camera 即拍即得相机

Selfie Sticks 自拍杆

Tripod Legs 三脚架腿

3. Games & Accessories 游戏及配附件

Boxing Gloves 拳击手套

Dance Pads 跳舞毯

Golf Stick 高尔夫球杆

Hockey Sticks 曲棍球杆

Ping Pong Paddles 乒乓球拍

Yuga Mats 瑜伽垫

Gamepads 游戏手柄

4. Smart Electronics 智能电子

(1) Smart Health

Blood Pressure 血压计
Smart Fitness 智能健身设备
Smart Scales 智能秤 / 体重管理设备

(2) Smart Home 智能家庭

Air Purifier 空气净化器
Home Automation Kits 家居自动化套件
Smart Access Lock 智能锁
Smart CCTV 智能监控
Smart Finder 智能寻物
Smart Home Controls 智能开关和智能遥控
Smart Home Illumination 智能照明
Smart Power Socket Plug 智能电源插座
Smart Thermometer 智能温度计

(3) Wearable Devices 智能穿戴设备

Activity Trackers 运动跟踪
Smart Clothing 智能衣物
Wristbands 手环

Category 6 Home & Garden 家居用品

1. Arts, Crafts & Sewing 手工艺品 & 缝纫用品

Acrylic Paints 丙烯颜料
Art Sets 美术成套用具
Calligraphy Brushes 毛笔
Easels 画架
Paint Brushes 画笔
Painting Canvas 画布
Palette 调色板

2. Bathroom Products 浴室用品

Bath Brushes, Sponges & Scrubbers 浴球，浴刷，浴棉
Bath Mats 浴室防滑垫
Bath Pillows 浴枕
Household Scales 家用秤
Shower Caps 浴帽
Shower Curtains 浴帘

3. Festive & Party Supplies 节庆派对用品

Cards & Invitations 贺卡 / 邀请卡
Christmas Decoration Supplies 圣诞装饰
Decorative Flowers & Wreaths 装饰花，花环

Event & Party Supplies 庆典派对用品
Party Masks 派对面具

4. Home Décor 家庭装饰品

（1）Candles & Holders

Candle Accessories 蜡烛配件
Candle Holders 烛台
Candles 蜡烛

（2）Decoration Crafts 家居装饰工艺品

Bowls & Plates 装饰碗、盘
Figurines & Miniatures 小摆件及微型模型
Pins & Badges 饰针及徽章
Statues & Sculptures 雕像及雕塑
Wind Chimes & Hanging Decorations 风铃及挂饰
Fridge Magnets 冰箱贴
Incense 熏香
Incense Burners 熏香炉
Money Boxes 储蓄罐
Music Boxes 音乐盒
Photo Albums 相册

5. Home Storage & Organization 家用储存收藏用具

（1）Clothing & Wardrobe Storage

Drawer Organizers 内衣收纳盒
Foldable Storage Bags 衣物、被子收纳袋
Hangers 衣挂
Hanging Organizers 收纳挂袋
Shoe Hanger 鞋架

（2）Kitchen Storage & Organization 厨房收纳用品

Bag Clips 袋夹
Racks & Holders 收纳架
Saran Wrap & Plastic Bags 保鲜膜 & 保鲜袋
Clothes Pegs 衣夹
Clotheslines 晾衣绳
Drying Racks 晾衣架

6. Home Textile 家纺成品

Bed Skirt 床裙
Bedding Set 床上成套纺织用品
Carpet 地毯
Chair Cover 椅套
Cushion 坐垫 / 靠垫
Handkerchief 手帕
Rug 小地毯
Table Cloth 桌布

Tapestry 挂毯

Towel 毛巾 / 浴巾

7. Household Merchandises 家居日用品

(1) Dust Covers 防尘保护罩

All-Purpose Covers 万能盖巾

Air Conditioner Covers 空调罩

Microwave Oven Covers 微波炉罩

Switch Covers 开关套

(2) Lighters & Smoking Accessories 打火机和烟具

Ashtrays 烟灰缸

Cigar Accessories 雪茄配件

Lighters 打火机

Shisha Pipes & Accessories 水烟斗及配件

Category 7

(3) Warming Products 保暖用品

Electric Blankets 电热毯

Electric Heating Pads 电热垫

Hot Water Bottles 热水袋

Stove Hand Warmers 暖手炉

Warm Paste Pads 发热贴

8. Kitchen, Dining & bar 厨房吧台用品

(1) BBQ 烧烤用品

BBQ Grills 烧烤炉

BBQ Tools 烧烤工具

(2) Bakeware 烘培用具

Baking & Pastry Tools 烘培与面点工具

Baking Dishes & Pans 烘烤盘

Cookie Tools 曲奇工具

Oven Mitts 烤箱用隔热手套

Rolling Pins & Pastry Boards 擀面杖和面板

9. Pet Products 宠物用品

(1) Bird Supplies 养鸟用品

Bird Cages 鸟笼

Bird Grooming 鸟美容用品

Training & Behaviour Aids

(2) Cat Supplies 养猫用品

Cat Accessories 猫配饰

Cat Automatic Feeders 猫自动喂食 / 喂水器

Cat Bedpans 猫便盆

Cat Beds & Mats 猫窝 / 猫垫

Cat Bowls 猫碗
Cat Collars & Leads 猫项圈和牵引
Cat Training & Behaviour Aids 猫训练用品

Category 7 Home Improvement 家装（硬装）

1. Bathroom Fixture 卫浴设施

（1）Bathroom Hardware 卫浴五金件

Bath Hardware Sets 卫浴五金套件
Bath Mirrors 浴室镜
Bathroom Shelves 置物架
Bathtub Handrails 浴缸把手
Cup & Tumbler Holders 杯架
Grab Bars 扶杆
Liquid Soap Dispensers 皂液器
Paper Holders 纸巾架
Robe Hooks 衣挂钩
Soap Dishes 皂碟
Toilet Brush Holders 马桶刷
Towel Bars 毛巾杆
Towel Racks 毛巾架
Towel Rings 毛巾环

（2）Bathroom Sinks，Faucets & Accessories 卫浴面盆、龙头及附件

Aerators 起泡器
Basin Faucets 台盆龙头
Bath & Shower Faucets 台盆龙头
Bibcocks 水嘴
Faucet Cartridges 龙头阀芯

2. Door Hardware 门五金及锁

Door Bolts 门插销
Door Closers 闭门器
Door Hinges 门合页 / 铰链
Door Plates 门牌
Door Viewers 猫眼
Doorbells 门铃

Category 8 Jewelry & Accessories 珠宝饰品及配件

Anklets 脚链
Bangles 手镯
Beads 珠子
Body Jewelry 身体及穿刺首饰
Bracelets 手链
Brooches 胸针
Charms 小吊坠
Clip Earrings 耳夹
Dangle Earrings 耳坠
Stud Earrings 耳钉
Key Chains 钥匙链
Necklaces 项链

Tie Clips & Cufflinks 领带夹和袖扣

Category 9 Lights & Lighting 照明灯饰

1. Commercial Lighting 商业照明

Advertising Lights 广告灯

Laser Flashlight 镭射灯

Optic Fiber Lights 光纤灯

Stage Lighting Effect 光效灯（舞台灯）

2. Indoor Lighting 室内灯饰灯具

Book Lights 小书灯

Ceiling Fans 吊扇灯

Ceiling Lights 吸顶灯

Desk Lamps 阅读台灯

Downlights 筒灯

Floor Lamps 落地灯

Night Lights 小夜灯

Spotlights 射灯

Wall Lamps 壁灯

3. LED Lighting LED 照明

LED Electronic Candle LED 电子蜡烛

LED Strip

4. Lighting Accessories 照明附件

Lamp Bases 灯座

Lamp Covers & Shades 灯罩

Lamp Holder Converters 灯头转换器

Light Beads 灯珠

5. Lighting Bulbs & Tubes 灯泡、灯管

Energy Saving & Fluorescent 节能、荧光灯泡灯管

Halogen Bulbs 卤素灯泡

Neon Bulbs & Tubes 霓虹灯灯泡灯管，氖灯

Ultraviolet Lamps 紫外线 UV 灯

Category 10 Luggage & Bags 箱包

1. Others 其他

Backpacks 双肩背包

Briefcases 公文包

Handbags 手提 / 单肩 / 斜跨包
Luggage 行李箱

2. Special Purpose Bags 特殊用途箱包

Chip Cases 筹码箱
Cosmetic Bags & Cases 化妆包
Instrument Bags & Cases 乐器包
School Bags 书包
Shopping Bags 购物袋

3. Wallets & Holders 钱包 & 卡包

Card & ID Holders 卡包
Coin Purses 零钱包
Key Wallets 钥匙包
Wallets 钱包

Category 11 Mother & Kids 孕婴童

1. Activity & Gear 婴儿活动用品

Baby Playpens 婴儿围栏
Backpacks & Carriers 背婴带
Harnesses & Leashes 学步带

2. Baby Care 婴儿护理

Baby Cotton Swabs 婴儿棉签
Baby Heat Cooling Sheets 退热贴 / 冰宝贴
Baby Teethers 婴儿牙胶
Toothbrushes 乳牙刷 / 训练牙刷
Hair Trimmers 婴儿理发器
Shampoo Capes 婴儿埋发围布

3. Baby Clothing 婴儿服装 / 配件（0—2 岁）

Bibs & Burp Cloths 围兜围嘴
Gloves & Mittens 手套，连指手套
Bodysuits & One-Pieces 连体衣 / 爬服
Footies 包脚爬服
Tights 连裤袜

4. Feeding 婴儿喂养用品

（1）Bottle Feeding 奶粉喂养

Bottle Brushes 奶瓶刷
Drying Rack 干燥架
Milk Powder Blender 奶粉搅拌器
Nipple 奶嘴

Warmers & Sterilizers 暖奶器和消毒器 Breast Pumps 吸乳器

Nursing Pads 防溢乳垫

（2）Solid Feeding 食物喂养

Dishes 婴儿喂养碗

Utensils 婴儿喂养匙

Category 12 Office & School Supplies 办公文教用品

Art Markers 美术用马克笔

Highlighters 荧光笔

Whiteboard Marker 白板笔

Pencil Bags 笔袋

Pencil Cases 笔盒

Whiteboard Eraser 白板擦

Category 13 Phones & Telecommunications 电话和通讯

Armbands 臂带

Battery Charger Cases 背夹电池

Dust Plug 手机防尘塞

External Battery Pack 移动电源

Mobile Phone Holders & Stands 手机支架

Mobile Phone Bags & Cases 手机包 / 手机壳

Mobile Phone Chargers 手机充电器

Mobile Phone Stickers 装饰贴纸

Mobile Phone Straps 手机挂绳

Mobile Phone Stylus 手机手写笔

Screen Protectors 手机屏保膜

Category 14 Shoes 鞋子

Boots 靴子

Casual Shoes 休闲鞋

Flats 平跟鞋

Mules & Clogs 花园鞋

Pumps 高跟鞋

Sandals & Flip Flops 凉鞋 & 人字拖

Ice Gripper 防滑冰爪

Inserts 后跟垫 / 缓冲垫

Insoles 鞋内底 / 鞋垫

Shoe Horns 鞋拔

Shoe Polish 鞋油

Shoes Covers 鞋套

Category 15 Sports & Entertainment 运动及娱乐

（1）Baseball 棒球运动

Baseball Helmets 棒球头盔
Baseballs & Softballs 棒球及垒球
Chest 护胸
Surface Protection 护面

（2）Camping & Hiking 野营及徒步旅行

Camping Knife 野营刀
Camping Mat 野营垫子
Compasses 指南针
Outdoor Stove 户外炉具
Outdoor Tableware 户外餐具
Paracord 伞绳
Safety & Survival 安全急救用具
Sleeping Bags 睡袋
Tents 帐篷
Travel Kits 成套旅行用品

（3）Cheerleading 啦啦队用品

Fan Horns 气喇叭
Pom Poms 绒球，绒花
Whistle 口哨
Cheerleading Uniforms 拉拉队服

（4）Cycling Equipment 骑行装备

Bicycle Helmet 自行车安全帽
Cycling Caps 骑行帽
Cycling Eyewear 骑行眼镜
Cycling Gloves 骑行手套
Face Mask 面罩

（5）Fishing 钓鱼用品

Fish Finder 探鱼器
Fishhooks 钓钩
Fishing Float 鱼浮
Fishing Lines 钓线
Fishing Rods 钓竿

（6）Fitness & Body Building

Punching Bag & Sand Bag 沙包
Hand Grips 握力器
Jump Ropes 跳绳
Power Wrists 腕力器
Push-Ups Stands 俯卧撑架
Twist Boards 扭腰盘
Vibration Fitness Massager 甩脂机
Taekwondo Shoes 跆拳道鞋
Yoga Belts 伸展带 / 瑜伽绳
Yoga Blocks 瑜伽砖
Horse Rugs 马衣
Saddle Pads 马鞍垫
Saddles 马鞍
Horse Riding Boots 马靴
Riding Crops & Spurs 马鞭 / 马刺
Riding Gloves 骑士手套

（7）Racquet Sports 球拍运动

Badminton Rackets 羽毛球拍
Shuttlecock 羽毛球
Cricket 板球用品
Squash Rackets 壁球拍用品
Table Tennis Rackets 乒乓球拍

（8）Sneakers 成人运动鞋

Aqua Shoes 涉水和溯溪鞋
Badminton Shoes 羽毛球鞋
Baseball Shoes 棒球鞋
Bowling Shoes 保龄球鞋
Hiking Shoes 登山鞋
Skate Shoes 滑冰鞋，溜冰鞋

（9）Sportswear & Accessories 运动服及配件

Ankle Support 护踝
Arm Warmers 手臂套
Elbow & Knee Pads 护肘，护膝
Mouth Guard 护齿
Sweatband 防汗带
Wrist Support
Cover-Ups 沙滩裙 / 沙滩上衣 / 披纱
Bikinis Set 比基尼套装
One-Piece Suits 一体式
Rash Guards 冲浪服
Swim Eyewear 游泳眼镜
Swimming Caps 泳帽
Trunks 平角泳裤
Two-Piece Separates 单件泳衣上装 / 单件泳裤
Two-Piece Suits 分体式
Wetsuits 潜水服

Category 16 Toys & Hobbies 玩具

1. Classic Toys 经典玩具

Baby Rattles & Mobiles 婴儿摇铃 / 床铃
Play Mats 婴儿游戏垫
Kaleidoscope 万花筒
Magic Tricks 魔术玩具
Noise Maker 敲击发声玩具
Pretend Play 过家家玩具
Wind Up Toys 发条玩具
Yoyo 溜溜球

2. Stuffed Toys 填充及毛绒玩具

Plush Backpacks 毛绒背包
Puppets 手偶
Stuffed & Plush Animals 填充 / 毛绒动物

3. Electronic Toys 电子玩具

Electronic Pets 电子宠物 / 非遥控类机器宠物
Toy Cameras 玩具相机
Toy Phones 玩具电话 / 手机
Toy Walkie Talkies 玩具对讲机

4. Learning & Education 益智玩具

Drawing Toys 画图玩具
Math Toys 算术玩具
Playdough 橡皮泥
Cloth Books 布书
Blocks 积木
Model Building Kits 模型拼装套件

5. Remote Control 遥控玩具

RC Airplanes 遥控飞机
RC Helicopters 遥控直升飞机

Category 17 Weddings & Events 婚礼及重要场合

Celebrity Dresses 明星礼服
Cocktail Dresses 鸡尾酒会礼服裙
Bridal Gloves 婚礼手套
Bridal Veils 婚礼头纱
Petticoats 衬裙
Wedding Jackets / Wrap
Boys' Attire 男童服装
Bridesmaid Dresses 伴娘礼服
Flower Girl Dresses 花童服
Groom Wear 新郎礼服

参考文献

1. 文世润 . 网络信息编辑项目教程【M】. 北京：人民邮电出版社，2013.
2. 詹新惠 . 网络新闻写作与编辑实务【M】. 北京：中国传媒大学出版社，2013.
3. 苏高 . 软文营销从入门到精通【M】. 北京：人民邮电出版社，2015.
4. http://mt.sohu.com/20160307/n439622130.shtml.
5. http://www.chinaz.com/web/2015/0416/399065_2.shtml.
6. http://www.chinaz.com/web/2012/0427/248477.shtml.
7. http://www.chinaz.com/manage/2015/0625/416884.shtml.
8. http://www.cifnews.com/article/26481.
9. 雨果网 http://www.cifnews.com.
10. Wikihow：http://zh.wikihow.com/ 为企业创建一个 Facebook 主页 .
11. Facebook help center: https://www.facebook.com/help/?helpref=hc_global_nav.
12. 马帮 ERP.

《跨境电子商务网络信息编辑》

读者调查表

尊敬的读者：

欢迎您参加读者调查活动，对我们的图书提出真诚的意见，您的建议将是我们创造精品的动力源泉。为方便大家，我们提供了两种填写调查表的方式：

1．您可以登录 http://yydz.phei.com.cn，进入“客户留言”栏目，将您对本书的意见和建议反馈给我们。

2．您可以填写下表后寄给我们（北京市海淀区万寿路 173 信箱电子工业出版社　邮编：100036）。

姓名：________　性别：□　男　□　女　年龄：________　职业：________________

电话（寻呼）：__________________　E-mail：____

传真：__________________________　通信地址：______________________________________

邮编：__________________________

1．影响您购买本书的因素（可多选）：

□封面封底　□价格　□内容简介、前言和目录　□书评广告　□出版物名声

□作者名声　□正文内容　□其他 ____________________________

2．您对本书的满意度：

从技术角度　□很满意　□比较满意　□一般　□较不满意　□不满意

从文字角度　□很满意　□比较满意　□一般　□较不满意　□不满意

从排版、封面设计角度　□很满意　□比较满意　□一般　□较不满意　□不满意

3．您最喜欢书中的哪篇（或章、节）？请说明理由。

____

____

4．您最不喜欢书中的哪篇（或章、节）？请说明理由。

____

____

5．您希望本书在哪些方面进行改进？

____

____

6．您感兴趣或希望增加的图书选题有：

____

____

邮寄地址：北京市海淀区万寿路 173 信箱电子工业出版社　贺志洪　收　邮编：100036

编辑电话：（010）88254609　E-mail：hzh@phei.com.cn